W0179752

CARLO DRECHSEL

SURFING AFRICA

AM PULS DES KONTINENTS – 60.000 KILOMETER VON MAROKKO BIS KAPSTADT

Inhalt

1
Die Reise beginnt – marokkanische Tage

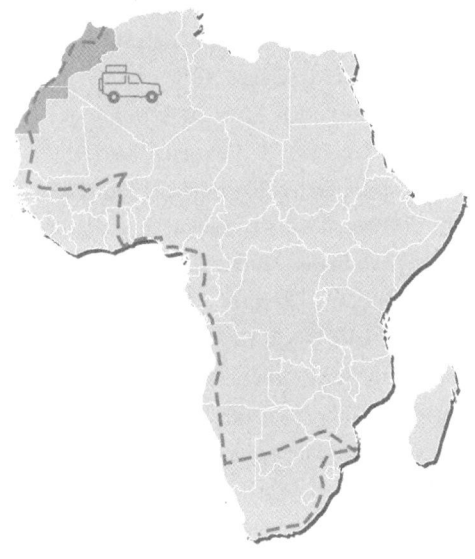

Marokko

Hauptstadt: **RABAT** · Einwohnerzahl: **35 740 000** ·
Amtssprachen: **ARABISCH UND MAZIRISCH** · Währung: **DIRHAM**

In Marokko liegt Afrikas größtes Skigebiet. Zwischen 2610 und 3268 Höhenmetern befinden sich sieben Skilifte für zehn Pistenkilometer – mitten in der Sahara.

Eine der Haupteinnahmequellen in der Rif-Region Marokkos ist der Anbau von Cannabis. Tatsächlich stammt daher der Begriff »Reefer« (ein amerikanischer Slangbegriff für Marihuana).

Das Brummen der Fähre verstummt. Unter Deck springen die Motoren der Autos an. Die Luft im riesigen Frachtraum, der auf jedem Zentimeter Fläche mit Fahrzeugen vollgestopft zu sein scheint, füllt sich mit Abgasen. Wie beim Start eines Autorennens röhren die Motoren auf, keiner kann es erwarten, aus der Fähre zu kommen. Jeder will an die Poleposition, denn je weiter vorne man steht, desto schneller kommt man raus an die frische afrikanische Meerluft – nach Ceuta.

Hier sitze ich also, mit Kopfkino vom Feinsten, während das Standbild der afrikanischen Küste im Bullauge immer näher kommt. Meine Vorbereitung auf dieses Abenteuer könnte minimalistischer kaum ausgefallen sein. Mein Motto lautet: Mal spontan durch Afrika fahren und gucken, was passiert.

Ich merke, dass der Tellerrand immer noch hier endet. Obwohl ich in den letzten Jahren einiges an Infos über Afrika zusammengetragen habe. Ich kenne Madagaskar inzwischen aus Kontexten, die nichts mit der Pest zu tun haben. Taka Tuku ist nicht mehr das Gleiche wie Timbuktu. Ich habe die Biografie Mandelas und sowohl Peter Scholl-Latours *Afrikanische Totenklage* als auch Bartholomäus Grills *Ach, Afrika* gelesen. So viel ich mich aber auch informiert und Afrikaner aus den verschiedensten Ländern über ihre Heimat ausgequetscht habe, das Konstrukt ist dem Gefühl nicht kohärent, Afrika wirkt immer noch nicht greifbar und die bevorstehende Landung wie ein Sprung in den freien Fall.

Ich schließe die Augen, atme tief durch, versuche, mich von der Erwartung zu lösen, einfach anzufangen, die Angst zu bändigen, das Gewissen zu beruhigen, rede mir ein, dass es sich lohnen wird, die Ersparnisse der letzten Jahre zu verblasen, selbst wenn es nur ein Winter in Marokko wird. Die Selbstzweifel vermengen sich mit den Kommentaren von Fremden und Bekannten, die in meinem Kopf widerhallen. Die Furcht vor der hässlichen Seite Afrikas, den

Kriegen, den Menschen, den Krankheiten ist groß – hätte ich alle Ratschläge und Kommentare ernst genommen, ich wäre in einem Leopard-Panzer mit eingebauter Apotheke aufgebrochen. Und nicht in einem schrottreifen Pajero, dessen Reparatur in Europa illegal ist.

Ceuta ist eine zu Spanien gehörende Exklave auf dem afrikanischen Kontinent. Die Stadt liegt auf einer Halbinsel und hat eine Festlandgrenze zu Marokko. Ein 24 Kilometer langer und bis zu sechs Meter hoher Stacheldrahtzaun trennt die beiden Länder voneinander. Die Europäische Union hat hier ein regelrechtes Bollwerk errichtet, um afrikanische Flüchtlinge an der Einreise zu hindern. Immer wieder kommt es zu regelrechten Anstürmen von Flüchtenden auf die Grenzzäune, auf die ich mich jetzt, im Schneckentempo und in einer der sechs Autoschlangen, zubewege – allerdings in umgekehrter Richtung, von der europäischen Seite aus.

Überall klopfen Leute an meine Fenster, weitere Männer eilen herbei. Um den Hals tragen sie vermeintlich offizielle Ausweise, die sie als berechtigt ausweisen sollen, bei der Einreise nach Marokko zu helfen. Sie bewerfen mich brockenweise mit Deutsch und Englisch. Das Prinzip lautet: Der Hahn, der am lautesten kräht, bekommt den Zuschlag. Aber nicht mit mir. Ich schließe das Fenster und winke ab.

Die Grenze besteht aus diversen kleinen Hütten, ähnlich wie bei einer Mautstelle, von denen links und rechts der an dieser Stelle relativ niedrige Grenzzaun abgeht – die Schleuse heraus aus der Festung Europa. Es riecht nach Abgasen. Die dicht an dicht stehenden Autos, fast alle mit laufendem Motor, kommen nur langsam voran, und immer wieder brechen sie in ein lautes Hupkonzert aus, um die in Zeitlupe arbeitenden Grenzer auf Trab zu halten. Vor den Hütten prügeln sich Reisende und Pendler um die vorderen Plätze. Es geht laut und hektisch zu, ununterbrochen reden Menschen auf mich und die anderen Leute ein. Ich erkläre einem alten Mann, der gebrochen

Deutsch spricht und schon zum zweiten Mal auf mich zukommt, dass ich kein Geld habe. Er ignoriert meinen Einwand höflich und setzt da an, wo er aufgehört hatte: bei seinen Zeiten bei Siemens in den Achtzigerjahren.

»Ich Siemens fünf Jahre, sehr gut«, schwärmt er mit einem erwartungsvollen Blick, als müsse ich allein beim Gedanken an deutsche Wertarbeit einen Orgasmus kriegen. »Siemens München, gut«, wiederholt er mit Nachdruck. Genervt erkläre ich es ihm noch ein letztes Mal, dass er von mir kein Geld sehen wird, doch es hilft nichts. Am Ende gebe ich ihm meine Papiere und lasse ihn die Einreisedokumente ausfüllen. Mitleidig beobachte ich, wie er in der krakeligsten aller Schriften jeden Buchstaben einzeln überträgt. Der ehemalige Schöpfer deutscher Wertarbeit in der Servicewüste der marokkanischen Grenze ist Analphabet.

Und doch scheine ich nicht sein erster »Klient« gewesen zu sein, am Grenzposten selbst bekomme ich keine Probleme, und nur etwa dreißig Minuten später rolle ich – verschwitzt nach dieser ersten Aufregung – durch das schmale Loch auf marokkanischen Boden. Endlich geht es los.

Mein erstes Ziel ist Kenitra, drei Autostunden weiter südlich an der Atlantikküste. Irgendwer hat mir von spektakulären Wellen am Stadtstrand rund um die Hafenmolen erzählt – weswegen ich mir Kenitra als erste Anlaufstation ausgesucht habe. Vermutlich wurden dort die ersten Wellen auf marokkanischem Boden überhaupt gesurft, als 1968 das erste Surfboard aus Übersee seinen Weg in die damals wenige Kilometer nördlich gelegenen US-Luftwaffenstützpunkt fand. »Hat sich ja doch was getan seitdem«, denke ich und rolle meine ersten Meter auf einer marokkanischen Straße.

Die Hauptstraße nach Kenitra windet sich zunächst in die Berge hinauf, bis sie südlich der Hafenstadt Tanger den offenen Atlantik erreicht und von dort an der flachen Küste Richtung Süden folgt. Die dünn besiedelten Ausläufer des Atlasgebirges sind eindrucksvoll, saftig grüne Landschaften wechseln sich vor meinen Augen mit steinig kargen Passagen ab, bis sich die Straße wenige Stunden weiter westlich durch steppenartige Landschaft windet, in deren Dunst sich improvisierte Gewächshäuser bis zum Horizont aneinanderreihen – Gemüse für Europa. Entlang der Straße, besonders auf den ersten Kilometern hinter der Grenze, begegnen mir immer wieder sitzende, stehende, laufende, mal kleine, mal große Gruppen abgerissen aussehender Schwarzafrikaner. Immer wieder strecken sie mir bettelnd die Hände entgegen oder bieten mir gewilderte Tiere an. Sie sind Flüchtende auf dem Weg nach Europa, ausgezehrt von der langen Reise, die entweder Schlepper bezahlen, um auf dem Seeweg ihr Glück zu versuchen, oder in großen Gruppen die Enklaven Ceuta oder Melilla stürmen.

Ich erinnere mich plötzlich, von einem Massenansturm auf den Grenzzaun in Ceuta gelesen zu haben. 2005 war das. Mehrere Hundert Menschen hatten gleichzeitig versucht, den Zaun zu überwinden, um auf spanisches Territorium zu gelangen. Die marokkanische Polizei schoss damals mit scharfer Munition in die Menschenmenge, mehrere Menschen starben. Ich erinnere mich auch, dass mich die Meldung damals ziemlich kalt ließ. Ceuta war irgendwo, nicht relevant für mich. Jetzt, beim Anblick der Geflüchteten am Straßenrand, fühlt sich das anders an – unmittelbarer.

Wachsam beobachte ich die Szenerie und werde beim Blick auf meine Tankanzeige leicht nervös. Ich war todsicher, hinter der Grenze sofort auf eine Tankstelle mit günstigem Diesel zu stoßen. Fehlanzeige. Bisher ist keine einzige Zapfsäule aufgetaucht.

AUF GOETHES SPUREN IM ORIENT

Von hier wirkt die enge Gasse noch enger, stelle ich fest, als ich den Kopf in den Nacken lege und nach oben starre, wo sich die Dachgipfel fast zu berühren scheinen. Als ich den Kopf wieder senke, weiche ich hinter Abdu zurück, um zwei jungen Mädchen in Pyjamas Platz zu machen, und entschuldige mich.

Abdu habe ich nur wenige Stunden zuvor an der Strandpromenade Kenitras kennengelernt, und ganz ehrlich, am liebsten hätte ich mich in Luft aufgelöst, als er anfing, Deutsch zu sprechen. »Bitte nicht schon wieder Siemens!«, ging es mir durch den Kopf. Doch statt gebrochen von Siemens sprach er fließend von *Faust* und verschwand. Etwa eine halbe Stunde später tauchte er wieder auf, diesmal mit einem Auszug aus Goethes Bestseller und Fragen zu verschiedenen Literaturepochen, mit denen er sich für eine anstehende Klausur auseinandersetzen musste. *Faust*. Gekauft und nie gelesen. Die anschließende Klausur schrieb ich bei einem dicken Deutschlehrer, der immer wieder wegnickte und mir so die Möglichkeit bot, zu spicken oder abzuschreiben. Auf diese Weise hatte ich seit der fünften Klasse sämtliche Klausuren bestanden, als Legastheniker und Schmuddelkind hatte ich auf dem Gymnasium mit einer Sechs im ersten Diktat den Anschluss verloren.

Das goldene Finale meines Spickbemühens war die mündliche Abiprüfung acht Jahre später, in der ich *Woyzeck* und ein weiteres Buch, dessen Name mir nicht mehr einfallen will, behandeln musste, die ich auch beide niemals gelesen hatte. Genervt von der schriftlichen Prüfung machte ich mir nicht mal mehr die Mühe, nach Zusammenfassungen im Internet zu suchen. Auf die Frage einer der prüfenden Lehrerinnen »Wenn Woyzeck ein Tier wäre, welches wäre es?« antwortete ich kurz und knapp: »Ratte.« Sie fand es interessant, konnte es aber nicht nachvollziehen ...

Irgendwie bestand ich auch diese Hürde auf dem Weg zur Freiheit – Abi 2006. Doch wer hätte gedacht, dass ich mich eines Tages ärgern würde, bei dem dicken Lehrer nicht aufgepasst zu haben? An einem Strand in Marokko noch dazu. Aber so schwierig kann es ja nicht sein, dachte ich und überflog die Zeilen. Aha. Soso. Er hat alles studiert, leider auch Theologie – dezenter Wink mit dem Zaunpfahl –, mit der Religion hat er es nicht so. Stellt jetzt aber fest, dass er gar nichts weiß, entsprechend nichts lehren kann, aber trotzdem geiler ist als alle anderen. Aber er hat keine Angst. Es ist alles ziemlich scheiße, und so möchte ja kein Hund leben. Also gibt er sich der Magie hin, in der Hoffnung, danach zu verstehen, was es mit dem ganzen Leben, von dem alle reden, auf sich hat. Er akzeptiert eine höhere Gewalt, der er mit seinem Fachsimpeln nicht gerecht wird.

Abdu freute sich. Ein gelehrter Ungläubiger, der sich am Ende zum Glauben bekennt, und das Ganze in einem Werk der deutschen Literatur. Während er nochmals freudig lächelnd die Zeilen überflog, fragte ich mich, ob diese Situation, also, dass ich am ersten Tag meiner Reise bei Sonnenuntergang am Strand saß, Goethe las und mich mit der philosophischsten aller Frage auseinandersetzen musste, mit Naturgesetzen zu erklären war. Vielleicht hätte Faust nicht mit dem Teufel ins Bett steigen, sondern einfach auf Reisen gehen und alle *Wirkenskraft und Samen* in Ruhe genießen sollen?

Als es dämmerte, meinte Abdu plötzlich: »Komm, du schläfst heute Abend bei mir!« Kurz zögerte ich, denn eigentlich wollte ich gerne die leichte Erkältung, die ich mir in den langen Nächten vor meiner endgültigen Abreise aus Spanien zugezogen habe, auskurieren und früh schlafen gehen – in meinem Auto. Doch dann sagte ich: »Ja, okay!«

Und jetzt bin ich hier. Die zwei Mädchen in den Pyjamas reagieren nicht auf mein Entschuldigen und trotten davon, gemütlichen Schritts geht es auch für Abdu und mich weiter, Sand knirscht unter meinen Schuhen. Seit mehreren Minuten laufen wir schon durch dieses Labyrinth aus düsteren, geruchsintensiven Gassen durch eines der ärmeren Viertel Kenitras. Nur die Lichtkegel, die aus manchen der Fensterchen im ersten Stock der Kioske, kleinen Cafés, Handyguthabenverkäufer und Imbissbuden in die Gasse fallen, bieten Orientierung. Während meine Nase sich abwechselnd mit dem Geruch von Muff und gebratenen Köfte füllt, versuchen sich meine Augen permanent an neue Lichtverhältnisse anzupassen. In den Ohren verhallt die unterschwellige Geräuschkulisse eines Wohnzimmers. Nicht nur, dass die Anwohner in Pyjamas und Sandalen durch die Gegend laufen. Sie schlendern, nichts und niemand bewegt sich in der Geschwindigkeit, die eigentlich angemessen wäre, zumindest nach all meinen bisherigen Maßstäben. Der Zweck des Einkaufs auf dem Markt oder am Kiosk tritt hinter die zwischenmenschlichen Begegnungen zurück, und die im Kiosk sitzenden und Fußball schauenden Männer geben sich, als wären sie in ihren eigenen vier Wänden. Es scheint, als wäre das Zuhause der Menschen in diesem Viertel keine Wohnung, sondern ein ganzes Netzwerk aus Straßen und Gassen. Und eben diese Straßen beaufsichtigen auch die Kinder, die Bälle jagend an mir vorbeirasen.

In einem Imbiss bestelle ich Köfte mit Pommes für gerade mal acht Dirham, das sind weniger als ein Euro. Zu trinken bietet Abdu mir Wasser an, das er aus einem einsamen Hahn in der Wand in einen Becher abzapft, der deutlich Gebrauchsspuren aufweist und dem gesamten Lokal als Trinkgefäß dient. Dankend lehne ich ab – und falle keine Stunde später in ein ziemlich hartes Bett mit papierdünner Matratze. Dass Abdu mir eine gute Nacht wünscht, bekomme ich kaum mehr mit – so anstrengend können erste Tage auf neuen, schon ein kleines bisschen weniger mythenumwobenen Kontinenten sein.

SELTSAM NEUE ERFAHRUNGEN
IM HAMAM

»Hey Carlo, can I invite you to the Hamam and after that to my family for dinner?«

Amine lerne ich am nächsten Morgen am Strand kennen, kurz nachdem Abdu sich von mir verabschiedet hat. Schon nach zwei Minuten bin ich eingeladen. Hotels scheinen hier in Marokko ziemlich überflüssig zu sein ...

»Äh, actually I was gonna ...« Ach, was soll's? »Okay!«

Amine hilft mir auf. Immer noch gerädert vom Tag zuvor habe ich mir eine bequeme Stunde im Sand gegönnt. Mit Blick auf den Atlantik. Mit der Ruhe aber ist es jetzt erst mal vorbei, und keine halbe Stunde später stehe ich vor den Pforten eines Hamam mit qualmendem Schornstein – ein einfaches, einstöckiges, rechteckiges Gebäude mit zwei Eingängen an den sich gegenüberliegenden Seiten. Einer für Frauen. Einer für Männer. Davor sitzt ein junger Mann, der das Eintrittsgeld einsammelt.

Auf den ersten Blick recht unscheinbar, und doch zieht der Hamam wie ein Magnet überall aus dem Viertel Bewohner an, die sich in Scharen mit Plastikeimern, Seife, Lappen und Bürsten bei ausgelassenen Gesprächen nähern.

Sowohl von innen als auch von außen hat dieser Hamam nichts mit den marmorverzierten Erholungsbädern Istanbuls zu tun, in denen sich im Luxus schwelgen lässt. Die Toiletten hier sind in einem ähnlich schlechten Zustand wie in meiner Grundschule Anfang der Neunziger, die Rohre verlaufen lieblos entlang der Wände, Putz bröckelt, und die Fliesen haben Sprünge. Nur drei kahle Räume, keine Waschbecken oder Bänke – nur vier Wände, ein Boden und die Decke, in deren Mitte eine schwache Glühbirne im Dunst flackert.

Im hinteren der drei Räume, dem heißen, schweißtreibenden, hält sich jetzt zur Hauptstoßzeit eine Horde Männer in knappen Unterhosen auf. Ich sehe mich um, und mein Blick fällt auf zwei runde, haarige ältere Männer, wobei einer sich vom anderen massieren lässt. Überhaupt scheint es hier jeder mit jedem zu treiben. Das schummrige Licht und der Wasserdampf machen es schwierig, das Geschehen in ein paar Metern Entfernung genauer zu erkennen. Was ich sehe, sind – Körper. Feuchte Körper. Die Assoziation eines Darkrooms drängt sich mir auf. Kreuz und quer liegen und sitzen schwitzende Männer im Dunst, die sich gegenseitig waschen, schrubben und massieren.

Mir ist unbehaglich, aber ich komme aus der Nummer nicht mehr raus und folge Amines Aufforderung, mich auf den Boden zu setzen. Ein Blick auf meine engen Boxershorts: Alles gut! Erleichtert stelle ich fest, dass der Hoden da ist, wo er hingehört, und nicht auf Freigang.

Marokkaner betreiben ihre Waschungen mit fast religiösem Ernst, und fast im gesamten arabischen Kulturkreis gehört der Hamam zu den wichtigsten Kulturgütern. Und was hier »Körperkultur« heißt, merke ich sehr schnell: Als mir nach wenigen Minuten der Schweiß über den Rücken strömt, schrubbt mich Amine Zentimeter für Zentimeter mit einem rauen Lappen ab, selbst die Innenseiten meiner Beine bis an den Rand der Boxershorts und knapp vorbei am Intimbereich. Dabei geht es aber nicht nur um Dreck, sondern um die gesamte obere Hautschicht, die sich in braunen Klümpchen auf dem Lappen und meinem Körper sammelt. Auf Amines Anweisung benetze ich meinen Körper mithilfe eines Kelchs mit warmem Wasser aus dem Eimer, den er gekonnt aus einem Kalt- und Warmwasserhahn gemischt hat. Nachdem die Hautklumpen abgewaschen sind, bekomme ich eine traditionelle Seife, die nach Fisch riecht. Amine zeigt mir, wie man sich einseift. Kurz darauf lege ich mich bäuchlings auf den heiß-nassen Boden und lasse mich von Amine massieren – was mich wider Erwarten doch entspannt.

Auf dem Weg zur Wohnung von Amines Familie kribbelt mein Kopf unablässig. Nicht, weil ich meine homosexuelle Ader entdeckt habe, sondern wegen der Art und Weise, wie Amine und alle anderen Anwesenden mich in dieses Ritual des marokkanischen Alltags eingeführt haben. Ich fühle mich wie neugeboren. Die Poren, in deren Tiefen die Sünden der vergangenen Tage geklebt haben, haben alles ausgeschwitzt, meine Haut ist reingeschrubbt. Ich schwebe förmlich die Treppen in das Apartment hinauf, wo mir erneut ein warmer, herzlicher Empfang zuteil wird. Amines Mutter sowie die zwei Schwestern sind in dicke, flauschige Pyjamas gehüllt und begrüßen mich mit Umarmung und Wangenküssen. Die Wände sind bunt gefliest, die Couch ist farbenfroh gemustert, und der Geruch aus der Küche ist irgendwie auch bunt, zumindest drängt sich mir sofort das Bild eines marokkanischen Marktstandes mit seinen farbintensiven Gewürzbergen auf. Da ich nichts mitgebracht habe und das Hühnchen bereits im Kochtopf ist, unterbreite ich den Vorschlag, etwas zu trinken zu holen – eine Cola oder so? Die Mutter lehnt ab und schickt, ohne dass ich es mitbekomme, die jüngste der Schwestern los, um Cola zu kaufen. Interkulturelle Kommunikation, Lektion Nummer eins – nicht lange fackeln, sondern einfach machen, niemand wird dich hier etwas kaufen lassen, außer du schummelst.

Bei Couscous, Hühnchen und Cola reden wir über Gott und die Welt und kehren schließlich zurück zu Gott. Andächtig stellt die Mutter, während sie in hohem Bogen Tee in die Gläser und dann erneut in die Kanne kippt, fest, dass es schön ist, wenn man sich selbst aussuchen darf, an was man glaubt. Alle stimmen genauso andächtig zu.

Nur einen Tag später erfolgt das Attentat auf Charlie Hebdo in Paris. Islamistische Terroristen dringen in die Redaktion einer französischen Satirezeitung ein und töten zwölf Menschen. Amine überbringt mir am Strand die Neuigkeiten, als ich gerade mit Surfbrett ins Wasser will. Während sich auf europäischem Boden die Wellen des Hasses gegenüber der muslimischen Welt überschlagen, schlafe ich die dritte Nacht in der dritten Wohnung. Bei Fremden. Bei Muslimen. Am nächsten Morgen titeln alle Tageszeitungen »Je suis Charlie«, und sogar der junge Kassierer an einer Mautstelle begrüßt mich mit diesen Worten. Viele schämen sich.

SALSA IN CASABLANCA

Das Schicksal meint es auf marokkanischem Boden gut mit mir, bis meine Glückssträhne an einer Tankstelle am Stadtrand Rabats abrupt abreißt. Rabat ist die Hauptstadt Marokkos und liegt etwa 50 Kilometer südlich von Kenitra, hier residiert der marokkanische König.

Da ich in aller Frühe die mauretanische Botschaft in Rabat aufsuchen will, habe ich mich entschlossen, mich ganz unspektakulär für ein paar Stunden an einer Tankstelle schlafen zu legen, nicht zuletzt, weil die Vorstädte Rabats und Casablancas nicht für ihre Sicherheit bekannt sind. Plötzlich kommt der Tankwart zu mir und verweist mich auf Anweisung seines Chefs der Tankstelle. »Was für ein Wichser!«, zuckt es mir durch den Kopf, während ich planlos die Umgebung scanne. Ich habe keine Lust, jetzt noch einen anderen Schlafplatz zu suchen, mal abgesehen davon, dass ich gar nicht weiß, wo ich anfangen soll. Tankstelle. Rabat. Mitternacht. Umgeben von den Lichtern der Vorstädte, durch die ich mir am nächsten Morgen den Weg bis ins Zentrum bahnen muss, um zum ersten Mal in meinem Leben ein Visum zu beantragen. »Was ein Abfuck!«, denke ich unwillkürlich. Ich habe mich wohl zu sehr daran gewöhnt, im Zweifel vom Glück verfolgt zu sein, und werfe den Sternen einen eingeschnappten Blick zu.

»Sorry! Can I help you?«, ertönt eine weibliche Stimme, und ich bekomme Gänsehaut am ganzen Körper. Tankstelle. Mitternacht. Rabat. Vorstädte. Wie hoch ist die Wahrscheinlichkeit, dass genau in diesem Augenblick *a)* eine junge marokkanische Surferin meine Konversation mit dem Tankwart mitbekommt, die *b)* fließend Englisch spricht, *c)* mir nur unweit von der Tankstelle bei einem Surfspot namens Bouznika einen perfekten sicheren Stellplatz zeigt, *d)* mich eine Stunde später abholt, wir bis um vier Uhr morgens in Casablanca Salsa tanzen gehen und *e)* bis um fünf Uhr morgens knutschend in ihrem Auto sitzen?

Ich meine, mal im Ernst: Wie hoch war die Wahrscheinlichkeit, dass bis hierhin alles so reibungslos lief und dass jetzt nicht nur *a)*, sondern auch *b)* bis *e)* eintreten, und das angesichts der Ausgangssituation?

Aber der Reihe nach. Salsa in Casablanca? Was sich so verlockend anhört, passte zunächst so gar nicht zu meiner Vorstellung von Marokko. Salsa – das ist reine südamerikanische Lebensfreude. Oder? Entsprechend tief setzte ich also meine Erwartungshaltung an. Meine neue Bekanntschaft hatte zwar versprochen, mich in zwei Stunden abzuholen, sicher war ich mir aber nicht. Überhaupt war ich skeptisch: *a)* würde sie überhaupt wiederkommen?, *b)* es war unter der Woche, *c)* »Salsa in Casablanca«?

Ich bin also nicht recht überzeugt, während ich mir gründlich die Zähne putze – auf alles vorbereitet. Als die junge Dame wider Erwarten doch auftaucht, ist es fast Mitternacht, mein Atem ist frisch, mein Nacken riecht nach Parfum, und auf meiner Haut prangt das beste und sauberste T-Shirt aus meinem Sortiment.

Ich steige in ihr Auto und lasse meinen Jeep – nicht ganz ohne Sorgen – bei den im Dunklen vor sich hin brechenden Wellen zurück. Vorbei an den nimmer endenden Lichtern des urbanisierten Raums zwischen den beiden marokkanischen Großstädten mustere ich die Dame. Sie ist hübsch, stelle ich fest, und irgendwie geheimnisvoll. Was nicht wirklich überraschend ist, denn so ganz real scheint mir die

Situation nicht. Während sie spricht, hänge ich an ihren Lippen. Ihre Stimme, ihr Geruch, die Lichter – alles erscheint mir wahnsinnig intensiv. Keine Droge könnte mich mehr ins Hier und Jetzt versetzen.

Fünf Stunden später liege ich halb wach in meinem Bett, während sich im Osten bereits der nächste Tag anbahnt. Was für eine unvergessliche Nacht, die um Mitternacht mit dem Rauswurf aus einer Tankstelle begann. Nicht mal in Südamerika habe ich jemals eine so ausgelassene Stimmung erlebt. Ein fröhliches Miteinander aller Altersklassen kombiniert mit knappen Kleidern, schwingenden Hüften, Männer und Frauen, die sich zur Musik bewegten, als hätten sie ihr Lebtag nichts anderes gemacht. Und ich mit einer bezaubernden Frau mittendrin. Was für ein Life.

SURFZIRKUS – ENDLICH

Als Jens Körner, der Vater des deutschen Wellenreitens, 1969 als – soweit ich weiß – erster und bisher letzter Deutscher probierte, Afrikas Westküste bis nach Kapstadt »abzusurfen«, scheiterte er am Biafra-Krieg in Nigeria und trampte kurzerhand nach Agadir in Marokko zurück, wo er umgehend einen Profivertrag als Fußballer bei Hassania Agadir unterschrieb und gleich im ersten Spiel, dem Finale des Südmarokko-Cups, im brandneuen Stadion von Agadir antreten musste. Da stand Jens dann, gezeichnet von über einem Jahr des Reisens durch Afrika mit all seinen Räuschen und Sitten, und knallt den Ball in den ersten 10 Minuten des Spiels zum entscheidenden 1:0 ins Tor. Agadir wurde Pokalsieger und Jens zur Legende.

Jens surfte damals Weltklassewellen um Agadir meist alleine, heute ist die Masse der Surfer, die sich auf genau dieser Welle tummelt, kaum zu ertragen. Agadir, noch mal fast 500 Kilometer südlich von

Casablanca, malerisch am Atlantik gelegen, ist Marokkos Surfermekka. Auf der bekanntesten aller marokkanischen Wellen, dem Anchor Point, tragen heute teils über 100 Surfer eine regelrechte Schlacht aus. Ortsansässige, meist Berber, beschützen den Peak, das Herz der Welle – der Punkt, von dem aus man sich an großen Tagen direkt vor die Felsen in die Welle wirft. Mit ihnen legen sich gerne die zumeist arabischen Surfer aus dem Norden an, aber wenn zwei sich streiten, freut sich der Dritte – und die anderen 90 Surfer aus geschätzt 20 Nationen.

Doch was soll's: Meine Haut lechzt wie immer nach Salzwasser, und eine gute Welle am Anchor Point an einem Tag wie heute ist Gold wert.

Ich werfe mich also ungestüm in die eine oder andere überkopfhohe Wand, die mich auf der Rückhand einen Turn nach dem anderen setzen lässt. Die ersten zwei direkt in die Pocket der Welle, die dann abflacht, gerade so viel Energie verliert, dass ich weit auf das Face der Welle fahre, zurückschneide und zurück zur Lippe hin beschleunige. Kaum habe ich mich zurückorientiert, steht die Welle schon wieder bereit und ragt für die nächsten 50 Meter bereits steil wie eine Wand auf. Ich beschleunige, greife ans Rail des Surfboards, platziere mich möglichst weit oben auf dem Face und tauche in den grünen Raum, die Tube, ein. Für wenige Sekunden verliert die Welt und Zeit an Bedeutung, die Surrealität, in einem Hohlraum aus Wasser gefangen zu sein, nimmt mich ein. Nach dem Verlassen der Tube fahre ich weitere Turns, bis ich mehrere Hundert Meter weiter aus der Welle aussteige.

Ich paddle zurück an die Spitze der Landzunge, vorbei an einem Teppich von Surfern, wo vom deutschen Holzkopf, der total unfähig ist, auch nur einigermaßen gerade auf dem Brett zu sitzen, bis zum Brasilianer, der im Baskenland bei seiner Liebe wohnt und gerade mal locker-lässig diese Welle so was von zerstört, dass man gar nichts mehr glaubt, alles vertreten ist.

Zurück an Land kaufe ich eine Palette Bier im Liquor Shop, und es gibt Salat und Köfte vom Grill für alle meine neuen Freunde. Ich teile mir mit knapp zehn marokkanischen Surfern ein Apartment. Und es gibt etwas zu feiern: Es ist mein 28. Geburtstag. Hamzoui, ein Araber aus Marokkos Norden, spielt Gitarre, und Aitor, ein Spanier, den ich schon im letzten Jahr auf einer Welle in Portugal kennengelernt und zufällig hier wiedergetroffen habe, trommelt auf einem Eimer herum, und das verdammt gut. Paylo, einer der beklopptesten Bodyboarder überhaupt, ist auch mit von der Partie. Er hatte sich tags zuvor in die Dracula gehauen, eine eklige Welle, vor allem in schwierigen Situationen, die an diesem Tag in XXL-Größe lief und gute Tubes produzierte. Im Wasser war niemand anderes als Dane Reynolds, Yadin Nicol und Dillon Perillo, drei der besten und bekanntesten Surfer der Welt, und auf den Klippen davor ihre Kameramänner. Die Session wird im Laufe des Jahres zu einer der meistgesehenen auf Youtube werden und Teil eines der besten Surfclips überhaupt.

Während Aitor trommelt, Hamzoui die Gitarre spielt, Paylo seit Stunden den Clown macht und der Grill vor sich hin brutzelt, ärgere ich mich, nicht auch rausgepaddelt zu sein. Mein Board war nicht ideal, die Flut kam bereits gefährlich hoch, und, na ja, da war die Aussicht, sich vor laufender Kamera als totaler Trottel zu outen. Ich schwöre mir, nie wieder so einen Rückzieher zu machen, und wende meinen Blick vom dunkel schimmernden Meer ab. Hin zu der bunten, lustigen Runde, die so langsam außer Kontrolle zu geraten scheint.

Happy Birthday, Carlo!

Am nächsten Tag liegt Aitor kotzend im Bett. Am darauffolgenden fahre ich weiter. Der Wind ist inzwischen sowieso zu stark, und die Wellen sind zu klein. Die Vorhersage ist schlecht, die Pros sind auf dem Sprung nach Tahiti, Cali oder sonst wohin, und ich fahre in den aufziehenden Sandsturm, hinaus in die Wüste, mit Sichtweiten von teils unter 50 Metern, ich bin auf Saharadurchquerung.

2
Wüste und Weite –
an der Küste durch die Sahara

Mauretanien

Hauptstadt: **NOUAKCHOTT** · Einwohnerzahl: **4 301 000** ·
Amtssprachen: **ARABISCH UND FRANZÖSISCH** · Währung: **OUGUIYA**

Der mauretanische Staatspräsident ließ 2015 ein Fußballspiel zwischen Tevragh-Zeina und ACS Ksar in der 63. Minute beim Stand von 0:0 abbrechen – weil es ihm zu langweilig war. Tevragh-Zeina gewann im Elfmeterschießen.

Erst 2007 stellte Mauretanien Sklaverei unter Strafe – als letztes Land der Erde.

Wer die Sahara durchqueren will, braucht vor allem eines: Zeit. Insgesamt 2 500 Kilometer ist die Straße von Agadir bis zum Fluss Senegal lang, mal mehr oder weniger nahe am Meer, mal in mehr, mal in weniger gutem Zustand, durch Marokko, Westsahara und Mauretanien – immer Richtung Süden.

Wie ein Schwert spaltet die Straße die monotone Landschaft, zieht sich kerzengerade bis an den flimmernden Horizont, wo die in weiter Ferne liegenden Anhebungen wie schwebende Untertassen aussehen. Der lodernde Film, der sich rings um den Betrachter über den gesamten Raum verteilt, macht Entfernungen unbestimmbar. Objekte flackern auf und verschwinden wieder. Manche nehmen Konturen an, lassen sich als Kamel, Fahrzeug oder Antenne bestimmen, andere nicht. Einige erscheinen nach einer Weile wieder, lassen sich später als Lkw identifizieren, der in eine unbestimmbare Richtung unterwegs ist, wenn er denn überhaupt fährt. Aber nicht nur der Raum, auch die Zeit verliert hier ihre gewohnte Bedeutung. Dünen wandern, Lebewesen stehen still, das Gemüt entschleunigt, man denkt und bewegt sich in Zeitlupe, nicht nur der Hitze wegen, sondern auch, weil die Wüste mit ihrer meditativen, ja fast hypnotischen Aura dazu verleitet.

So werden Stunden auf dem Fahrersitz zu Minuten, den Blick stets nach vorn gerichtet, gedankenverloren. Ein Zustand, der immer wieder ein abruptes Ende findet: Die Hände klammern sich ans Lenkrad, der Puls rast. Jedes Mal, wenn ein Lkw entgegenkommt, dreht sich das Verhältnis um: Sekunden werden zu Minuten, die Weite wird zur Enge. Man trotzt dem aufkommenden Seitenwind des Lkws, zwängt sich durch das Nadelöhr der Straße, verliert sich wieder in Zeit- und Distanzlosigkeit. Was anfangs wie der Inbegriff der Monotonie wirkte, wird zur abwechslungsreichen Landschaft. Das kleinste Detail hat plötzlich eine große Bedeutung. Eine Tankstelle wird zu »der Tankstelle«, ein Dorf zu »der Stadt«, ein Mensch zu »dem Menschen«, ein Busch zu »dem Busch« und so weiter. Die winzigsten Reize lösen eine Kette von Gedanken aus, die den Reisenden auf unbestimmte Dauer beschäftigen. »Woher kommt dieser Mensch? Wohin geht er? Wovon lebt er? Hat er Hunger? Ist er in dieser lebensfeindlichen Umgebung glücklich?« Genau dieser Zustand lässt mich die Umgebung mit anderen Augen sehen. Was eben noch eine Bilderbuchwüste war, wandelt sich in eine flache, fast schon steppenartige Landschaft, übersät mit kleinen trockenen Dornenbüschen. Dazwischen mögen vier Stunden Fahrt liegen. Der Sand ist plötzlich viel heller als zuvor und bildet in der sengenden Sonne einen starken Kontrast zu den dunklen Büschen. Der stetige Wind weht ihn auf die kerzengerade schwarze Straße und sprenkelt sie weiß. Eine Kurve – die Kurve – mit Gefälle später findet man sich in einem trockenen, vollkommen überdimensionierten Flussbett wieder. Der tiefste Punkt ist dunkel, fast schwarz, während die braunen Steilwände nach oben hin immer hellere Brauntöne tragen, bis sie in beinahe weißen, tafelbergartigen Plateaus münden. Gerade eben hätte man die Straße noch jederzeit verlassen und auf den harten Sand fahren können, um die Umgebung zu erkunden, nun befindet man sich in einer Geröll-landschaft. So weit das Auge reicht, spitze Steine, die sich zu Hügelchen aufgetürmt haben. Sie machen ein Abweichen vom Weg unmöglich.

Ruhe, Weite, Friede. Man schlägt das Lager auf, kocht Tee, spielt Karten und nachts unter einem endlosen Sternenzelt Gitarre. Fernab vom nächsten Sendemast verstauben die Handys in den Handschuh-fächern, und man konzentriert sich auf das Wesentliche – sich selbst und das Hier und Jetzt.

Nachdenklich schweift mein Blick Richtung Norden. Es ist nicht mehr weit bis zur mauretanischen Grenze, die Straße führt mittlerweile stetig an der Küste entlang. In meiner Hand ein lauwarmer süßer Tee, der trotz neunzig Prozent Zuckeranteil bitter schmeckt. Irgendwo hinter den im letzten Abendrot schimmernden Dünen liegt in weiter Ferne auf der anderen Seite des großen Sees: Europa, die Welt, in der Momente nicht gelebt, sondern oft nur noch inszeniert werden und als achter Teil der Instagram-Story ihren Weg in dieses soziale Netz finden. Wo man den Geschmack des luxuriösen Vollkorn-Lachs-Dill-Meerrettich-Sandwichs auf dem Weg zur U-Bahn kaum noch wahrnimmt, während man von einem Termin zum nächsten hetzt, immerzu auf der Suche nach dem nächsten Level. Mehr Karriere, mehr Geld, mehr Sixpack, krassere Party, bessere Drogen, radikalerer Sex ...

»Wie wohl Kamelmilch schmeckt?«, schießt es mir plötzlich durch den Kopf, und ich halte eine Weile an dem Gedanken fest.

Hier, weit weg von daheim, spannen sich Wäscheleinen von einem Fahrzeug zum anderen, weil außer Steinen und Sand weit und breit nichts zu sehen ist. Die letzten Whiskey- und Rotweinreserven, die in diversen Geheimfächern der Wohnmobile die Straße von Gibraltar überquert haben, sind hier Gold wert. Bei den nächtlichen Gelagen um den dampfenden Kochtopf der Reisenden, denen ich sporadisch begegne, brodelt die Gerüchteküche. Ein englischportugiesisches Pärchen kehrte nach nur zwei Tagen aus Mauretanien zurück, da es sich dort nicht wohlfühlte. Ihr Freund berichtet von Soldaten, die da unten »schwarz und riesig« wären. Ein deutsches Pärchen erzählt von den endlosen Autoschlangen an der Grenze zum Senegal: Es sei unmöglich, ins Land zu kommen, zumindest hätten sie das gehört. Ein deutscher Windsurfer macht eine abfällige Bemerkung über hinterlistige Afrikaner, die hinter der nächsten Grenze lauerten. Grundsätzlich scheint die Devise auch unter den ausdauerndsten Abenteurern zu lauten: bis hierher und nicht weiter.

So gehen die Tage am Meer, in der Wüste – der Sahara – ins Land. In den Nächten sitze ich allein oder geborgen zwischen neuen Freunden – wie schnell Reisende doch zu Freunden werden –, umgeben von Haschischgeruch und dem Duft aus den Tajines, unter einem Teppich aus Sternen. Die Milchstraße ist so klar und hell, man könnte Zeitung lesen. Die Tage verbringe ich abwechselnd auf den Wellen, im Auto oder in den Hamams der kleinen Städte an der Küstenlinie – und einmal in heißen Quellen hinter den Dünen der Halbinsel von Dakhla, die den Gestank nach Fett in Klamotten und Haar durch den Duft fauler Eier ersetzen.

Es sind goldene Tage. Weit weg von Handyempfang, Zukunftsängsten und sonstigen Problemen besteht mein Alltag aus Surfen, Essen, Fahren, zwischendurch Schlafen, und dann das Ganze wieder von vorn. Mit jedem Tag, an dem mir das vorher Unbekannte vertrauter wird, habe ich weniger Angst vor dem, was mir noch unbekannt ist, und mehr Lust, es kennenzulernen.

ANARCHIE IM NIEMANDSLAND

Einige Tage später, Hunderte Kilometer südlich: die Grenze zu Mauretanien bei Fort Guargarat. Peter aus Österreich und zwei Brüder aus der Schweiz, die ich entlang der Straße aufgegabelt habe, haben sich ebenfalls entschieden, den Sprung zu wagen. Jetzt sitzen die drei nervös in ihrem blauen Mercedes-Wohnmobil, das sich direkt hinter meinem Jeep in die Autoschlange eingereiht hat.

Als die letzten Papiere auf der marokkanischen Seite der Grenze ausgefüllt und unterzeichnet sind, steige ich wieder hinter das Steuer, atme tief durch, lehne mich aus dem Fenster. Ich nehme Blickkontakt mit meinen Mitreisenden auf – sie nicken wortlos. Als ich den Zündschlüssel drehe, steigt die Nervosität weiter. Dann passieren wir die Grenze.

Die Staaten Mauretanien und Marokko sind seit Jahrzehnten nicht gut aufeinander zu sprechen. Der Konflikt geht auf die Dekolonialisierung des Territoriums »Westsahara« zurück – südlich von Marokko gelegen, direkt am Atlantik. Es ist von dort nicht weit zu den Ferieninseln der Kanaren, Tourismus gibt es aber in Westsahara selbst kaum. Nach der Aufgabe des Gebiets durch Spanien 1975 wurde es zunächst zwischen Mauretanien und Marokko aufgeteilt. Die Frente Polisario aber, eine politische und militärische Organisation in Westsahara, wollte die Teilung nicht anerkennen und rief die Demokratische Arabische Republik Sahara aus, die bis heute von über 50 Staaten weltweit anerkannt ist. Als Mauretanien 1979 einer UN-Resolution nachkam, dem massiven Druck der Frente Polisario nachgab und auf das von ihr regierte südliche Gebiet der Westsahara verzichtete, kam es zu einem Affront: Marokko annektierte es kurzerhand.

Diese diplomatische Wunde ist bis heute nicht geheilt. Sie tritt nirgends klarer zutage als am Grenzübergang zwischen den Ländern. Die Grenzfestungen liegen kilometerweit voneinander entfernt – ohne Straßenverbindung. Dazwischen ist Niemandsland.

Ich fahre an der Spitze der Kolonne. Auch Jahre nach der Annexion des südlichen Teils der Westsahara kommt es hier aufgrund von Minen immer noch zu tödlichen Zwischenfällen.

Intuitiv folge ich Spuren – Hinterlassenschaften der Vorgänger –, die sich wahllos durch die Wüste schlängeln. Andere Wagen haben sich spontan angeschlossen, und wir fahren durch eine skurrile, gespenstische Landschaft. Irgendwo in der Weite der Wüste stapeln sich Autowracks, daneben improvisierte Unterschlüpfe, deren Plastikverkleidungen träge im Wind wehen. Zwei Gestalten tauchen auf, Geld wechselt den Besitzer. Hier an der Grenze zwischen Mauretanien und Marokko, zwei Ländern, die einander kulturell so ähnlich und doch so verfeindet sind, existiert ein Mikrokosmos, dessen

Rechtlosigkeit Raum für illegale Machenschaften bietet. Zwischen Konglomeraten von Autos und Unterschlüpfen immer wieder Elektroschrott, immer wieder kauernde oder umherschweifende Gestalten. Ein Mann in einer Djellaba verschwindet hinter dem Horizont. Wie weit diese Welt sich wohl ausdehnt?

Das unzugängliche Terrain fordert Opfer. Rechts von mir versuchen zwei Männer, ihren alten Mercedes aus den Fängen des Sandes zu befreien – sie haben die falsche Spur gewählt. Ein viel schlimmeres Schicksal ereilte den Fahrer eines mit Orangen beladenen Lkws nur wenige Meter vor dem Ziel. Die Grenzmauer Mauretaniens schon in Sicht, unterschätzte er die Neigung der Piste und kippte samt Ladung um. Die unzähligen Hände, eifrig dabei, die Orangen in Kisten einzusammeln, passieren wir mit gebotener Vorsicht, das Ziel vor Augen.

Erleichtert setzen wir schließlich den Fuß – oder besser: den Reifen – auf die andere Seite des Grenzübergangs, der mehr an einen Todesstreifen erinnert, in die Islamische Republik Mauretanien. Links und rechts vom Torbogen eine lange Mauer, an der vereinzelt bewaffnete Soldaten Wache stehen. Ein aggressiver Zollbeamter nimmt mein Auto ins Visier. Was ich für ihn hätte, fragt er.

»Nichts.«

Falsche Antwort. »Alkohol?«

»Ich trinke nicht.« Ohne mit der Wimper zu zucken.

Sein Blick wird immer düsterer, seine Stimme aggressiver, und er macht sich auf die Suche, reißt eine Tür nach der anderen auf, durchwühlt mein Gepäck. Er braucht ein Druckmittel. Wenigstens einen Schluck Alkohol, Haschisch, Waffen, irgendetwas, das er gegen mich verwenden kann. Er zieht seine letzte Karte: »Ich hole den Hund!« Achselzuckend willige ich ein.

Er macht Anstalten davonzugehen, fixiert mich dabei mit fiesem Blick, doch in der sengenden Hitze scheint ihm diese Prozedur dann doch plötzlich zu aufwendig. Kurz hält er inne – und gibt dann auf. Durch den Zoll bin ich damit schon mal. Mit finsterer Miene zieht der Grenzer ab und winkt mich dabei weiter.

An einem kleinen Häuschen ein paar Meter weiter steigen wir aus, hier soll unsere Einreise dokumentiert werden. Wir stellen uns in die lange Schlange der Wartenden.

Es ist erstaunlich, wie viel hier doch los ist. Immerhin muss jeder, der hierherkommt, zuvor durch vermintes Niemandsland, das Autos verschlingt und Lkws umkippen lässt. Es sind fast ausschließlich Männer, sowohl aufseiten der Grenzer als auch aufseiten der Reisenden. Die wenigen anwesenden Frauen, meist in dicke Gewänder gehüllt, halten sich eher zurück und lassen ihre männlichen Begleitungen das Zepter führen. Die meisten sind Geschäftsleute und ihre Pässe teils so voll mit denselben Stempeln, dass nur noch ein blauer Matsch aus verwischter Tinte zu sehen ist. Wirklich gelassen ist hier keiner, und immer wieder brechen Beteiligte in ungestüme Wortgefechte aus.

Im – etwas provisorischen – Immigrationsraum schließlich lehnt eine AK-47 an der Wand, und ein Beamter an einem Schreibtisch sichtet gemächlich Unterlagen, während seine Hand den Stempel zum Stempelkissen führt, ein Dokument stempelt und dann wieder ausharrt, aufschaut, etwas in seinen Bart murmelt, unvermittelt alles stehen und liegen lässt … und plötzlich ausrastet: Ruhe will er. Der da soll da rüber. Der andere da raus. Ich soll weg von der AK-47, mehr in die Mitte. Plötzlich ist ein anderer Pass interessanter, und der Reisende, der dachte, er wäre dran, muss warten. Zeit ist Geld, und wer keine hat, muss zahlen – das macht uns der Beamte ganz unmissverständlich klar.

Wir gehören zu der sparsamen Sorte mit viel Zeit, und als die Sonne untergeht, vereinzelt Soldaten Posten zur Stützpunktsicherung beziehen und die Behörden schließen, schneiden wir Gemüse für einen Eintopf. Morgen ist ein neuer Tag, um den letzten Papierkram zu erledigen.

Am nächsten Tag arbeiten wir uns durch die Mühlen der Bürokratie. Der angeblich letzte Grenzbeamte sieht aus wie Vin Diesel in Schwarz mit Golduhr und -zähnen. Der ist allerdings beschäftigt und winkt uns durch. Zähneputzen geht vor.

Einen Wimpernschlag später ist alles wieder da, die Wüste, die Weite, das Schwert – die Straße. Zurückgeworfen in diese seltsame Meditation ist es, als hätte es die Grenze, die wir eben passiert haben, nie gegeben. Sie ist längst hinter uns verschwunden – irgendwo im Dunst von Hitze und Sand, der hinter uns aufwirbelt.

Nur das Wetter ändert sich im Laufe des Tages – Wolken über der Sahara, was für ein Anblick. Es wird immer dunkler, bis der Himmel schließlich pechschwarz ist – um drei Uhr nachmittags. Wir bleiben stehen, an Weiterfahren ist jetzt nicht zu denken. Links und rechts schlagen Blitze ein. Das Zentrum des Sturms hängt nur wenige Meter über uns, es wirkt, als könne er sich jederzeit zum Tornado entwickeln. Seit Stunden haben wir keinen Menschen mehr gesehen. Abgesehen von der Straße und einem Autowrack, das abseits friedlich vor sich hin rostet, ist kein Zeichen von Zivilisation zu sehen. Nur das Prasseln der Tropfen.

Im Genuss des Anblicks, noch gefangen von der Faszination eines massiven Regengusses mitten in der Sahara, fahren wir schließlich weiter, vorbei an viel und nichts, bis wir umgeben von gewaltigen Dünen anhalten. Was für ein Ort – pure Magie. Kamelmilch verkaufende Nomaden, die nur unweit unter ihrer Khaïma, einem traditionellen flachen Zelt, das von einer Herde Kamele umgeben ist, Tee kochen. Die perfekten Gastgeber? Nein, denn wie sich herausstellt, wollen sie, dass wir weiterfahren, wollen uns nicht bei sich haben. Über die Gründe können wir nur spekulieren ...

GEFANGEN IM GROSSSTADTLABYRINTH

Schnitt, Ortswechsel, eine andere Welt. Ich bin gefangen in einem Labyrinth, in dem alles immer enger, heißer, lauter, sauerstoffärmer und voller wird, bis zu dem Punkt, an dem sich nichts mehr bewegt. Mauretaniens Hauptstadt Nouakchott ist ein Moloch am südlichen Ende der Sahara, dort, wo die Sahelzone beginnt, eine unwirkliche gelbbraune Landschaft, geprägt von ausgedehnten Dornenstrauchsavannen. In der Stadt selbst sieht man davon allerdings nichts. Dicht an dicht kleben die Stoßstangen der mehr als schrottreifen Autos, Passanten nutzen die kleinsten Lücken. Es herrscht ein reges Treiben. Bedürftige strecken mir die Hände entgegen, Polizisten pfeifen wild durch die Gegend, Kutscher prügeln auf ihre Esel ein, Händler wollen verkaufen, aus Lautsprechern schallt lautes Geplärr, es riecht nach Abgasen, und es herrscht eine unerträgliche Hitze.

Nach Tagen in der Weite und Einsamkeit der Sahara fühlt sich die Einfahrt in Mauretaniens Hauptstadt an wie der Aufprall auf eine Steinwand – mit dem Kopf voran. Peter aus Österreich und die beiden Schweizer sahen das wohl ganz ähnlich und haben sich geweigert, mit mir in die Mitte dieses Molochs zu fahren. Vor wenigen Minuten haben wir uns voneinander verabschiedet, die drei wollen einige Tage am Strand verbringen.

Ich hatte schon geahnt, dass um diese Uhrzeit ins Zentrum zu fahren suizidal wäre. Dennoch zwänge ich mich im Schritttempo durch die Straßen, schaue hilfesuchend aufs Navi. Wie komme ich hier wieder raus? Hier links? Stau! Vielleicht hier rechts? Stau! Wo ich auch hingucke, die Straßen sind dicht. In den Fünfzigerjahren war Nouakchott noch ein 500-Seelen-Dorf. Heute leben hier eine Million Menschen. Die unplanmäßige Zuwanderung von Landflüchtigen sorgte für eine ebenfalls unplanmäßige, um nicht zu sagen chaotische

Infrastruktur, die dem Umfang der Stadt in keiner Weise gewachsen ist. In manchen Seitenstraßen ist der Sand so fein und uneben, dass ich kurz davor bin, den Allradantrieb zuzuschalten. Besonders beeindruckend: der Fischerhafen, an dessen Strand links und rechts Tausende kunterbunte Fischerboote liegen. Irgendwie bahne ich mir meinen Weg durch das Chaos und finde nach einer gefühlten Ewigkeit die senegalesische Botschaft, wo ich mir ein Visum ausstellen lasse – nur schnell wieder raus hier, raus zurück in die Wüste!

Manchmal sind dieses Land und diese Reise an Wahnwitz nicht zu übertreffen – wobei der Akzent eher auf Wahn als auf Witz liegt.

Ich habe Nouakchott hinter mir gelassen, und die desaströse Straße Richtung Senegal beglückt mit der gleichen Schönheit und Ruhe, wie ich sie auch zuvor genossen habe. Gäbe es nicht alle 30 Kilometer einen Kontrollpunkt, könnte ich die Sahara von morgens bis abends hoch- und runterfahren. Während meine Gedanken sonst wo sind und ich genüsslich eine Zigarette vor mich hin paffe, fahre ich am ersten Kontrollpunkt des Tages vor.

Papiere – check.

»Woher?«

»Daher!«

»Wohin?«

»Dahin!«

»Hast du was für mich?«

»Nein!«

Das übliche Gezeter.

»Kennst du schon Rachid?«

»Ra... wen?«

»Rachid! Warte, ich gebe dir seine Nummer.«

Der junge Soldat Mitte 20 lehnt sich mit seinem Handy durchs Fenster zu mir herein. Das Display zeigt den Namen Rachid und eine

Nummer an. Ich sehe ihn fragend an. Ach, was soll's? Wenn es ihn glücklich macht!

»Rachid ist ein guter Mann. Er kennt sich an der Grenze gut aus! Ich rufe ihn an, dann kannst du mit ihm sprechen.« Das hat mir gerade noch gefehlt. Aber was soll's, wir wollen ja die Herren vom mauretanischen Militär nicht gegen uns aufbringen, mein Auto und ich.

Rachid faselt irgendwas von »mir helfen«. »Ja, ja, merci, wenn ich deine Hilfe brauche, melde ich mich!« So, das wäre auch erledigt. Durchatmen, positiv bleiben, Carlo. Es kommt noch ein ganzer Haufen Kontrollpunkte. »Au revoir!«

Die Straße macht gerade einen Knick, vorbei an einer verwaisten Herberge, die von vereinzelten verdorrenden Bäumen umgeben ist, die zwar noch frischer als die Herberge selbst aussehen, aber am Ende wohl das gleiche Schicksal erleiden werden, als sich hinter einem roten Stoppschild ein Soldat von seinem Handy abwendet und sich langsam aufrichtet.

»Salam Aleikum.«

»Aleikum Salam.«

»Ca va ?«

»Hamdulelah.« Mir geht's gut!

»Tu parles Arabic?« Ob ich Arabisch spreche.

»Non, seulement un peu.« Nur etwas.

»Ah, okay. Vous êtes musulman?« Ob ich Moslem bin.

»No, mais j'aime trop l'Islam.« Nein, aber ich mag den Islam.

Ich stehe ihm Rede und Antwort. Schleimen hat ja noch nie geschadet. Ein Blick auf die Papiere und eine Frage, die ich heute schon mal gehört habe und die ich wohl noch ein paarmal hören werde: »Kennst du schon Rachid?«

Am dritten Kontrollpunkt hält mir der Soldat schon das Handy ans Ohr, ehe wir dazu kommen, die üblichen Begrüßungsrituale auszutauschen. In meinem Ohr knistert die Stimme Rachids. Er würde an der Grenze auf mich warten. Ich versuche, ihm klarzumachen, dass das nicht nötig ist. Er ist nicht davon abzubringen. Genervt gebe ich dem Soldaten sein Handy. Ob ich noch was für ihn hätte?

»Au revoir!«

Auf den letzten gut 150 Kilometern kennt jeder Soldat Rachid. Er verfolgt mich, weiß, wer ich bin, woher ich komme, welches Auto ich fahre und wo ich gerade bin. Wer ist der Typ?

Irgendwie habe ich im Urin, dass auch am vierten Checkpoint der Name Rachid nicht unerwähnt bleiben wird. So auch am fünften und sechsten. Unheimlich.

Am siebten Kontrollpunkt reicht mir ein Soldat ein Handy. Rachid ist nicht nur enorm bekannt hier in Mauretanien, sondern auch extrem faul. Er steht etwa hundert Meter weiter und winkt. »Siehst du mich?«, fragt er.

Ich atme durch. Rachid steht mitten auf der Straße. Vor der ersten Abzweigung seit Hunderten von Kilometern. Mir schwant Böses. Ein Blick in den Rückspiegel: Der mit ihm befreundete Soldat ist in Sichtweite. Die Situation und Rachid selbst sind schwer einzuschätzen. Wie viel Macht hat er wirklich? Immerhin hat er mich mit seinem unsichtbaren Schatten durch eine Region fast so groß wie Bayern verfolgt. »Er muss ganz schön was mit mir vorhaben, damit der Aufwand sich lohnt«, denke ich. Denn die Soldaten werden diesen Spaß auch nicht umsonst mitmachen.

Rachid ist hagere 1,80 groß, trägt zerschlissene Jeans, und unter seinem roten Hemd verschwindet ein feines Goldkettchen – oder eher Plastik in Goldfarbe. Er trägt die für viele schwarzafrikanischen Kulturen typischen »tribal marks«, charakteristische Narbenformen im Gesicht, die meist schon im Kindesalter angebracht werden und die Stammeszugehörigkeit einer Person markieren.

Ich kurble das Fenster herunter und höre mir an, was er zu sagen hat. Rachid lässt erst mal eine Runde Tee auf einem Tablett kommen.

Das Schauspiel erfolgt unter den Augen diverser Kinder, die aus umliegenden Häusern herbeigelaufen kommen.

Er ist hier, um mir zu helfen. Das ist sein Job. Ich sage ihm, dass ich keine Hilfe brauche.

»Ich schwöre dir, ich will dir nur helfen.« Er will mich zur Grenze bringen, und zwar zu der in Rosso. Das ist aber genau die, zu der ich nicht will. Ich will zu der in Diama, zu der es von hier aus rechts abgeht. Beide Grenzübergänge liegen am Fluss Senegal, aber das etwas weiter südlich gelegene Diama ist ein entspannter Grenzübergang in einem Naturschutzgebiet mit schlechten Straßen, aber ohne Stress. Rosso hingegen gilt als einer der mit Abstand übelsten Grenzübergänge der Welt mit mafiösen Strukturen. Rachid will mich für dumm verkaufen:

»Den Übergang in Diama gibt es schon lange nicht mehr!«

»Das schaue ich mir lieber selbst an«, erwidere ich. Rachid kommt ins Grübeln, und ich bin kurz davor weiterzufahren. Doch ich traue mich nicht recht. Kann wirklich das gesamte Militär Mauretaniens auf seiner Seite sein?

»Du musst mitkommen! Es ist mein Job, dich hinzubringen.«

Langsam werde ich ungeduldig. Ich mache ihm klar, dass er mich bitte in Ruhe lassen soll. Doch es hilft nichts. Ich hätte ja keine Ahnung, wie gefährlich die Strecke nach Diama sei. Außerdem hätte der Grenzübergang dort heute nicht auf.

»Ach«, denke ich, »gerade sagtest du doch noch, es gäbe ihn nicht mehr?« Ich gebe Rachid zu verstehen, dass mir das scheißegal ist. »Im Notfall schlafe ich eben da.«

Rachid merkt langsam, dass er mit seiner Masche nicht weiterkommt, und wechselt die Taktik. Sein Ton wird laut und bedrohlich: »Wenn du jetzt nicht mitkommst, hast du ein Problem.« Aber auch die Nummer zieht nicht, und würden die Soldaten im Rückspiegel nicht immer wieder zu uns herüberschauen, wäre ich schon losgebrettert.

Stattdessen brodle ich. Rachid greift derweil noch tiefer in die Trick-kiste. Er täuscht einen Anruf bei seinem Chef vor, dem er voller Verzweiflung erzählt, was für einen schweren Fall er vor sich habe. Doch auch das lässt mich kalt.

Sein nächster Versuch ist so absurd, dass mir endgültig der Kragen platzt. Rachid behauptet, dass auf dem Weg ein Schwimmbad ausgelaufen und es unmöglich sei, die Straße zu passieren – in der verdammten Sahara! Ich raste aus. Vor der versammelten Dorfgemeinschaft scheiße ich ihn zusammen und fordere, er solle mir doch bitte mal erklären, wie ein Schwimmbad in der Sahara eine Straße fluten soll. Mit geballten Fäusten mache ich ihm einen Vorschlag. »Du steigst jetzt ein und fährst mit mir zu dem Schwimmbad, und wenn es wirklich existiert, dann fahren wir zusammen nach Rosso. Wenn nicht, schmeiße ich dich raus, und du kannst durch die Wüste nach Hause laufen.«

Er wagt noch einen letzten Versuch: Am Grenzübergang gebe es keine Visa für den Senegal, meint er. Ich weiß, dass er diesmal nicht lügt. Das Visum habe ich aber schon längst. Genervt bedanke ich mich und fahre mit quietschenden Reifen kopfschüttelnd davon. Ein ausgelaufenes Schwimmbad in der Wüste? Im Ernst?

3
Eine neue Heimat im Senegal

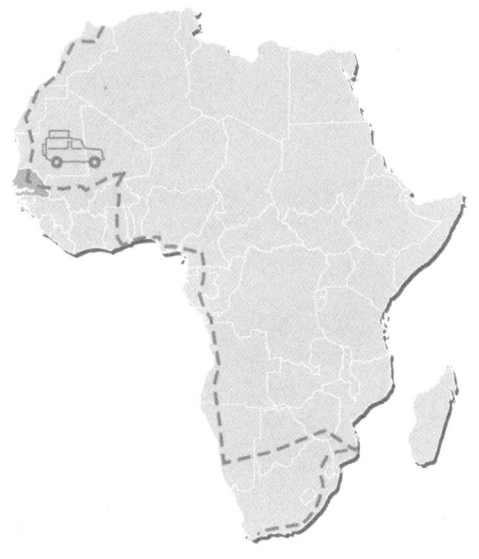

Senegal

Hauptstadt: **DAKAR** · Einwohnerzahl: **15 416 000** ·
Amtssprache: **FRANZÖSISCH** · Währung: **CFA-FRANC**

Als die Portugiesen im 16. Jahrhundert im heutigen Senegal
erstmals an Land gingen, zeigten
ihnen die Einheimischen ihre
Boote. »Sunu gaal«, riefen sie, was
soviel heißt wie: »Das sind unsere
Boote.« Die Portugiesen verstanden kein Wort, benannten aber das
Land danach: Senegal.

Erst hatten sie weniger zu essen, dann zu wenig. Um seine Familie zu ernähren, war Amadou schließlich gezwungen, all sein Hab und Gut inklusive Ziegen und Hühner einzupacken und mit ihnen zu flüchten. Er, dessen Vorfahren allesamt Fischer gewesen waren, hoffte, seine Frau und seine vier Kinder in der Großstadt besser versorgen zu können.

Als sie unweit eines Fischerviertels in Dakar einen freien Platz fanden, bauten sie ihr Haus aus Wellblech, Pappe und Altholz wieder auf und schrieben »Restaurant« an die Straßenseite. Ihre Tage als Fischer waren passé, denn von nun an verdienten sie ihr Geld mit Tee und Baguettes, die sie mit einer billigen Nuss-Nougat-Creme bestrichen. Beides verkaufen sie heute, ähnlich wie bei einem Kiosk, direkt aus ihrer Bude heraus. Im hinteren Teil ihres Grundstücks stehen kleine Verschläge zum Schlafen, für den Toilettengang und zum Waschen. Die liebevoll gepflanzten Bäumchen sind von einem Pappkasten umhüllt, um sie vor den freilaufenden Ziegen und Hühnern zu schützen.

Amadou und seine Familie gehören zu den vielen sogenannten Binnenflüchtlingen – Menschen, die ihre Heimat aus ökonomischen, ökologischen oder politischen Gründen verlassen, um sich innerhalb ihres Landes in Sicherheit zu bringen. Binnenflüchtlinge machen auf dem afrikanischen Kontinent den größten Teil an Geflüchteten aus. Alleine im Jahre 2015 waren es über zehn Millionen Menschen.

Wenn ich morgens bei Amadou ein Baguette kaufe, dann nicht unbedingt, weil es so lecker ist oder ich Mitleid mit ihm habe, sondern um der guten Nachbarschaft willen. Es ist meine Gegenleistung dafür, dass er und seine Familie tagsüber auf mein Auto aufpassen, das neben ihnen auf dem offenen Platz zwischen Wohnblocks und NGO-Gebäuden steht. Natürlich bin ich kein Geflüchteter, aber ich bin ihrem Beispiel gefolgt und habe mich dort zumindest vorübergehend eingenistet, in meiner zwischenzeitlichen Heimat Dakar, der Hauptstadt des Senegal.

Ich bin schon eine ganze Weile hier, so lange, dass ich bereits eine Stammkneipe und eine Stammsandwichverkäuferin habe. Dakar ist nicht nur eine spannende Stadt, in der fast sämtliche Länder der Welt eine Botschaft haben, sondern eine der ganz wenigen kontinentalen Städte der Erde, die Dünungen sowohl aus der nördlichen als auch der südlichen Hemisphäre beziehen. Während jetzt im März und April die Stürme des Nordatlantiks langsam zur Ruhe kommen, wodurch die Wettersysteme entlang des nördlichen subpolaren Tiefdruckgürtels immer weniger Dünungen in den Süden senden, wo sie im weit entfernten Senegal auf die Riffe treffen, nehmen die arktischen Stürme entlang des südlichen subpolaren Tiefdruckgürtels langsam Fahrt auf und werden mit jeder Woche, mit der die südliche Hemisphäre in den Winter eintritt, stärker. Und mit ihnen die Dünung, die sie Richtung Norden entsenden – wiederum zu den Riffs des Senegals. Das bedeutet: Surfen zu allen Jahreszeiten!

Welche Stadt wäre also geeigneter, um die Zeit zwischen den Saisons zu verbringen und die anstehenden Visa für die Weiterreise zu beantragen?

Dakar liegt auf einer Halbinsel am Atlantik und ist die westlichste Stadt des ganzen Kontinents. Was einst eine kleine Hafenstadt war, ist heute eine Metropole, die sämtliche Nachbarstädte und Dörfer längst geschluckt hat. Welche Straßenzüge hier noch zu Dakar gehören und welche zu Pikine, der eigentlich größeren Nachbarstadt, das weiß ich nicht – wahrscheinlich weiß es auch sonst niemand. Für mich ist alles hier Dakar, und so falsch ist die Annahme auch gar nicht, denn offiziell sind beide Städte Teil der Metropolregion, die den Namen der Hauptstadt trägt. Ein Monster von Hauptstadt. Wie schnell diese Region zum urbanen Dschungel wurde, stelle ich fest, als mir ein Tourist am Strand aus einem Lonely Planet vorliest, wo von einem »Selfsufficient fishing village« die Rede ist, das ohne Polizei oder Autorität friedlich vor sich hin lebt.

»Interessante Interpretation«, ist mein erster Gedanke. Doch als ich den Ort auf der Karte im Buch sehe, muss ich lachen. »Aus welchem Jahr ist dieses Ding?«, hake ich den Tränen nahe nach. Der Reiseführer stammt aus den Neunzigern, und das Fischerdorf ist längst Teil der Metropole.

Und dass Dakar sich auch als genau eine solche sieht, macht die Stadt unmissverständlich klar: Hoch oben auf einem Hügel im Herzen der Stadt prangt das, was als die afrikanische Freiheitsstatue gelten muss, das »Monument der afrikanischen Renaissance«. Wuchtig und wie aus einer stalinistischen Vergangenheit entstiegen zeigt die Statue eine Frau und einen Mann mit Kind auf dem Arm, die heroisch Richtung Ozean blicken – 49 Meter über dem Erdboden. Kein Wunder irgendwie, wenn man weiß, dass das Monument von einer nordkoreanischen Firma erbaut wurde …

Darunter jedenfalls vibriert der Boden einer niemals schlafenden Stadt. Highlight und unübersehbar: der öffentliche Nahverkehr, dessen Busse sich ihren Weg bahnen durch die Straßen, vorbei an den Stadtteilen wie Grand Dakar und Yoff, knallbunt bemalt wie zu besten Hippiezeiten. Die Stadt und ihre Bewohner sind immer in Bewegung.

Es ist daher auch kein Zufall, dass ausgerechnet der Senegal als einziges afrikanisches Land südlich der Sahara ein Team bei der Surf-Weltmeisterschaft in Frankreich 2017 stellte. Nirgends auf der Welt habe ich jemals so viele Menschen Sport treiben sehen. Das Spektakel beginnt etwa eine Stunde vor Sonnenaufgang, wenn die zumeist männlichen, vermehrt aber auch weiblichen Frühaufsteher die Straßen erobern und in Richtung der vereinzelten Strandabschnitte oder Trainingsanlagen entlang der Promenade joggen. Damit unterscheidet sich die senegalesische Hauptstadt von vielen anderen afrikanischen Großstädten, wie ein ghanaischer Blogger feststellt:

»Unlike in Dakar where everyone works out, in Ghana getting friends to exercise is harder than raising the dead.«

In Dakar geht man am besten gleich zweimal täglich trainieren, und so füllen sich die Strände auch am Abend derart, dass man vor lauter Sporttreibenden kaum mehr den Sand sieht. Die Übungen, wie Rückwärts-, Hock- oder gar Rückwärtshockläufe, variieren genau wie das Alter. Fast jeden Morgen treffe ich auf dem Weg zu einer der Weltklassewellen des Senegals – die sogenannte Ngor Right – dieselbe Seniorengruppe, die im Meer Aqua-Gymnastik betreibt. Am bemerkenswertesten sind jedoch die unzähligen jungen Männer, die sich im Sand gegenüberstehen und ähnlich wie beim Sumoringen oder Judo versuchen, ihren Kontrahenten an der Unterhose zu packen und auf den Rücken zu werfen. Wer groß und stark genug ist, kann bei diesem Nationalsport – dem Gambischen Wrestling oder »Lutte Sénégalese« – noch mehr Ruhm und Ehre erlangen als beim Fußball.

WRESTLING AUF SENEGALESISCH – LUTTE SÉNÉGALESE

Das Stadion ist bis auf den letzten Quadratzentimeter gefüllt, Hitze und Enge machen das Atmen zu einer ziemlich kniffligen Aufgabe. Während die große Lutte-Sénégalese-Arena in Dakar einem europäischen Fußballstadion in nichts nachsteht, macht mir diese hier ein wenig Sorgen. Die etwas kleinere, U-förmige Arena mit einem Eingang in der Größe einer Wohnzimmertür platzt aus allen Nähten. Ob die etwas heruntergekommene Konstruktion einer so großen Menschenansammlung überhaupt standhält? Ab und zu bilde ich mir ein, ein verdächtiges Knirschen unter meinen Füßen zu hören. Mein Baguetteverkäufer Amadou jedenfalls, der mich mit hierhergeschleppt hat, um mich, wie er sagte, »in die senegalesische Kultur einzuführen«, bugsiert mich kurz entschlossen hinter die Turnierleitung, als er meinen skeptischen Blick sieht. »Dort ist es sicher«, sagt er, warum auch immer.

Um den mit Sand aufgeschütteten Wettkampfbereich im Inneren der Arena und hinter dem Organisationskomitee stehen dicht gedrängt weitere Hunderte Zuschauer, selbst auf dem hinter den Mauern aufragenden mächtigen Baum sitzen einige Kinder. Unter den Tausenden Zuschauern ist außer mir kein einziger Ausländer, zumindest kein Weißer, und mein Auto parkt irgendwo in einer Seitengasse des Viertels.

In der Mitte des Stadions – in der Manege – laufen sich die kettenbehangenen Kämpfer warm. Keiner der wie Gladiatoren anmutenden Männer wiegt unter hundert Kilo, denn so etwas wie Gewichtsklassen gibt es im »Lutte« nicht. Sie bewegen sich rhythmisch zum Klang der wild pulsierenden Trommeln und dem Gesang einer Gruppe von Frauen, die in stetiger Monotonie in die Dämmerung hallen.

Bis es schließlich losgeht – unter großem Geschrei. Den Überblick über die diversen, parallel ablaufenden Kämpfe haben wohl nur die Kampfrichter, die bei jedem Duell direkt neben den Opponenten stehen. Es herrscht Chaos, immer wieder rennen Zuschauer über das Feld, von den Regeln verstehe ich nur die Hälfte. Wie auch beim Judo oder Ringen treten zwei Kontrahenten gegeneinander an. Beide tragen lediglich einen Lendenschurz, der während des Kampfes oft ganz schön in Mitleidenschaft gezogen wird, so sehr zerrt und reißt der Gegner daran. Jeder Kampf dauert so lange, bis einer auf dem Boden liegt – der verliert. Während manch einer der Kämpfe nur wenige Sekunden dauert, ziehen sich andere über Minuten, wobei die verkeilten Kämpfer immer wieder voneinander getrennt werden müssen. Seine Hose verliert keiner.

Als die Dunkelheit hereinbricht, wiegen sich die Sänger und Trommler weiter in Trance – und mit ihnen das Stadion. Zu späterer

Stunde hält es niemanden mehr auf seinem Sitzplatz. Immer wieder schreitet der hoffnungslos unterbesetzte Trupp Polizisten bei Rangeleien im Publikum ein, und auch die Kämpfer in der Arena bleiben nicht immer sportlich. Die Stimmung ist geladen, feiernde Zuschauer rennen zu den Sängerinnen, drücken ihnen Geldscheine in die Hände und führen zur Erheiterung des Publikums Tänze auf. All das ist Teil des Events.

Der Finalkampf steht an. Immer größere Gruppen von Männern führen ein und denselben Tanz auf, so kommt es mir zumindest vor, folgen ein und demselben Rhythmus. Der Favorit des Finales, der Arnold Schwarzenegger selbst in seinen besten Jahren neidisch gemacht hätte, treibt das Spektakel auf die Spitze, er steigt nacheinander durch verschiedene Kettenringe und streift sie sich über den Kopf wieder ab. Dabei intoniert er Zauberformeln, um den Gegner zu verhexen. Dieser, etwas älter und eher stämmig als muskulös, lässt sich nicht aus der Ruhe bringen und trabt im Rhythmus konzentriert durch die Arena. Die Menge tobt.

Immer wieder verkeilen sich die beiden derart, dass die Kampfrichter sie trennen müssen. Schwarzenegger blutet aus beiden Nasenlöchern, und die Nase scheint nicht mehr ganz so gerade wie zu Anfang des Turniers. Es sieht auf jeden Fall nicht gesund aus, was die beiden miteinander machen. Doch am Ende kann der stämmige, mehrfach verfluchte Underdog den Kampf für sich entscheiden – wahrscheinlich die falschen Zaubersprüche –, und das gesamte Publikum stürmt begeistert das Feld.

Und natürlich gibt es eine friedliche dritte Halbzeit in den Seitenstraßen Dakars, wenn sich Tausende junge Männer aus unterschiedlichen Vierteln in der Dunkelheit der Nacht verlieren – mit mir mittendrin.

Afrikanische Beats, rauchende Grills mit Bergen an Fleisch, schräg zusammengezimmerte Verkaufsbuden, und es ist gefühlt kein

Grad kälter geworden – afrikanische Großstädte sind nachts wie riesige dröhnende Kohleöfen. Ich wanke in einen der vielen Clubs von Dakar, aus den Boxen brüllt afrikanischer Hip-Hop, ich bin wieder der einzige Weiße.

Es ist fast drei Uhr nachts, Amadou ist längst im Bett bei seiner Familie. Der gesamte Club mustert mich kurz – mit trägen Blicken, richtig Stimmung scheint hier nicht zu sein. Jemand drückt mir ein Bier in die Hand, zweifelnd nehme ich einen ersten Schluck. »Das wird gleich noch!«, gibt man mir zu verstehen, nachdem ich wohl etwas zu skeptisch und enttäuscht in die träge Menge geschaut habe.

Tatsächlich geht es zwanzig Minuten später los, und zwar so richtig. Der gesamte Laden steht von den Sofas auf und tanzt zu progressiven Hip-Hop-Beats, wobei sich manche Paare so lasziv bewegen, dass man jedem Minderjährigen die Hand vor die Augen halten müsste. Ohne auch nur einmal ein Bier zu bestellen, bekomme ich in regelmäßigen Abständen eine neue Flasche in die Hand gedrückt, sodass ich am Ende der Nacht zum ersten Mal seit Langem wieder so richtig einen im Tee habe.

So sehr, dass ich in den frühen Morgenstunden mein Auto kaum wiederfinde. Ich bin kurz davor, mich vor der nächsten Einfahrt pennen zu legen. Seit einer gefühlten Stunde wanke ich wie ein Zombie durch das Viertel um das Stadion, als mein Jeep sich doch noch aus dem Morgenlicht schält – und mit ihm die Aussicht auf einen erholsamen Schlaf.

Was für ein Irrtum ...

Ich kann kaum noch atmen. Die Luft ist zum Schneiden, die Hitze fast nicht zu ertragen. Von links und rechts nähern sich zwei unglaublich fette – und ich lüge nicht – Hintern meinem Gesicht. Die Hintern reiben sich an mir. Ich bin wie gelähmt und kann mich nicht wehren. Verzweifelt versuche ich, nach Luft zu schnappen, doch zwischen mir und den bestens gepolsterten Hinterteilen hat sich ein Vakuum gebildet ...

Als ich die Augen aufschlage, bin ich erst erleichtert – alles nur ein Traum. Doch der Erleichterung folgt Panik. Luft! Sauerstoff! Dem Ersticken nahe versuche ich verzweifelt, mich aus dem Moskitonetz zu befreien, das sich beim ersten Rundumschlag um meine Arme wickelt. Erst als ich die Fahrertür meines Autos aufreiße und Luft aufsauge wie ein verlorener Wüstenwanderer den ersten Schluck Wasser kurz vorm Verdursten, beruhige ich mich.

Jeder, der schon einmal campen war, kennt diesen Punkt. Das Zelt, der Bus oder das Auto werden so heiß und stickig, dass man sich unmöglich länger darin aufhalten kann. Dummerweise habe ich diesen Punkt dank meines komatösen Schlafs um vier Stunden verpasst. Es ist zwölf Uhr mittags, die Sonne steht im Zenit und mein Auto genau darunter auf einem freien Platz im Gewerbegebiet Dakars. Im Wagen herrschen dank der geschlossenen Fenster ungefähr 50 Grad bei nicht vorhandenem Sauerstoff. Den Alkoholgehalt der Luft könnte man wahrscheinlich in Promille angeben, so schrecklich stinkt es.

Während ich mich mehr oder weniger geschickt aus meinem Auto schäle – ich muss immer aus dem Bett durch das Moskitonetz halb über den Fahrersitz krabbeln, um mich letztlich am Dachgepäckträger ganz nach draußen zu ziehen –, verliere ich meine Unterhose und stehe für eine Sekunde total verstrahlt und nackt mitten auf dem Platz.

»Was zum Teufel ...?«, denke ich laut, während ich die Unterhose wieder an- und das T-Shirt zurechtziehe. »Was zum Teufel geht in so einem Kopf vor, wenn man träumt, und warum muss ich ausgerechnet von zwei fetten Hintern erstickt werden?«, überlege ich weiter, während mir beim Kopfschütteln kotzübel wird.

Ich setze die Wasserflasche an und ziehe auf Anhieb anderthalb Liter weg. »Was für eine Nacht!«

ABSCHIED VON NGOR RIGHT

»Nie wieder!«, schwöre ich mir zum x-ten Mal, mit der Gewissheit, mein Versprechen wohl schon in Kürze wieder zu brechen – nie wieder Alkohol.

Ich bin reif. Kaum in der Lage, geradeaus zu laufen, packe ich meine Sachen für die Insel. In der einen Hand mein Surfboard und einen Turnbeutel, den Neoprenanzug über der Schulter, schlendere ich die Straße entlang Richtung Fischerhafen. Im Slalom geht es vorbei an Erdnüsse röstenden Frauen mit Neugeborenen auf dem Schoß, man kennt sich bereits, und die Aufregung über den zotteligen Wikinger mit Surfboard ist relativ gering. Ich nicke, so freundlich, wie man jemandem mit dem schlimmsten Kater seines Lebens zunicken kann, einem bekannten Gesicht zu und mache halt an einem Bretterverschlag, um mir ein fettiges Omelette-Sandwich mit kalter Cola zu kaufen. Phase 1 der Katerkur.

Am Hafen warte ich auf die sogenannte Fähre, die nichts anderes ist als ein buntes Fischerboot aus Holz. Dankbar nehme ich auf einem der Sitze im Schatten Platz. Zwischen den Sitzreihen quetschen sich junge Männer, die aus ihren Bauchläden Snacks und Getränke verkaufen. »Ein Königreich für eine zweite Cola«, denke ich, doch dann kostet sie nur 500 CFA-Franc, etwa 70 Cent. »Billiges Königreich«, denke ich und muss grinsen.

Die in den Morgenstunden Sporttreibenden haben sich auch längst zurückgezogen, und zur dröhnenden Musik der Strandbars legen bunte Fischerboote an und ab. Die Musik vermengt sich mit etlichen Stimmen und dem Hämmern der Boote reparierenden Fischer. Bei so viel Lärm wird es mir etwas schwindelig, während ich gierig meine Cola trinke.

An diesem Tag erscheint die Fahrt mindestens doppelt so lang wie normalerweise, und beim Aussteigen auf der Insel fühle ich mich wieder wie vor Phase 1 der Kur. Phase 1.1 erfolgt mit dem Eintauchen ins kühle Meerwasser. Ngor Right feuert aus allen Löchern, und eine kleine Gruppe neuer Freunde surft bereits mit breitem Lächeln. Als ich am Peak ankomme, lachen sie erst mal herzlich, denn ich sehe dermaßen mitgenommen aus, dass die Jungs ihren Augen nicht trauen. Es hat knapp zwei Meter Dünung, die sich beim Aufprall auf dem flachen Riff zu einer gut vier Meter hohen steilen Wand aufstellt. Meine erste stehe ich gerade so; viel zu spät auf dem Take-off falle ich, das Surfboard komplett in der Luft, die Welle hinunter ins Tal – ein sogenannter Airdrop. Nach einem kurzen Rudern bei der Landung gewinne ich die Kontrolle über mein Brett gerade rechtzeitig zurück, um die Lippe der Welle anzuvisieren, die ich vier Meter fast senkrecht hochfahre. Erst im letzten Moment rotiere ich gegen, mein Tail sprengt einen Teil der Lippe weg, und ich stürze wieder im freien Fall ins Tal der Welle, diesmal ohne die Kontrolle zu verlieren – Katerkur Phase 2. Die Jungs lachen und schütteln die Köpfe.

Seit Wochen surfe ich nun fast täglich Ngor Right, ich bin in der Surfform meines Lebens, da kann mir auch ein Kater nichts anhaben. Drei Stunden später mache ich eine ausgiebige Siesta am Pool des Surfcamps der Insel, wo Jesper, der Besitzer, mich wie zu Hause fühlen lässt – Katerkur Phase 3, bevor es wieder zurück aufs Wasser geht. Kater geheilt.

Mein Alltag in Dakar ist ziemlicher Lifestyle, zugegeben. Tagsüber hänge ich mit der Crew, die sich aus ein paar im Ausland lebenden Weißen und vor allem extrem gut surfenden Einheimischen zusammensetzt – die mit Abstand beste Surfcommunity nördlich von Südafrika und südlich von Marokko – im Wasser. Nachts tanze ich durch die Clubs, abseits von Touristen und Expats, trainiere braun gebrannt mit mächtigem Vollbart und langem blondem Haar vor den Spiegeln am Dancefloor meine Dancemoves. Ich kenne die Straßen. Ich weiß, wie ich von A nach B komme, wo es in Ngor-Village die beste Erdnusssuppe gibt, koche in den weitläufigen Apartments von UN-Mitarbeitern Abendessen oder sitze mit neuen besten Freunden auf der Dachterrasse irgendeines Hauses und philosophiere bei Zigaretten und Bier über den Sinn des Lebens, während das Lichtermeer Dakars sich ringsum bis zum Horizont ausbreitet. Im Casino Shopping Center hänge ich nur ab, weil es eine Klimaanlage hat, und nach einer Stunde des Herumschleichens kaufe ich später bei einer der vielen Straßenverkäuferinnen in Ngor Grapefruit, Kohl und Tomaten ein, viel mehr gibt es günstig auf der Straße nicht.

Dakar ist mir wie zur Heimat geworden, so vertraut sind die Hühner der Nachbarn, Amadous Nuss-Nougat-Creme auf viel zu weichen Baguettes und der Fischereihafen mit seinen bunten Schiffen.

Der Abschied aus Dakar ist dann auch dementsprechend hart. Sogar die Erdnuss röstenden Frauen schauen mir – scheinbar geknickt – hinterher, als ich mit vollgepacktem Auto von meinem Stellplatz rolle. Amadou hat mir noch ein paar Brote geschmiert, die Jungs von Ngor Right stehen Spalier, und eine Nachbarin hat sogar ihre Musikanlage ausgemacht, um sich zu verabschieden. Das tut sie ansonsten weder am Tag noch nachts.

Warum ich aufbreche? Ich habe mich entschlossen, über Mali Richtung Ghana aufzubrechen, wo langsam, aber sicher die Dünungen aus der südlichen Hemisphäre eintreffen. Wie viele Tage, Wochen oder Monate ich brauchen werde oder ob ich überhaupt durchkomme, weiß ich nicht. Und so fahre ich wehmütig aus meinem Innenhof, aus meinem Viertel, aus meiner Stadt. Irgendwann kommt der Moment, an dem ich nicht mehr weiß, wie es an der nächsten Straßenkreuzung weitergeht, an dem ich mich nicht mehr auskenne, nicht so wie die letzten Monate. Für einen Moment fühle ich mich fast verloren, weil das Vertraute um mich herum zu verschwinden scheint. Aber kurz darauf bin ich schon wieder on the road – es geht weiter.

4

Hitze, Terror und andere Schwierigkeiten

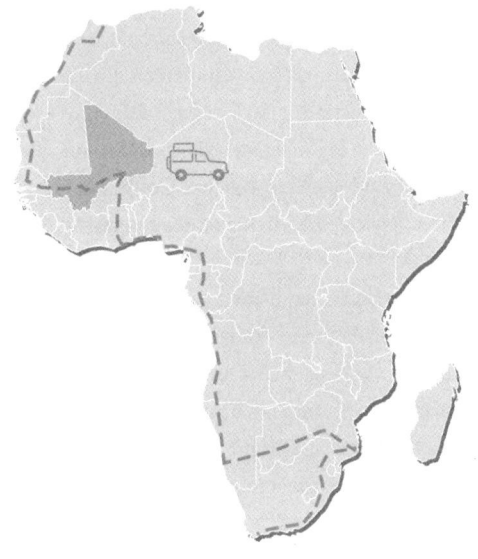

Mali

Hauptstadt: **BAMAKO** · Einwohnerzahl: **18 690 000** ·
Amtssprache: **FRANZÖSISCH** · Währung: **CFA-FRANC**

Der Hitzerekord in Mali liegt bei 54 °C, gemessen in der Wüstenregion im Norden des Landes. Das ist eine der höchsten jemals auf der Erde gemessenen Temperaturen.

Im 12. Jahrhundert lebte in Mali der reichste Mann der damaligen Welt. König Mansa Musa I. war so reich, dass er in Ägypten eine Inflation auslöste, weil er dort riesige Mengen an Gold verteilte.

An der Grenze zwischen Mali und dem Senegal, die nie schläft, drängen sich die Fahrzeuge. Es ist später Abend, die Posten von Militär, Polizei, Zoll und Einwanderungsbehörde sind über mehr als einen Kilometer verteilt. Auf diesem Kilometer gibt es schlichtweg alles: Hotels, Restaurants, Mechaniker, Supermärkte, Apotheke, Handyverkäufer und Gauner, die von SIM-Karten über Handyguthaben bis zu Kleinigkeiten zu essen auch die letzten Wünsche der teils tagelang im Transit Befindlichen erfüllen. Ein Gewimmel und Gesumme wie in einem Bienenstock, kunterbunt auch um diese Uhrzeit, und doch scheint über allem eine dünne Staubschicht wie ein Schleier zu liegen, kleine Mitbringsel der ständig wehenden Saharawinde aus dem Nordosten.

Zunächst geht es über eine Brücke über den Fluss Falémé, der über weite Teile die Grenze zwischen Mali und Senegal markiert. Weiter nördlich fließt der Falémé in den Fluss Senegal, der wiederum die Grenze zwischen dem Land Senegal und Mauretanien bildet.

Mauretanien. Ein paar Wochen habe ich nicht mehr an das Land gedacht. »Und überhaupt!«, stelle ich fest, »ich habe allgemein nicht viel gedacht.« Die Zeit in Dakar hat mich so sehr eingenommen, dass sich die Monate und Jahre zuvor scheinbar in Luft aufgelöst haben. Alles, was war in den letzten Wochen, fühlte sich so unmittelbar an, dass ein Gedanke an gestern fast schon absurd schien. Warum an Vergangenes denken, wenn das Heute alles überstrahlt? Der anfangs wiederkehrende melancholische Blick Richtung Norden, Richtung Heimat existiert nicht mehr, stattdessen blicke ich Richtung Osten, voller Spannung und Neugier. Wird es in Mali auch diese einsamen, meditativen Straßen durch die Wüste geben? Und dahinter eine Stadt, die mich aufnimmt wie Dakar?

»So einsam und meditativ sieht es hier ja erst mal nicht aus«, überlege ich, während ich über die Brücke rolle. An deren Ende, schon auf malischem Boden, dämmert ein kleines Zeltlager von UNICEF vor sich hin, daneben ein malisches Grenzdorf.

Kurz darauf komme ich an der ersten Mautstation nach der Grenze an und entscheide, dort Rast zu machen. Zwar liegt mein Schlafplatz direkt an der Hauptstraße und ist umgeben von Lkw-Fahrern, die vor ihren Autos mit Moskitonetzen modifizierte Feldbetten aufschlagen, um die Hitze besser zu ertragen, aber es scheint sicher hier. Zwischen ein paar trüben Straßenlaternen und einer unendlichen Lkw-Schlange vor dem einsamen Mauthäuschen vollziehe ich mein inzwischen allabendliches Waschritual.

In der blauen Tüte – jawohl: Es ist eine IKEA-Tüte! –, in der ich meinen Neoprenanzug lagere, habe ich auch meine Waschunterhose. Kochutensil und Badewanne zugleich ist der Wok, in den ich annähernd drei Liter Wasser fülle. Ich benetze meinen Körper und seife mich gründlich ein. Beim Abwaschen bleibe ich direkt über dem Wok, sodass ich einen Großteil des Wassers wieder darin auffangen kann. Danach schütte ich mir den Rest in einem Schwall über den Körper. Nach einem langen, schweißtreibenden Tag am Lenkrad gibt es nichts Schöneres, als frisch gewaschen ins Bett zu steigen – nur um eine halbe Stunde später schon wieder schweißgebadet aufzuwachen.

DIE HITZE ... DIE HITZE

Schon der Osten Senegals wirkte ein wenig wie eine aride Version des Auenlandes aus dem Film *Der Hobbit*. Doch in Mali wird die traditionelle Bauweise mit Lehm, Stroh und Holzbalken immer dominanter, löst schließlich endgültig Beton, Stahl und Wellblech ab. In ihrer vollen Pracht säumen diese traditionellen Bauten den Straßenrand. Ich bin in aller Frühe – noch vor den Lkw-Fahrern – aufgestanden, habe einem verschlafenen Mautbeamten meine Papiere überreicht und rolle jetzt bei Sonnenaufgang Richtung Osten – mitten hinein in den Kontinent.

Homogen im Einklang mit der Natur, die sie umgibt, wirken die Dörfer wie gemalt: ein paar Brunnen hier, ein rundes kleines Gebäude auf Stelzen da, gefolgt von einem Wohnhaus, einem Stall, einem Schuppen oder einem mit anderthalb Metern Stroh abgedeckten Holzgestell, unter dem sich die Bewohner vor der Mittagshitze verstecken. Um das Dorf ziehen sich Zäune aus krummen, in den Boden gesteckten Ästen.

Es ist April, der heißeste und trockenste Monat des Jahres. Die Trockenzeit. Die Zeit der Hitze, die sich wie ein lodernder See in die Savanne ergießt. Menschen verkriechen sich vor ihr in die kühlsten Ecken ihrer Häuser. Tiere kauern im Schatten vereinzelter Baobabbäume. Autos und Lkws stampfen und dampfen, bis sie schließlich doch irgendwo am Straßenrand liegenbleiben. Selbst die Straßen sind der Hitze nicht gewachsen und schmelzen, genau wie die Reifen, die auf ihr rollen. Mit jedem Kilometer wird die Angst um meinen Jeep größer, doch gerade brummt er noch. Und dampft. Nahe am Schmelzpunkt.

Während die Dörfer wie in einem Hochglanzbildband an mir vorbeifliegen, beobachte ich diese gänzlich andere Welt. Ein Hirte zerrt energisch an der Leine, an deren Ende der Eimer hängt, der das kostbare Wasser aus der Tiefe des Brunnens ans Tageslicht befördert. Der Mann beißt die Zähne zusammen. Es muss Tag für Tag die gleiche beschwerliche Arbeit sein. Doch der Schweiß verdunstet, noch ehe er überhaupt aus den Poren tritt. Und als wäre es nicht schon schwierig genug, fällt der Eimer sicher jeden Tag ein Stück tiefer in das schwarze Loch – der Grundwasserspiegel sinkt. Doch es hilft nichts – wenn er nicht genügend Wasser zutage fördert, stirbt ihm seine Lebensgrundlage weg, die Schar Ziegen.

Die Hitze! Unweit eines Dorfes sitzen zwei Jungen mit ihren Ochsen im Schatten eines Affenbrotbaums. Ich habe kurz angehalten, weil meine Augen vom Schweiß so sehr tränen, dass ich nur noch verschwommen sehe. Während der jüngere der beiden vor sich hin döst, kritzelt der ältere lustlos mit einem Ast Formen in den staubigen Boden. Sehnsüchtig erinnert er sich an die letzten Regenfälle – so sieht es zumindest aus. Sicher stellt er sich vor, wie der kühle, feuchte Regen auf seine Haut prasselt, wie er mit geschlossenen Augen und weit ausgebreiteten Armen den Kopf zum Himmel hebt ... Doch eine Brise heißer, trockener Luft holt ihn zurück in die Gegenwart, und er hebt überrascht den Kopf, als mein Jeep rauchend und brummend an ihm vorbeibrettert – ich habe mir eine halbe Flasche Wasser über den Kopf gekippt und bin in einer Staubwolke weitergefahren.

Während die beiden Jungs in die von Affenbrotbäumen bestandene, karge Landschaft ziehen und langsam in meinem Rückspiegel verschwimmen, zieht eine kleine Windhose, eine der vielen dieser Tage, auf und steuert auf das Dorf zu, das ich nun passiere. Sie wirbelt Staub und Äste auf und transportiert sie in die Höhe, wo sich diese wie von Zauberhand wieder verlieren.

Frauen in bunten Gewändern kreischen panisch auf. Schützend werfen sie sich über das Gefäß, in dem sie im Schatten der Lehmgemäuer fleißig Sorghum gestampft haben. So schnell, wie die Windhose aus dem Nichts aufgetaucht ist, verliert sie sich nur Sekunden später wieder in der Monotonie und der Hitze.

Die Hitze. Um diese Jahreszeit ist jedes Korn Sorghumhirse Gold wert. Es ist beschwerlich, sie zu mörsern – wenn jetzt eine ganze Ladung durch Dreck und Staub ungenießbar würde, wäre das ein großer Verlust. Die Erträge der letzten Ernte gehen langsam, aber unaufhaltsam zur Neige, wie jedes Jahr gegen Ende der Trockenzeit. Nach einer kurzen Verschnaufpause gehen die Frauen gemeinsam wieder in rhythmisches Stampfen über. Normalerweise würde man sie weit über die Dorfmauern schnattern hören, aber an diesem Tag sind sie beinahe stumm – und ich hinter der nächsten Anhöhe verschwunden.

Nur wenige Kilometer die Hauptstraße entlang liegen drei Männer unter einem Lkw im Schatten. Das Auto hat drei Tage zuvor den Geist aufgegeben, erzählen sie mir bei einer weiteren kurzen Rast. Die Hitze macht eben auch vor schwerem Gerät nicht halt. An heißen Tagen wie diesem liegen mehr Lkws am Straßenrand, als auf der Straße unterwegs sind. Zunächst mussten die beiden Fahrer zwei Tage auf den Automechaniker warten. Der bahnte sich nur langsam einen Weg zu seinen Kunden. Er war zuvor noch mit einem anderen Lkw beschäftigt, der ein paar Stunden entfernt ebenfalls den Geist aufgegeben hatte. Einmal angekommen, schraubte er den ganzen Tag und schlief des Nachts neben den Fahrern unter dem Lkw. Jetzt wartet er auf Neuigkeiten aus seinem Dorf. Unter Umständen kann am nächsten Tag, Tag vier der Panne, ein Bekannter das benötigte Ersatzteil vorbeibringen. Aber wer zählt auch schon Tage? Der Bekannte wird kommen, wenn er kommt, an einem dieser heißen Tage eben. Der Automechaniker greift zu dem letzten der gelben, mit Brunnenwasser gefüllten ehemaligen Palmölkanister und nimmt einen kräftigen Schluck, schließt die Augen und legt sich zurück, den Kopf auf den Handinnenflächen, den Körper auf einem dünnen Laken. Man ist träge an diesen heißen Tagen. Und auch ich rolle nur mit halb geöffneten Augen weiter durch diese schier endlose Landschaft aus Hitze und Sand.

BAMAKO AM UFER DES NIGER

Von Balkonen hängen bunte Kleider zum Trocknen und daneben rostige Satellitenschüsseln. Das Auto neben uns blinkt in doppelter Geschwindigkeit, als es sich nach links in den dichten Verkehr zwängt. Unser VW Touareg wirkt wie ein Schutzschild vor der chaotischen Außenwelt, an Moussas Handgelenk funkelt die obligatorische goldene Uhr, aus den Boxen surrt leise Musik, es ist angenehm kühl, riecht nach Wunderbaum, und die Ledersitze hinter den getönten Scheiben sind bequem. Mein Blick schweift über die kleinen Geschäfte im Parterre der Wohnhäuser. Passanten zwängen sich durch den Verkehr. Kleine Straßenstände speien qualmend weitere Duftnoten in die ohnehin schon aromenüberladene Luft, während die Händler den Passanten lauthals ihre Produkte anpreisen. Ein Bettler, dessen Haut und Haar sich farblich weder vom staubigen Gehsteig noch von seiner zerfetzten Kleidung unterscheiden, stolpert orientierungslos am Straßenrand entlang, die ledrige Hand ausgestreckt, die glasigen Augen rot unterlaufen. Zwischen den Fahrzeugen drängt sich ein gutes Dutzend junger Männer und Kinder, die von Fußabtretern bis Toilettenpapier alle erdenklichen Haushaltswaren verkaufen.

»Es ist Krieg!«, meint Moussa, einer der erfolgreichsten Geschäftsleute des Landes, und deutet auf die staubige Straße mit den mehrstöckigen Wohnhäusern, von denen der Putz bröckelt. Als er breit lächelnd seine perlweißen Zähne offenbart, sieht der Enddreißiger noch jünger aus als ohnehin schon. Moussa spricht nicht vom tatsächlichen Krieg, der im Norden des Landes Mali tobt, sondern vom Business, als machten Geschäfte erst dann Spaß, wenn man im Zusammenhang mit ihnen mit den widrigsten Umständen konfrontiert ist.

Seit mehreren Tagen bin ich in Malis Hauptstadt Bamako am Fluss Niger bei Moussa zu Gast, dessen Handy von morgens bis abends klingelt. Ein Termin jagt den nächsten, nichtsdestotrotz nimmt er sich jeden Abend Zeit, entweder für mich zu kochen oder mich auszuführen. Er wohnt in einem großen Haus, nicht im Villenviertel, sondern in einem Stadtbezirk der mittleren Unterschicht. Er wollte in der Nähe seiner Mutter bleiben, und so lebt er mit seiner Frau und seinen drei Kindern hier in einer Dreizimmerwohnung. Direkt vor seiner Haustür schläft neben seinem Dienstmädchen ein halbes Dutzend anderer Hausangestellter unter freiem Himmel auf dem harten Boden.

Was mich angeht, darf ich nicht im Wagen schlafen. Stattdessen übernachte ich im Bett eines Freundes von Moussa, der in der Zwischenzeit gemeinsam mit Mamadouf, Moussas Angestelltem, der mir als persönlicher Betreuer zugeteilt ist, nebenan auf dem Boden schläft. Ich darf für absolut gar nichts selbst bezahlen, und wo immer ich auch hingehe, ist Mamadouf an meiner Seite. Langsam begreife ich ansatzweise, was malische Gastfreundschaft bedeutet.

»Mali ist wunderschön und vielleicht das gastfreundlichste Land der Welt.« So beschrieb es mir ein Surfschüler im Senegal, der mit einer malischen Frau verheiratet ist. »Aber momentan wohl zu gefährlich«, fügte er hinzu. »Seit Ausbruch des Krieges!«

Ich dachte einige Tage darüber nach. Südlich des Senegals, in Guinea und Liberia, wütet das Ebolavirus. Wenn meine Reise ins südliche Afrika weitergehen sollte, musste ich mich entscheiden: durch Kriegs- oder durch Seuchengebiet? Scheiß auf die Mythen, scheiß auf den Krieg, scheiß auf Islamisten – scheiß auf die Angst. Das war meine Devise – und ich machte mich auf den Weg.

Jetzt ist es Samstagabend. Hinter meinem Spiegelbild im Fenster fliegen Häuser und Menschen vorbei. Moussa dreht die Musik lauter und steuert den VW Touareg gekonnt durch den Verkehr. In zwei Tagen werde ich bei einem Treffen mit dem für Mali zuständigen Offizier des Militärischen Abschirmdienstes (MAD), der die geheimdienstliche Arbeit und Sicherheitsevaluation für die europäische Mission erledigt, erfahren, dass in etwa in diesem Moment eine Bombe am Rande der Stadt detoniert. Nur wenige Wochen nach dem letzten verheerenden Anschlag wird die Alarmbereitschaft noch einmal hochgesetzt. Obwohl die Militärpräsenz wächst, immer mehr ausländische Soldaten nach Mali kommen und sich an der Grenze zum Senegal der Fahrzeugnachschub der UNO stapelt, eskaliert die Lage im Land immer weiter, man spürt die Anspannung und ahnt, dass sich die MINUSMA

(Multidimensional Integrated United Nations Stabilization Mission in Mali) bald mit dem Beinamen »tödlichste UN-Mission aller Zeiten« wird abfinden müssen.

Auf dem Parkplatz des Ibiza, des bekanntesten Clubs Bamakos, nimmt uns eine ganze Schar Türsteher in Empfang. Ehe wir uns auch nur einen Meter vom Wagen entfernt haben, untersuchen sie ihn gründlichst auf Sprengsätze.

»Es ist Krieg«, meint Moussa ein zweites Mal an diesem Abend, und diesmal meint er es tatsächlich so.

Im Jahr 2012 verlor die Regierung Malis im Norden des Landes zusehends die Kontrolle an Tuareg-Rebellen und islamistische Milizen. Seit 2013 französische Truppen an der Seite des malischen Militärs die Gebiete zurückerobert haben, kommt es immer wieder zu islamistischen Anschlägen in den Metropolen wie Bamako. Auch die Deutsche Bundeswehr ist im Norden Malis aktiv.

»Es ist Krieg«, wiederhole ich Moussas Worte in meinem Kopf, während wir auf dem Parkplatz des Ibiza durch eine zweite Sicherheitskontrolle geschleust werden und ins Innere des Hochsicherheitsclubs vordringen. An der Bar sitzen in erster Linie osteuropäische »Barfrauen« in leichter Bekleidung. Mit einem Zwinkern reicht man mir an einem Eiskübel mit Champagner vorbei ein frisches Heineken. In zwei Stunden wird die Tanzfläche wenige Stufen unterhalb der Bar, die von der umlaufenden Reling im zweiten Stock hervorragend zu beobachten ist, brodeln. Eine absonderliche Mischung aus malischer Oberschicht, Geschäftsleuten, Frauen, die wohl eher zum Arbeiten als zum Tanzen hier sind, und weißen Ausländern. Touristen sind spätestens seit dem letzten Anschlag nicht mehr in der Stadt zu finden.

Clubs wie das Ibiza findet man in den meisten afrikanischen Großstädten, ja wahrscheinlich in der gesamten Dritten Welt. Es gibt aber auch andere Etablissements, in denen man zu humanen Preisen trinken kann und dabei nicht umgeben ist von den Reichen, Schönen und letztlich Verdächtigen.

Solche typischen Clubs, auch Boîtes genannt, sind mir eigentlich viel lieber, sie finden sich überall in der Stadt. Es gibt dort auch keine Sicherheitskontrollen – und keine osteuropäischen »Barfrauen«. Dort läuft überwiegend afrikanischer Pop, der sich meist aus traditionellen Klängen, Rap und Dancehall zusammensetzt. In den Texten vermischen sich Französisch, Englisch und afrikanische Sprachen. Auf einen Song aus Kamerun folgt einer aus der Elfenbeinküste, worauf wiederum ein Hit aus Nigeria an der Reihe ist, den alle mitsingen. Das Niveau auf dem Tanzparkett ist salopp gesagt Endlevel. Man tanzt mit einer ungeheuren Ausstrahlung, vermischt traditionelle Tanzschritte mit modernen und einer großen Portion Individualität. Man balzt unverblümt und verspielt, wobei hier beim Tanzen viel Wert auf Details gelegt wird. So kann beim »Dancebattle« schon mal jemand den größten Applaus bekommen, weil er ein Bein in der Luft kreisen lässt und dabei die Augen ausdrucksstark bewegt.

In den Clubs der Reichen aber geht es steriler zu, der Sound ist europäischer, die Luft kühler und das Publikum arroganter. Ich werde daher an diesem Abend im Ibiza auch nicht alt, schon nach eineinhalb Stunden und drei überteuerten Heineken ziehen Moussa und ich wieder ab.

Die Hitze, die beim Verlassen des unterkühlten Clubs draußen über uns zusammenschlägt, ist – wie immer – atemberaubend. Ein französischer Diplomat, mit dem ich eben im Club noch ein paar Worte gewechselt habe, steigt mit einer der »Barfrauen« in ein Taxi, Moussa und ich bestellen uns Fleischspieße an einem Grill ein paar Häuserblocks weiter.

»Schade, dass der Abend schon zu Ende ist«, meint Moussa, als er die Scheinwerfer des Touaregs abblendet und der durch die staubige

Luft stechende Lichtkegel plötzlich verschwindet. Wir steigen aus dem Auto, Moussa steckt den Schlüssel in das Schlüsselloch seiner Haustür – als irgendjemand ein paar Häuserblocks weiter urplötzlich einen Musikregler auf Anschlag stellt. Der Beat kracht los, und es dauert einen Moment, bis ich begreife, dass dieses Losbrechen nicht in meiner unmittelbaren Umgebung geschieht, so laut wummert es jetzt durch die Nacht. Ich schaue Moussa an, und er lächelt. Ohne zu sprechen drehen wir uns um, Moussa zieht den Schlüssel wieder aus dem Schloss, und wir machen uns auf die Suche nach der Quelle des Sounds, einer sogenannten Balani-Show.

Balani-DJs bauen ihre Anlagen irgendwo in den staubigen Straßen auf und beschallen die Nachbarschaft. Wie Straßenmusiker finanzieren sie sich durch kleine Spenden. Frei nach dem Motto »Früh übt sich« tanzen hier selbst die Sechsjährigen zu den neuesten afrikanischen Hits bis tief in die Nacht.

Ich bestehe darauf und kaufe wenigstens die erste Runde Getränke an einem Verschlag, widerwillig lässt mir Moussa den Vortritt. Bamako schläft genauso wenig wie die meisten Großstädte auf diesem Kontinent, den das Konzept von Nachtruhe und Ruhestörung nicht im Ansatz zu interessieren scheint. In den frühen Morgenstunden shuffle ich meine Füße durch den Dreck und Staub der Straße, schwinge meine Hüften zu den Rhythmen und atme tief die warme, trockene Nachtluft ein, die sich wie eine Prise Koks, von Nase und Nebenhöhlen angenehm aufsteigend, wie der Dampf eines Whiskeys in meinem Kopf breitmacht. Euphorie. Freiheit. Ein Leben im Moment, ein Moment, in dem ich mich verliere und tanze, ich meinen Körper fühle und führe, durch die Töne und Klänge, den Rhythmus der Nacht. Ich spüre Leben – auch wenn das kitschig klingt.

ÜBER DEN WOLKEN ZWISCHEN HIMMEL UND HÖLLE

Kleine Fischerboote liegen unter uns im breiten, türkis leuchtenden Flussbett, als ich den Steuerknüppel übernehme – zum ersten Mal lenke ich ein Flugzeug. Ali schaut besorgt auf die Temperaturanzeige seines Leichtflugzeuges Marke Eigenbau. Wir befinden uns nur wenige Hundert Meter über dem Fluss Niger, der sich unter uns zwischen grünen Agrarflächen seinen Weg durch den Sahel bahnt. Wir überfliegen autarke kleine Dörfer in traditioneller Architektur, neben Wohnhäusern reihen sich Stallungen, Höfe, Lager und im Herzen oftmals eine Moschee aneinander. Kleine beige Trampelpfade, die sich nur geringfügig von dem bräunlichen Untergrund absetzen, verlieren sich wie ein Adergeflecht in der Savanne. Vereinzelt stehen Bäume. In der Ferne füllt sich die Luft mit braunem, von einem Wind namens Harmattan aufgewirbeltem Staub, der die atemberaubende Schönheit verschlingt, lange bevor die Horizontlinie zu erkennen ist. Im Norden liegt die No-go-Area, in der es mittlerweile fast wöchentlich zu Überfällen von Islamisten oder einfachen Banditen kommt.

Nur ein paar Tage zuvor habe ich bei einem Bier mit dem deutschen Leiter einer EU-Kaserne nahe der Stadt Ségou gesprochen. Schon wenige Kilometer nördlich des Flusses Niger wären Angriffe mit Raketenwerfern auf Konvois und Stellungen, Feuergefechte und Entführungen an der Tagesordnung, erzählte er mir. Tendenz: näherkommend und mit höherer Frequenz.

»Von hier oben sieht es ganz friedlich aus«, denke ich und reiße den Steuerknüppel herum. Unter meinen Füßen sitzen zwei Pedale, bei denen mir noch nicht ganz klar ist, was passiert, wenn ich sie drücke, und auch diverse andere Hebel, Blinklichter und Anzeigen rechts, links und über mir finde ich ziemlich rätselhaft. Wie durch magische Hand beschreibt das Flugzeug jetzt einen langen Bogen

Richtung Süden, hoch oben über dem Niger, dorthin, wo die Landschaft grüner wird, in die friedliche Zone Malis.

Vermeintlich friedlich ... Der Bombenanschlag in Bamako vor einigen Tagen, so erzählte es mir der deutsche Kommandant ebenfalls, war wohl so nicht geplant gewesen. Vermutlich war es eine Lieferung gleich mehrerer Bomben an einen zwielichtigen Geschäftsmann, die »aus Versehen« in die Luft gegangen waren. Die Bevölkerung Bamakos hatte also sogar noch einmal Glück gehabt ...

»Und ich erst«, denke ich mir, und eine vom Nacken ausgehende Gänsehaut wandert vor bis in meine Fingerspitzen. Noch nie habe ich Natur als etwas so Wunderbares erlebt. Der gigantische Niger – teils fast einen Kilometer breit – mitten in der Wüste, mit seinen Untiefen und Ausläufern, die mit Bäumen gesprenkelte Landschaft und die autarken Dörfer – Wunderwerke voller Harmonie und Ästhetik – mitten in Afrika. All das aus der Vogelperspektive eines Flugzeugs, das ich bei offenem Fenster selbst steuere und dessen Wände so dünn sind, dass ich mich fühle, als würde ich ganz ohne Hilfsmittel fliegen. All das wirkt wie ein Traum, der Gedanke ist einfach nicht klar zu fassen: Vor wenigen Monaten noch dachte ich, ein Besuch in Mali wäre der sichere Tod. Und jetzt fliege ich über dem Niger. Längst habe ich mein Schicksal in die Hände des Universums gelegt, das mich auf einer Welle durch die Reise befördert und sich mir hier und jetzt auf seltsam prophetische Weise offenbart. Etwas verändert sich – während die Nadel der Temperaturanzeige sich langsam in den roten Bereich zittert.

Wir steuern die Landebahn an. Ali, dem das Flugzeug gehört und der seit mittlerweile fast dreißig Jahren in Mali lebt, hat sie selbst angelegt. Obwohl seine Augen nicht mehr die besten sind, er gerade einen schweren Malariaschub hinter sich hat und der Harmattan die Landung zusätzlich erschwert, landet er das überhitzte Leichtflugzeug gekonnt.

»Du machst Sachen«, sagt er herzlich lachend. Sicher hätte sich nicht jeder getraut, zu ihm ins Flugzeug zu steigen. Ali heißt eigentlich Albert, ist Deutscher und gehörte in den siebziger Jahren zu einer Szene, die Autos aus Europa nach Afrika fuhr und dort verkaufte. Aus Abenteuer und Geschäft erwuchs eine Leidenschaft für Afrika und besonders für Mali. Irgendwann war das Geschäft mit den Autos vorbei, und Ali gründete in Mali ein Busunternehmen. Später besaß er ein Hotel, dann sogar zwei. Seine beiden Kinder wuchsen in Mali auf und sprechen genau wie er Bambara, Französisch und Deutsch. Anfangs verdiente er überwiegend am Tourismus, aber seit Kriegsbeginn hat sich das geändert. Finanziell war der Krieg anfangs nicht schlecht für ihn, er beherbergte Generäle und Soldaten der Bundeswehr. Inzwischen dürfen diese aber nicht mehr außerhalb der Kaserne wohnen, geschweige denn essen. Seitdem bleiben seine Hotels häufiger leer.

»Haha, bestell dir, was du möchtest!«, lacht er wieder herzlich, als wir im Innenhof seines Hotels, zu dem auch ein Restaurant gehört, ankommen. Im Schatten des kleinen Pavillons am Ufer des Niger bestelle ich mir ein Schnitzel Wiener Art mit Pilzrahmsoße – was mir doch ziemlich skurril vorkommt. Und vorzüglich schmeckt.

AUF GEFÄHRLICHEN ABWEGEN

Ich fahre weiter in den Norden, doch die Situation ist nicht ungefährlich und die Weiterfahrt riskant. Viel besser als die Informationen des deutschen UN-Kommandanten sind die von Ali und die seiner Kontakte. Der Zustand und die Sicherheit einer Straße können sich binnen weniger Tage drastisch ändern. Ali hat einen Bekannten angerufen, einen Lkw-Fahrer, um sich zu versichern, ob die Straße durch das Hinterland nach Djenné in Ordnung ist. Offenbar ist sie es. Dummerweise komme ich dank einer Fehlinterpretation meines Navis plötzlich von der Route ab, und als ich realisiere, dass ich nicht mehr auf der Hauptpiste bin, ist es zu spät.

Die Straße, die auch jetzt noch auf meinem Navi angezeigt wird, existiert nicht. Immer wieder verlieren sich meine Reifen über Kilometer in jungfräulichem, naturbelassenem Boden und hinterlassen ihren Profilabdruck in der brüchigen Erdschicht wie ein lang gezogener Stempel. Ich folge der Himmelsrichtung in den Osten, hier und da kreuze ich Wege, die anscheinend von Fußgängern und Eselskarren genutzt werden und Teil des Netzwerks von kleinen Pfaden sind, die auf natürliche Weise die unzähligen kleinen Dörfer verbinden. Jedes Mal, wenn ich auf ein Dorf stoße, nimmt es mir voller Faszination den Atem, so unbeschreiblich schön liegen diese Kleinode inmitten der Landschaft. Am Rand jedes Dorfes liegt eine Grube, eine Art Steinbruch, wo die Steine aus Lehm und Wasser in der Sonne gebacken werden. Gebäude und Mauern rings um den Kern der Siedlung stehen so eng beieinander, dass mit dem Auto kein Durchkommen ist. Manchmal nur öffnet sich eine Passage, und ich fahre durch ein kleines Gewirr aus Gassen zwischen Lehmhäusern. Einige der Orte haben in ihrem Zentrum selbst hier, weit abseits im Herzen der Natur, gigantische Moscheen. Ebenfalls aus Lehm gebaut ragen sie weit über die Dächer ihrer umliegenden Gebäude hinaus – mit ihren kleinen geschwungenen Fenstern und den vom Dach weit in die Höhe ragenden Lehmspitzen.

Nervös kaue ich auf meiner Unterlippe und konzentriere mich maximal auf meine Fahrweise. Zügig fliege ich vorbei an Büschen und Bäumen, aber nicht zu schnell, um ja keinen Fahrfehler zu begehen. Mein Handy zeigt nur selten Empfang an, ich kontrolliere es ständig und spiele in meinem Kopf Notfallszenarien durch. Meine Wasserreserven reichen theoretisch für eine Woche, das wird mir aber nicht helfen, da die Information, dass ein »Toubab« – ein Weißer – alleine mit seinem Auto gestrandet ist, sich wie ein Lauffeuer in der Steppe ausbreiten wird. Falls ich liegen bleibe, überlege ich mir, werde ich mit leichtem Gepäck in genau die Richtung laufen, wo ich zuletzt Handyempfang hatte, und Ali oder meinem Bekannten in der Kaserne meine GPS-Koordinaten schicken. Beide würden sich ohne zu zögern in meine Richtung aufmachen. Die Soldaten vermutlich mit einer Kompanie in zwei gepanzerten Fahrzeugen und Ali in seinem X5 mit einem Bekannten im Schlepptau.

»Wenn ich aber keinen Empfang finde?«, schießt es mir durch den Kopf. Dann werde ich wohl in das nächste Dorf wandern und hoffen und beten müssen, dass dieses nicht mit einem der etlichen Terror- und Banditennetzwerke verbunden ist.

Wie real die Bedrohung wirklich ist, begreife ich, als ich in einem etwas größeren Dorf eine Stunde später zurück auf der Hauptpiste an einem Militärcheckpoint vorbeifahre und mein Anblick einen Tee trinkenden Soldaten beinahe vom Hocker haut. Unverzüglich springt er auf seinen Roller und nimmt die Verfolgung auf. Ich fahre rechts ran und warte auf den im Rückspiegel heranschießenden Soldaten. Was ich hier mache, fragt er mich entgeistert, und ob ich nicht wüsste, dass in Mali Krieg sei. Vor ein paar Tagen hätte es in einem benachbarten Dorf ein Gefecht mit Banditen gegeben. Mit mulmigem Gefühl fahre ich weiter Richtung Djenné, wo ich bereits am nächsten Tag das größte Lehmgebäude der Welt bestaunen werde – hoffentlich.

5
Pays Dogon –
Land der Masken und Märchen

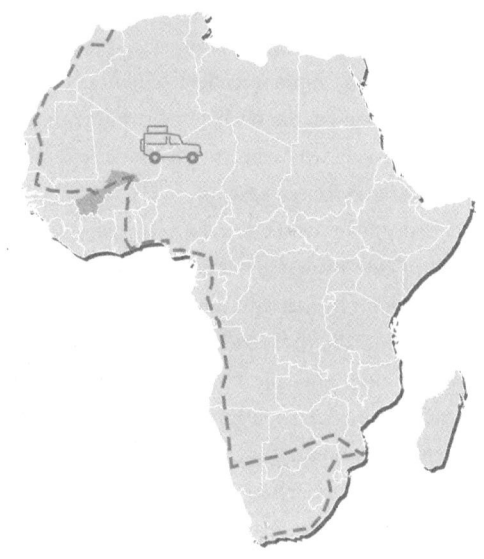

Der französische Ethnologe Marcel Griaule, der das Pays Dogon in den 1930-Jahren bereiste, machte die Entdeckung, dass die Dogon enorme astronomische Kenntnisse besaßen. Ihr angebliches Wissen über den Stern Sirius B lässt sich bis heute nicht erklären, da der Himmelskörper nur mit modernen Instrumenten beobachtet werden kann.

Die Dogon sind eine afrikanische Volksgruppe in Mali. Es gibt zwei Städte in ihrem Land, dem Pays Dogon, nahe der Grenze zu Burkina Faso: Bandiagara und Bankass. Bandiagara liegt im Norden auf der sandigen Hochebene und Bankass im Süden in der Tiefebene. Die Trennung der Ebenen verläuft harsch: Der Name Bandiagara bezeichnet zugleich auch ein Kliff, das mit seinen Felsen und Steinen abrupt wie aus dem Nichts emporsteigt, Hunderte Kilometer weit bis in die Sahara reicht und seit Jahrhunderten Menschen vereint, trennt und schützt und Handelsknotenpunkt ist. Man braucht die Augen nicht zu schließen, um den Legenden der Griots, der berufsmäßigen Sänger, Dichter und Musiker Westafrikas eine Kulisse zu geben: die Dörfer, die Kreise, das Christentum, der Islam, der Animismus, die Mythologie, die Natur, der Gesang ... Das Dogonland, dessen geografische und kulturelle Beschaffenheit gewissermaßen Hand in Hand gehen, erstreckt sich zwischen dem Norden Malis und dem Süden Burkina Fasos und existiert bis dato wie eine ruhige, friedliche Blase im Chaos des Krieges.

Von malischer Seite führen zwei Wege nach Bankass. Vom Norden her verläuft eine teilasphaltierte Straße, die im permanenten Schlagabtausch mit Verwehungen um ihre Berechtigung kämpft, über Bandiagara, die einen zerklüfteten Teil des Kliffs nutzt, um sich über Serpentinen gleichsam in die Ebene abzuseilen.

Vom Westen kommend führt eine einsame felsig-staubige Piste, die ohne Allradantrieb nicht zu meistern ist, durch den einzigen wirklichen Spalt im Kliff. Abgesehen von ein paar Steinhäusern und vereinzelten Peul – Angehörige eines früher nomadisch lebenden Hirtenvolks, das heute sesshaft geworden ist –, die ihr Vieh treiben, ist die Straße verwaist und sieht teilweise tagelang kein Fahrzeug.

Aus Neugier und um mir den Umweg über Mopti, den Verwaltungssitz der gleichnamigen Region, zu sparen, habe ich mich entschlossen, über die einsame Westroute ins Dogonland einzudringen.

Die Straße ist noch schlechter als gedacht, doch die Umgebung bezaubernd. Zerklüftete Felsen ragen aus dem Boden hervor und teils bis in die Straße hinein. Es herrscht eine gespenstige Stille, nur unterlegt von dem leisen Rauschen vereinzelter Bäume und Büsche, die mit jedem Kilometer weniger werden und durch immer mehr zerklüftete Felsen ersetzt werden. Bis diese sich irgendwann links und rechts Hunderte Meter in die Höhe stapeln – das gigantische natürliche Tor ins Pays Dogon.

Am Eingang der Stadt Bankass schließlich sammelt mich auf einem Motorrad, das Gesicht halb verhüllt in einen blauen Schleier, Moussas Onkel Oumar ein. Moussa hat ihn angerufen und von meiner Tour berichtet. Sofort hat er sich bereit erklärt, mich aufzunehmen. Nach der obligatorischen Begrüßung durch eine Schar neugieriger Kinder befinde ich mich schon kurz darauf auf einer buckeligen Sandpiste auf dem Weg in Oumars kleines Dorf am Fuße des Kliffs.

Eine Gruppe im Schatten sitzender männlicher Peul begrüßt mich mit Gesang, den sie spontan anstimmen, als wir ihr Dorf erreichen. Am Zugang zum Marktplatz, der zwischen etlichen Affenbrotbäumen liegt, verkaufen Frauen auf Tüchern ausgebreitete Waren, die sie aus noch weiter entfernten Dörfern herbeigetragen haben. Sie bieten Bananen, getrockneten Fisch und Mangos feil, nichts weiter. Es scheint hier nicht primär ums Handeln zu gehen. Eher um soziale Kontakte. Am Rand des Marktes ragen symmetrisch angeordnete, aus Holz geschnitzte Skulpturen aus dem Boden. Sie sind in einem Viereck symmetrisch angeordnet, und jede Figur ist aus einem eigenen, fast zwei Meter langen Baumstumpf hervorgearbeitet. Die Figuren haben allesamt menschliche Züge und sind nackt, die Geschlechtsteile und Brüste detailliert. Mal sind es Kinder, mal Greise, mal Mann, mal Frau, und über ihren Köpfen etwas, das wie eine gigantische weibliche Brust aussieht.

Im Zugang zum Innenhof, in dem ich die nächsten Tage zelten werde, steht ein zu einem wackeligen Herd umfunktioniertes ehemaliges Blechfass auf dem Boden. Eine Frau legt stetig die trockenen, hohlen Stängel der Sorghumhirse nach, um das Feuer am Leben zu halten. In der Regenzeit muss die Steppe überzogen sein von brusthoher Sorghumhirse, dem Hauptnahrungsmittel der Region, deren kahle Stümpfe jetzt, in der Trockenzeit, zu Tausenden in symmetrischer Anordnung aus dem Boden der Umgebung ragen. Die Frau hat die Hirse bereits gestampft und ist nun dabei, das Mehl unter stetigem Rühren zu einem Brei einzukochen, dem Toe. Den Säugling, den sie die meiste Zeit des Tages auf dem Rücken trägt, setzt sie kurzerhand auf meinen Schoß, von wo aus er mich nun mit großen Augen anschaut. Ich wiederum lasse den Blick durch den Hof schweifen. Neben den fünf eigenen Kindern, die älteste Tochter ist gerade dabei, die Aluminiumtöpfe zu schrubben, herrscht ein stetiges Kommen und Gehen von Nachwuchs aus der Nachbarschaft. Das Bad ist ein kleines, abgeteiltes Quadrat in der rechten Ecke des Hofes, umgeben von einer für mich viel zu niedrigen Mauer, sodass man, wenn ich drinnen stehe, gerade so meinen Genitalbereich nicht sieht. In der Mitte des zwei mal zwei Meter messenden Abteils ist nichts als ein kleines Loch, das war's – das Bad.

Plötzlich beginnt der Säugling zu weinen. Wie ferngesteuert kommt eines der Mädchen aus dem Hof auf mich zu und nimmt mir den Kleinen ab. Sie flüstert ihm ins Ohr, und er beruhigt sich langsam, während ich damit beginne, mein Zelt im Innenhof aufzubauen.

Moussas Onkel hat mir diesen Platz zugewiesen, er lebt hier mit seiner Familie, die mindestens genauso zuvorkommend ist wie er selbst. Einige Jungs wollen mir mit dem Zelt helfen, doch sie haben wohl noch nie eins gesehen und sind ziemlich überfordert. Minuten später liegen Stangen, Plane und Heringe wild im Innenhof verteilt, während die Frau ungerührt weiter in ihrer Hirse rührt. Es ist mir in diesem Moment noch nicht klar, dass sie extra für mich so aufwendig aufkocht.

Direkt im Eingangsbereich sind die beiden großen der drei Ziegen angebunden, die nur dann und wann frei herumlaufen dürfen, um die Reste aus den Töpfen zu fressen. In der linken Ecke liegen ein kleiner Vorrat an Sorghumhirse und Motorradersatzteilen. Gut ein Dutzend Tauben – sie schmecken ausgezeichnet, wie ich noch feststellen werde – sind über das Vordach des Einganges verteilt, wo sie auch ihre Futternäpfe haben. Direkt vor mir liegt der kleine Eingang in den Hauptteil des Hauses, dessen Inneres ich nie sehen werde und vor dem an diesem, und auch an allen kommenden Abenden, der Fernseher steht, auf dem wir gemeinsam stundenlang Musikvideos schauen, bevor wir draußen unter freiem Himmel einschlafen und erst spätnachts in die Wohnung beziehungsweise ins Zelt umziehen, wenn es die Temperatur zulässt.

Das säuerliche und überaus gesunde Sorghumhirsemehl ist die Grundlage der Ernährung im Dogonland, gerade jetzt in der weit fortgeschrittenen Trockenzeit. Der größte Teil der Bevölkerung isst nur ein- bis zweimal am Tag und zehrt das ganze Jahr über von der eigenen Ernte. Heißhungrig schöpfe ich mir die schlotzige, schleimige Masse des Toes in meinen Teller, als meine Köchin, nach Stunden, wie es mir scheint, endlich mit dem Rühren und Einkochen fertig ist. Die Fahrt hierher war lang und der Hunger ist groß.

Oumar zeigt mir, wie man den Brei richtig isst: Mit der Hand formt er daraus eine Kugel, in die er mit dem Daumen ein Loch drückt, sodass sie etwa die Form eines Löffels annimmt, und taucht sie in die grüne Soße ein, die in einer kleinen Schale am Tisch steht. Sie setzt sich aus getrocknetem Fisch, Öl und Blättern des Affenbrotbaums zusammen, und ihre Konsistenz erinnert an schleimigen Rotz bei einem grippalen Infekt, was dazu führt, dass jedes Mal ein langer schleimiger Faden entsteht, wenn man die Hand zum Mund führt.

Natürlich wird ausschließlich mit der Hand gegessen. Alle grinsen, als ich es zum ersten Mal versuche. Und auch wenn es mir nicht immer leichtfällt, esse ich ausschließlich im Rhythmus der Familie und trinke aus dem gleichen Wasserhahn.

In dem bescheidenen Hof der Familie, in dem ich untergekommen bin, leben drei Fremde. Der eine ist ein großer weißer Mann mit mächtigem Vollbart, dessen rostiger Allrad mit dem riesigen Stapel Surfbrettern auf dem Dach mit Mühe und Not durch die Einfahrt passte – ich.

Der ältere, aus Burkina Faso stammende Mann, ein Marabu, also ein muslimischer Geistlicher, lebt bereits seit über einem Jahr im linken Teil des Hauses, auf dessen Vordach die Tauben sitzen. Immer wieder kommen Anwohner, vor allem Frauen, aus der Nachbarschaft herüber und lassen sich von ihm gegen einen Obolus in persönlichen Fragen beraten und segnen. Oumar lässt ihn mietfrei bei sich leben. Vielleicht empfindet er es als Ehre oder gar Glück, einen Marabu unter seinem Dach leben zu haben, aber grundsätzlich scheinen die Dogon Besitz so zu verstehen, dass immer alles ein Stück weit der Allgemeinheit gehört. Ad absurdum geführt wird diese Geste für mein Verständnis spätestens, als ich Oumar nach seinem Namen frage und er mir achselzuckend zu verstehen gibt, dass er ihn nicht weiß.

Schließlich lebt noch Mohamed im Kreis der Familie. Der Junge mischte bereits bei meiner Begrüßung durch die Schar Kinder in vorderster Reihe mit und tauchte später wieder im Hof auf. Mohamed, höchstens 14 und nicht 16, wie er behauptet, stammt wie der ältere Marabu aus Burkina Faso, wuchs aber in der Elfenbeinküste auf und lebt nun eigentlich mit seinem Bruder, den ich nie zu Gesicht bekommen werde, im Dogonland. Er spricht Französisch, Bambara und Mòoré, kann aber weder schreiben noch lesen und besitzt lediglich ein zu großes Paar Flip-Flops, eine zu große Jeans und ein bis zwei T-Shirts. Aber keine Papiere. Dass Mohamed kein »wirkliches« Familienmitglied ist, begreife ich erst am zweiten Tag, so selbstverständlich fügt er sich in das Leben im Innenhof ein. Obwohl die Welten, aus denen wir stammen, unterschiedlicher nicht sein könnten, verstehen wir uns auf Anhieb. In den kommenden Tagen werden wir unzertrennlich sein und das Pays Dogon zu unserem ganz persönlichen Abenteuerspielplatz machen.

AUSFLUG INS TRAUMLAND

Es ist noch Nacht, als wir aufstehen und uns auf den Weg machen. Mohamed schläft kurz nach Reisebeginn auf dem Beifahrersitz ein, immer wieder schrecken ihn Schlaglöcher, die im Dunkeln nur schwer zu erkennen sind, auf.

Am Vortag bin ich bereits in ein Nachbardorf gefahren und habe mich dort mit einigen jungen Männern zum Tee getroffen, um jemanden mit Ortskenntnis zu finden. Ich suchte nach einem Führer, der bereit ist, mich in die entlegenen Dörfer der Region zu führen. Doch wer hier gut verhandeln möchte, muss vor allem die lokale Herangehensweise an Verhandlungen verstehen – Mohamed hatte mir im Vorfeld einige Tipps gegeben: Man redet über die gegenseitigen Vorstellungen und verfällt dann in teils minutenlanges Schweigen oder wechselt das Thema; je größer und wichtiger das Objekt der Begierde, desto länger die Verhandlungen – und das Schweigen. In wichtigen Fällen kann so was gerne mal einen halben Tag dauern. Am Ende hat einer der jungen Männer namens Issa eingewilligt, mich für eine verabredete Summe einen Tag lang zu begleiten. Er würde mich beim Morgengrauen am Fuße des Kliffs in seinem Heimatdorf erwarten – versprach er.

Doch als wir eintreffen, herrscht Aufruhr vor Issas Haus. Die sonst so gemütlichen Dorfbewohner sind hellwach, gestikulieren und reden durcheinander – hier stimmt etwas nicht. Der Motor ist noch nicht einmal ganz aus, da kommt Issa herbeigeeilt. Zu unserer Beruhigung hat er ein breites Lächeln auf den Lippen und unterbreitet uns die freudigen Neuigkeiten: Sein zweitgeborenes Kind, ein Sohn, ist in der Nacht gesund und munter auf die Welt gekommen. Die schlechte Neuigkeit: Wir können nicht los, zumindest nicht, solange das Kind keinen Namen hat.

Während die Dorfältesten, Issas Vater und Bruder langsam eintrudeln – sie alle müssen sich auf einen Namen einigen –, harre ich mit Mohamed auf der braunen Erde am Fuß eines Baobabbaumes aus. Es ist immer noch dunkel, und das erste Licht kriecht nur langsam zwischen den Ästen auf den Boden, auf dem wir sitzen. Mohamed und ich stellen uns auf einen langen Morgen ein, doch entgegen unserer Erwartung dauert es nur kurz und Issa steht einsatzbereit vor uns.

Die Sonnenaufgänge des Sahel sind mit nichts zu vergleichen, stelle ich einmal mehr fest. Ich strecke die Faust aus und peile mit halb zugekniffenem Auge die Zeit – nicht die Uhrzeit. Eine alte Angewohnheit. Man folgt der Bahn der Sonne zu dem Punkt, an dem sie auf- oder untergeht. Eine Faust gleicht dabei einer Stunde. So wusste ich in der Vergangenheit immer, wie lange ich noch Zeit zum Surfen habe, bevor die Sonne untergeht, und konnte, gesetzt den Fall, dass ein längerer Nachhauseweg auf mich wartete, rechtzeitig das Wasser verlassen. Es ist bereits eine Stunde Tag, und die Sonne steht immer noch wie ein gedimmter Feuerball über dem Horizont. Anderenorts herrschte längst grelles Tageslicht – nicht so im Sahel. Staub und Dunst liegen wie ein Schleier in der Luft, der sich erst fahlrot einfärbt und später gelblich schimmert. Im Rückspiegel nichts als roter Staub, den meine Reifen aufwirbeln und der aussieht wie der Qualm eines Raketenstarts. Wortkarg sitzt Mohamed auf dem Beifahrersitz und genießt mit schläfrigen Augen das Schattenspiel der an uns vorbeifliegenden Landschaft, Issa auf dem Rücksitz bekommt das Lächeln nicht mehr aus dem Gesicht – Vaterfreuden.

Wie elektrisiert fahre ich mit der gebotenen Vorsicht in diesen roten Morgen, und erst als Mohamed lautstark verkündet, sofort pinkeln zu müssen, halte ich an. Es ist wieder ein Baobabbaum, unter dem wir rasten. Issa hebt einige der Früchte vom Boden auf und zeigt mir, wie man die klobigen, festen Dinger öffnet. Sie ähneln vom Aufbau her sehr einer Kokosnuss, nach dem Abtrennen der faserigen Schicht rund um den harten Fruchtkern stößt man auf eine hohl klingende hölzerne Kugel, die man entweder mit einer Machete oder mit einem Stein öffnet. Wir entscheiden uns, von hier aus zu Fuß weiterzugehen, da die Straße mittlerweile so schlecht ist, dass es mit Auto auch nicht schneller vorangeht.

Der süßlich-säuerliche Geschmack der Baobabfrucht, an der ich kurz darauf lutsche, vermengt sich mit dem Salz auf meinen Lippen. »Flapp, flapp«, hallt es durch die Hitze. Dieses »Flapp, flapp«, das einzige Geräusch in der beklemmenden Stille, kommt von Mos Flip-Flops, die bei jedem Schritt Staub aufwirbeln und gegen seine Ferse klatschen. Unter Issas Führung bahnen wir uns auf einem Trampelpfad den Weg am Fuß des Kliffs entlang. Weiter oben im steilen Fels und damit für uns unerreichbar tauchen immer wieder die ehemaligen Behausungen der Pygmäen auf – skurril geformte Lehmhütten direkt an Steilhängen gelegen, die entfernt an Termitenhügel erinnern. Die Pygmäen sind eine extrem kleinwüchsige afrikanische Ethnie, die gegenwärtig nur noch in Zentralafrika anzutreffen ist. Bis ins 18. Jahrhundert überlebten und fanden sie auch hier Schutz, in ihren Miniaturhäusern hoch oben im Kliff. Sie müssen eine Mischung aus begnadeten Kletterern und Drahtseiltänzern gewesen sein. Ich kann mir ihren Alltag in schwindelerregender Höhe beim besten Willen nicht vorstellen. Doch statt mir weiter den Kopf zu zerbrechen, finde ich mich mit der Legende ab: Nicht Pygmäen waren es, sondern geflügelte Wesen, die dort einst hausten. Das zumindest erzählt Issa, während wir unter einem der kleinen Klippendörfer entlangwandern. Warum auch nicht? Über kurz oder lang sind auch wir nur Protagonisten in der Geschichte eines Griots, die unter dem Schatten eines Mangobaumes Gehör findet. In einer Welt, in der weder die Geschichte noch Urteile oder Verträge der Schriftform bedürfen, verläuft die Grenze zwischen Fantasie und Realität fließend. Wir leben ein Märchen.

Aus dem Nichts tauchen urplötzlich betagte Frauen in bunten Gewändern aus den umliegenden Büschen auf. Ohne zu zögern nehmen sie Aufstellung, singen und tanzen, ohne dass die flachen, zu Pyramiden gestapelten Steine auf ihren Köpfen aus dem Gleichgewicht geraten. So schnell, wie sie aufgetaucht sind, verschwinden sie spurlos und lassen mich mit offener Kinnlade und schweißbedeckter Stirn zurück. Männer, die ebenfalls wie aus dem Nichts kommen, verschwinden ebenso rasch wieder, sie tragen gebündelte Gräser, Tiernahrung, wie ich vermute, aus der Tief- in die steinige und wenig bewachsene Hochebene oben am Kliff. Einen Bund Elefantengras bei fast tödlicher Hitze kilometerweit zu schleppen, damit das steile Kliff emporzusteigen, auf Wegen, die ich wahrscheinlich auch ohne Last nicht betreten würde – mein rationaler Menschenverstand stößt bei diesem Gedanken an seine Grenzen. »Diese Männer müssen bei der Beschaffung ihrer Nahrung mehr Kalorien verbrennen, als die Nahrung ihnen später zurückgeben kann«, überlege ich, gebe den Gedankengang aber bald wieder auf und lasse die Eindrücke einfach auf mich wirken. Fast habe ich vergessen, dass ich Akteur und nicht Erzähler in der Geschichte bin, in einer Welt, in der nichts aufgeschrieben, sondern seit Jahrtausenden von Griots mündlich überliefert wird.

Auf einem schmalen, steil verlaufenden und steinigen Pfad steigen auch wir jetzt das Kliff empor, das sich von hier in nordöstliche

Richtung bis tief in die Sahara erstreckt. Wieder passieren wir winzige Lehmunterschlüpfe, Hunderte Meter hoch im Kliff, die wie Kokons in den Feldspalten klemmen und ebenfalls einst den Pygmäen als Unterschlupf dienten. Alt zu werden, Kinder zu gebären, zu leben, scheint mir an diesem menschenfeindlichen Orten mehr denn je unvorstellbar, und mehr noch, als wir oben ankommen.

Während sich unter uns in der Tiefebene nun Bäume und Sandflächen bis zum Horizont abwechseln, ist die Bandiagara-Hochebene an dieser Stelle ein einziger, riesiger Fels. Wir haben das Kliff zu unserer Linken; Mohamed, den ich inzwischen nur noch liebevoll »Mo« nenne, verschwindet immer wieder hinter uns zwischen Geröll und Felsformationen. Im Gegensatz zu Issa, dessen Lächeln nicht für eine Sekunde von seinem Gesicht weicht, schmollt Mo. Man sollte ja meinen, er sei froh, in diese Welt einzutauchen. Doch wie jedes Kind in seinem Alter kann er das Wandern nicht ausstehen und will nur zurück nach Hause.

Nachdem wir vor einer gefühlten Ewigkeit Richtung Norden abgedreht waren, sind wir inzwischen wieder umgeben von vereinzelten kargen Bäumen, in deren Schatten wir Rast machen. Ich belege uns Baguettes mit Sardinen, Tomaten und Zwiebeln. Nur widerspenstig hat Issa eingewilligt, mich unsere Essens- und Wasservorräte tragen zu lassen. Für Mo, der seit Langem nicht mehr so etwas Edles zu essen bekommen hat, stellt diese Rast den Wendepunkt unserer Wanderung dar, und von nun an geht er mit flappenden Flip-Flops voran.

Dann verändert sich plötzlich der Klang seiner Schritte. Statt sich in der Weite zu verlieren, prallt das Echo des »flapp, flapp« rasch zurück und erreicht meine Ohren wie ein vielstimmiges Klappern. Konsterniert bleibe ich stehen. Ich war so in Gedanken versunken, dass ich gar nicht bemerkt habe, wie aus natürlichen Steinen akkurate Natursteingemäuer wurden. Wir befinden uns in einer winzigen

Gasse, deren Wände an den Seiten gerade nur so hoch sind, dass ich über sie hinwegschauen kann. Vor meinen Augen nimmt etwas Konturen an, das aussieht wie eine vergessene Stadt aus einer vergangenen Hochkultur. Hier stapeln sich Häuser, Ställe und Lagerstätten. Allesamt homogen in den Farben und Materialien der sie umgebenden Natur, liegen sie fast unsichtbar in einer Kuhle der Ebene. Jede Ecke, jede Mauer, jedes Dach, jede Treppe und jedes Fenster zeugen von enormem handwerklichem Geschick; an einer Tür bestaune ich ein handgemachtes Schloss, zu dessen Öffnung ein handgefertigter Schlüssel in der Größe einer Zahnbürste erforderlich sein muss. Ich beobachte Mohamed, der wie ich aus dem Staunen nicht mehr herauskommt. Unsere Blicke kreuzen sich. Wo sind wir hier gelandet? Ein Dorf wie aus Tausendundeiner Nacht, in dem die Alten vor Jahrhunderten gelernt haben, die Sterne zu lesen? Ein Dorf auch, in dem sich seit Jahrhunderten nichts mehr verändert hat. Keine Straße, kein elektrischer Strom, keine Polizei, kein Militär, kein Metall, kein Plastik. Stattdessen ein hundert Jahre alter König oder Stammesführer, der im Schatten seines Hauses kauert und dessen Frau uns Wasser in einer Kalebasse reicht, und heilige Bäume, an deren Wurzeln Opfer dargebracht werden, um die Götter zu beschwichtigen. Die Griots sind ein ebenso realer Bestandteil des Dorflebens wie die vielen Casas de Palavre, Zentren des politischen Diskurses, wo die dorfältesten Männer für die Gemeinschafft relevante Entscheidungen und Maßnahmen diskutieren und treffen und wohin sich die unzähligen Alten vor der Mittagshitze flüchten und genüsslich Kolanüsse verzehren. Ja, es leben Menschen in diesen Häusern.

Ich geselle mich zu ihnen und tausche mich mit Issas Hilfe mit den Greisen aus, deren Gesichter von tiefen Furchen geprägt sind. Ich hinterfrage einmal mehr, wie es sein kann, dass abseits von Krankenhäusern, moderner Medizin und Nahrungsvielfalt so viele Dorfbewohner selbstständig, gesund und munter durch das Dorf spazieren und palavern können. Es gibt hier unheimlich viele Greise, von denen ein Großteil hundert und älter ist – und Kinder. Viele Kinder. Bis auf den Sohn des Königs ist mir kein Mensch in der Altersgruppe zwischen 13 und 80 über den Weg gelaufen! Ein Grund mehr, warum dieses Dorf so gespenstisch anders anmutet.

Im Schatten eines hölzernen Vordaches öffne ich unter den wachsamen Augen einer Gruppe Kinder in alten, zerfetzten Kleidern, eines davon mit großem Blähbauch, die Augen. Die Wanderung hat müde gemacht, und ich habe einen kleinen Mittagsschlaf eingelegt, der in der sengenden Hitze womöglich nicht ganz so erholsam ausgefallen ist. Issa gibt mir zu verstehen, dass wir weitermüssen, und schon wenige Meter hinter dem Dorf – ich reibe mir immer noch den Schlafsand aus den Augen und komme langsam zu mir – ist es, als hätte es das Dorf nie gegeben. Wir sind wieder auf dem steinigen Grund im Nichts der Hochebene, keine Spur mehr von irgendeiner Zivilisation. So plötzlich, wie sie aufgetaucht ist, ist sie auch wieder verschwunden.

In den folgenden Stunden, auf dem Weg zurück zum Auto, bin ich derjenige, der sich zurückfallen lässt. Mühsam schleppe ich mich hinter den beiden her, lasse keine Möglichkeit der Flüssigkeitsaufnahme aus. Immer wieder kommen wir an gut getarnten kleinen Siedlungen vorbei, immer nimmt Issa die Kommunikation auf, ehe ich sie überhaupt registriere. So erschallt aus dem dichten Geäst eines Mangobaumes eine Tirade von Begrüßungen, ein Ritual, bei dem der Passierende auf die Worte des Ortsansässigen nach immer dem gleichen Schema antwortet und die Grußworte erwidert.

»Wie geht es dir?« – es folgt ein Laut der Bejahung und die Rückfrage: »Und selbst?«

»Wie geht's den Kindern?« – es folgt ein Laut der Bejahung und die Rückfrage: »Und selbst?«

»Wie geht es der Frau?« – es folgt ein Laut der Bejahung und die Rückfrage: »Und selbst?«

So geht das noch eine ganze Weile weiter, wobei das Wechselspiel je nachdem, ob man sich auf der Hoch- oder der Tiefebene befindet, in einer anderen Sprache stattfindet. Issa beschafft mir Wasser, das die hier Ansässigen per Hand aus diversen Dorfbrunnen geschöpft haben. Egal wie viele Liter ich auch trinke, ich komme nicht hinterher, es sind weit über 40 Grad, seit wir am Morgen den ersten Schritt in die Sonne gewagt haben. Um mich herum flackern die Bäume in der lodernden Hitze wie Fackeln, und ich taumle wie in Trance durch diese seltsam feurige Welt.

Und erst nach unserer Rückkehr in Issas Dorf komme ich langsam wieder auf den Boden der Tatsachen. Wir sitzen im Innenhof eines Lehmhauses, das wohl einst, bevor der Tourismus kriegsbedingt einbrach, als kleines Hotel diente, und trinken Tee. Ich fühle, wie mit dem Untergang der Sonne die Zeit als realer, lebensdeterminierender Faktor zurückkehrt. Mehrfach spricht man mich an diesem Abend auf meinen Namen an und bittet mich sogar darum, ihn leserlich aufzuschreiben – und das in einer Region, in der manch einer nicht mal den Namen seines langjährigen Untermieters kennt. Mir dämmert, welchen Namen das in den frühen Stunden dieses Tages geborene Kind tragen wird ...

ABSCHIED VON MO

»Abschied ist ein bisschen wie sterben« – dieser altbekannte Satz scheint diesmal ausnahmsweise zuzutreffen. Ich erwache bereits mit schwerem Herzen am frühen Morgen und öffne den Reißverschluss des Zeltes, vor dessen Eingang Mohamed bereits nervös auf meinem Fußball sitzt. Von links nach rechts kippelnd schaut er mich mit großen Augen an. Diese Bindung – eine Seelenverwandtschaft. Wenn ich mit Mohamed zusammen war, hat ein Blick oft genügt. Worte waren nicht nötig. Dieses intuitive Verständnis wird mir sehr fehlen. Denn heute ist der Tag, an dem ich abreise.

Der Abschied ist schwer, er hat etwas Endgültiges, Abruptes. Normalerweise tauscht man Facebook-Kontakte, E-Mail oder Telefonnummer aus, man schreibt einander, zuerst häufig, später weniger, und dann, wenn der Abschied längst gemacht ist, lässt man den Kontakt abreißen. Bewusst oder unbewusst. Mohammed aber ist Analphabet, hat kein Handy und lebt in einer Region, in der es wenig bis gar kein Internet gibt und ein Anschluss für ihn unbezahlbar wäre. Gerne würde ich ihn mitnehmen, aber in einer Welt, in der Papiere und Visa alles sind, ist das nicht möglich. Wir wissen, dass wir einander wahrscheinlich nie wieder hören, geschweige denn sehen werden, und doch ist uns auch klar, dass wir beide Teil unserer ganz eigenen Geschichte sind. Ich habe dieses Szenario, den Abschied, bereits mehrfach in meinem Kopf durchgespielt – habe darüber nachgedacht, was ich ihm mit auf den Weg geben kann.

Ich hinterlasse ihm schließlich meinen Fußball und ein neues Trikot der malischen Nationalmannschaft sowie meine E-Mail-Adresse. Er solle schreiben lernen, sage ich ihm, und mir, wenn er eines Tages versteht, was eine E-Mail ist, eine schreiben. Mir ist klar: Egal, wie und in welcher Form der Abschied stattfindet, er wird dem, was zwischen uns ist, nicht gerecht werden.

Mohamed verschwindet durch den Eingang des Innenhofes. Er winkt noch einmal kurz, fast verlegen. Die emotionalsten Abschiede sind nicht immer diejenigen, bei denen man sich weinend in den Armen liegt, das weiß ich jetzt.

Auf der einen Seite würde ich gerne bleiben, auf der anderen aber ist es Zeit zu gehen. Ich habe die Gastfreundschaft Oumars lange genug ausgekostet und war lange genug integraler Bestandteil des

Innenhoflebens dieser Menschen. Die Hitze und der Staub machen mir aber auch zu schaffen. Obwohl ich in den letzten Tagen literweise frisches Brunnenwasser in mich hineingegossen habe, wurden die Abstände zwischen einem Wasserlassen und dem nächsten immer größer, bis zu dem Punkt, an dem ich abends nicht einmal mehr ein paar Tropfen tiefgelben Sirups aus mir herausquetschte. Die Hitze saugt die Feuchtigkeit so sehr aus meinem Körper, dass ich nicht mehr pinkeln kann … Nicht ohne Grund bezeichnet der Lonely Planet in seiner mickrigen Westafrika-Ausgabe Menschen, die im April Mali bereisen, als Masochisten.

Ich sehne mich nach Meer, feuchter tropischer Luft, Palmen mit Kokosnüssen – und vor allem nach Wellen.

6

Burkina Faso – Spuren einer friedlichen Revolution

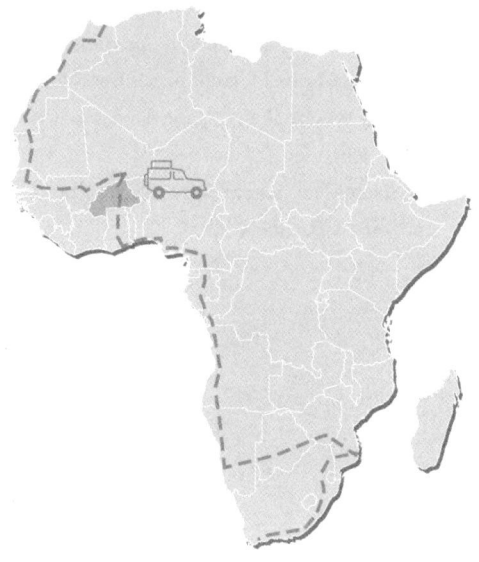

Burkina Faso

Hauptstadt: **OUAGADOUGOU** · Einwohnerzahl: **20 107 500** ·
Amtssprache: **FRANZÖSISCH** · Währung: **CFA-FRANC**

Im 1500-Seelen-Dorf Bazoulé gelten Krokodile als heilig, da in ihnen angeblich die Ahnen der Dorfbewohner weiterleben. Entsprechen »gut genährt« sehen die Tiere im Dorftümpel auch aus ...

Mit dem FESPACO findet in Burkina Faso jährlich das größte Filmfestival Afrikas statt.

Was das Klima anbelangt, steht Burkina Faso Mali in nichts nach, und auch landschaftlich ähneln sich die beiden Länder. Braun und gelb, so weit das Auge reicht, und jeglicher Horizont verschwimmt irgendwo zwischen Abermillionen feinsten Sandpartikeln. Jeder Stein, jedes Haus, jede Pflanze – alles wirkt irgendwie brüchig und vertrocknet. So als könnte sich alles jeden Moment selbst in Staub verwandeln.

Als ich durch den Norden des Landes brettere und die Hauptstadt Ouagadougou, kurz Ouaga, schon wie ein Sandsturm am Horizont auftaucht, fühlt sich alles sehr vertraut an – die Steppe, die Hitze, das Flimmern der Luft. Die Sehnsucht nach Meer ist so heftig, dass ich am liebsten direkt nach Süden, nach Ghana, an den Golf von Guinea durchfahren möchte. Doch abgesehen davon, dass ich gerne mehr über das aufrichtigste aller Völker – Burkina Faso heißt übersetzt »Land der aufrichtigen Menschen« – erfahren will, interessieren mich in erster Linie die dramatischen Ereignisse im Oktober 2014: #blackspring – die von der Weltgemeinschaft und der internationalen Presse weitgehend außer Acht gelassene Revolution in Burkina Faso.

Burkina Faso trägt diesen Namen, seit der Revolutionär Thomas Sankara 1983 im ehemaligen Obervolta eine linksgerichtete Militärregierung errichtete. Die politischen Ziele seiner Revolution waren unter anderem die landwirtschaftliche Selbstversorgung des Landes und die Unabhängigkeit von der ehemaligen Kolonialmacht Frankreich. Sankara kam am 15. Oktober 1987 bei einem Putsch ums Leben; bis heute sind die Todesumstände ungeklärt. Der Führer der Putschisten, Blaise Compaoré, wurde neuer Präsident Burkina Fasos und blieb es bis 2014. Eine geplante Verfassungsänderung führte Anfang 2014 zu den größten Demonstrationen im Land seit Langem. Am 31. Oktober 2014 trat Compaoré zurück.

Thomas Sankara ist bis heute eine Galionsfigur des afrikanischen Selbstbewusstseins, seine Ermordung hat dem afrikanischen Selbstverständnis einen schweren Schlag versetzt.

Ich bin in den Sandsturm der Hauptstadt eingetaucht, wie eine Welle schlägt die Stadt über jedem zusammen, der in sie eindringt. Nur dass die Welle jegliches Wasser vermissen lässt. Wellen. Vermissen. Schmerzlich wird mir einmal mehr bewusst, wie sehr mir das Surfen mittlerweile fehlt.

Seit Stunden fahre ich auf der Suche nach einem geeigneten Schlafplatz durch Ouagadougou, die Hauptstadt mit dem lustigsten Namen der Welt. In der dicht bebauten Stadt gibt es weder ein Backpacker-Hostel noch einen Campingplatz. Ich weiß mittlerweile: Je näher man dem Äquator kommt, desto abrupter bricht die Dunkelheit herein, und als die ersten Anzeichen der Dämmerung am Himmel über der Stadt auftauchen, wird es Zeit für einen Strategiewechsel.

In der Lobby eines schäbigen, total überteuerten Hotels finde ich WLAN. Fast wahllos schreibe ich einen Couchsurfer nach dem anderen aus Ouaga an. Zwei Colas später habe ich nichts gehört, und auch der Blick auf die Uhr verheißt nichts Gutes – 22 Uhr.

Also erneuter Strategiewechsel. Die Bar K, ein Treffpunkt der jungen Leute von Ouga, haben mir in Mali gleich mehrere Leute ans Herz gelegt. Der beste Gin Tonic in Westafrika, heißt es, auch wenn ich mich frage, was man bei einem Gin Tonic so viel besser oder schlechter machen kann. Solange der Gin stimmt ... Und trotzdem: Mit neuem Elan breche ich auf, die Luft hat sich leicht abgekühlt, und ab und zu trifft eine angenehme Brise mein Gesicht. Schmeckt zwar immer noch nach Staub – aber verschafft mir ein wenig Abkühlung.

Als ich ankomme, ist es nach Mitternacht, und zu meiner Enttäuschung ist die Bar wie ausgestorben. Mein Blick fällt auf zwei Französinnen, die einzigen Gäste hier im Außenbereich, beide hübsch, beide ohne männliche Begleitung. »So wird der Abend vielleicht doch noch was«, überlege ich und trete höflich auf die beiden zu.

»Entschuldigung? Habt ihr vielleicht Lust, dass ich mich dazusetze?« Sie willigen ein, und es entfacht sich ein angenehmes Gespräch.

»Je suis de Paris!«, hallt es angenehm in meinen Ohren, und ich entschließe mich, lieber beim Französisch zu bleiben. Das ist in den letzten Wochen in Mauretanien, Senegal und in Mali doch um einiges besser geworden. Von nicht existent zu »hey, so schlecht ist es gar nicht«, würde ich sagen. Die beiden Mädels bemühen sich aber, sprechen langsam, und ich verstehe mindestens die Hälfte. Den Rest überlächle ich.

Ich bestelle eine Runde Bier und sehe endlich Licht am Ende des Tunnels, doch schließlich möchten die beiden nicht riskieren, gleich am ersten Tag bei der Organisation, für die sie an diesem Tag eingeflogen sind, negativ aufzufallen, indem sie mich in ihr Hotel einladen. So ist der Abend schlagartig vorbei, und etwas zu leicht angetrunken lege ich mich im Inneren meines Jeeps – ich nenne ihn mittlerweile liebevoll »Jeepo« – schlafen. Alle zehn Minuten erhöht sich dabei die Geldsumme, die ich bereit wäre, jetzt für einen Ventilator auszugeben. In meinen Gedanken ist er ziemlich teuer, als ich doch noch, in Schweiß gebadet, einschlafe.

Wenige Stunden später reißen mich Mitarbeiter des Hotels, vor dem mein Jeep steht, aus dem Schlaf und jagen mich weg. Ich mache keinen guten Eindruck auf die Gäste, meinen sie, und so ganz kann ich es ihnen nicht verdenken – ich sehe mittlerweile doch recht wild aus. Ein bisschen tatsächlich so, wie man sich Jesus vorstellt, mit zotteligen, ausgebleichten Haaren. Mit mächtigem, ebenfalls ausbleichendem Vollbart, der mir fast bis auf der Brust hängt, liege ich mit abgespreizten Armen und Beinen in Unterhose bei offenem Fenster und umgeben von Blümchengardinen im Bett.

»Ist nicht euer Ernst«, brumme ich in mich hinein und steige wie ein Brummelbär aus dem Auto – halb nackt natürlich. Verschlafen wie ich bin, meckere ich so erst mal rum und diskutiere, nur um auch diskutiert zu haben. Was natürlich zu nichts führt. Die Straßenverkäufer gegenüber öffnen im ersten Licht des Tages schon die Verschläge ihrer Läden und schauen argwöhnisch zu uns herüber. Ein Anblick für die Götter ... Schlussendlich fahre ich das Auto einfach hundert Meter weiter und lege mich nochmal kurz hin – viel zu kurz natürlich.

In dieser Nacht jedenfalls scheint mich die schützende Hand des Schicksals im Stich gelassen zu haben. Zum ersten Mal auf meiner Reise scheint sich keine göttliche Fügung für mich zu ergeben, und so gerne ich auch mehr über die politische Situation im Land erfahren möchte – ich gebe auf. Verschwitzt und entmutigt setze ich mich am nächsten Morgen in ein Café – sehr gute Croissants gibt es in jeder größeren Stadt der ehemaligen französischen Kolonien – und bestelle Frühstück und Kaffee. Ich will gerade Richtung Meer aufbrechen, da erhalte ich eine SMS.

ROSINE

Die 28 Jahre junge Couchsurferin Rosine hat mich angeschrieben und mir einen Schlafplatz angeboten. Bei offenem Fenster und ohrenbetäubendem Straßenlärm konzentriere ich mich darauf, mit meinem Jeep am Hinterrad ihres Rollers zu kleben, ohne sie zu überfahren. Ihr buntes, im Fahrtwind flatterndes Gewand weist mir den Weg. Das Straßennetz Ougas erinnert an ein Geflecht von Adern, das sich von den Schlagadern im Zentrum immer mehr ausdünnt, je weiter man sich vom Herzen entfernt, bis irgendwann auch die feinsten Kapillaren ihr Ende finden. Rosine und ich fahren auf dem vielspurigen äußeren Stadtring Ouagas in Richtung Norden, bis sie rechts in Richtung Osten abbiegt, stadtauswärts. Nachdem wir mindestens weitere zehnmal abgebogen sind, kommen wir genau in einer dieser Kapillaren an – vor Rosines Hütte. Die letzten Abzweigungen, die eher an Hofeinfahrten erinnerten, waren so eng, dass mein Wagen kaum durchpasste. Ich stehe mitten in einer riesigen Favela. Die Abertausend Bewohner des Viertels teilen sich die staubigen, unebenen Gassen mit Hühnern, Ziegen und Straßenhunden. Überall liegt brennender Müll, der zu kleinen Haufen zusammengefegt ist. Die brennend heiße Luft ist erfüllt vom Geruch von Fäkalien, Abgasen, Essen und verbranntem Plastik sowie dem Wummern entfernter Bässe aus den Bars an den größeren Straßen.

Die kreuz und quer stehenden Behausungen, eine Mischung aus Lehmhütten, unverputzten Häusern mit Wellblechdächern und sonstigen Verschlägen, sind von hüfthohen Mauern umgeben. Es gibt keine Stromversorgung – bei Sonnenuntergang wird der größte Teil des Viertels in ein schwarzes Loch fallen, nur durchbrochen von den Lichtkegeln fahrender Autos und Roller – und von Kerzen. Lediglich die offenen fußballfeldgroßen Müllhalden, nur wenige Meter von den umliegenden Wohnhäusern entfernt, lodern mit ihren Scheinwerfern infernal durch die Nacht. Müll will gut bewacht sein …

Rosine lebt in einem kleinen Rohbau ihrer Mutter auf wenigen Quadratmetern zusammen mit ihrem Sohn Ael und einem Mädchen, das sich um den Haushalt und den Jungen kümmert, während sie, sofern das Leben es zulässt, arbeitet und studiert. Überall liegen Baumaterialien für das unfertige Haus, lediglich ein kleines Kabuff ist mit zwei hauchdünnen Matratzen auf dem Boden, die sich die drei teilen, einigermaßen häuslich eingerichtet. Im Hof ragt neben einem kleinen Hühnerstall ein rostiger Wasserhahn aus dem Boden, der um die Mittagszeit manchmal Wasser liefert. Ein Loch im Boden dient als Toilette und Bad, die Wände stehen so eng, dass ich mich kaum niederhocken kann. Intuitiv aber weiß ich, dass dieser Ort zwar arm und wenig komfortabel, aber sicher ist. Ich entscheide mich, einige Tage zu bleiben.

Als Ael schläft, setzen wir uns bei Kerzenlicht auf den Haufen Schotter im Innenhof und kommen zum ersten Mal, seit Rosine mich von der Hauptstraße eingesammelt hat, in Ruhe ins Gespräch. Rosine hat Freunde eingeladen, die Freunde, die damals dabei waren bei der Revolution 2014 und die jetzt langsam bei uns im Hof eintrudeln, einer nach dem andern, mit Motorrädern, heruntergekommenen Polos oder zu Fuß. Ich erkläre ihnen, dass ich mehr über diese Revolution erfahren möchte. Etwas erstaunt schauen sie mich an, leicht erhöht auf den Steinen sitzend. Was genau ich denn wissen wolle, fragt man mich. »Alles«, erwidere ich – wie es abgelaufen sei, wie sie und die Menschen aus dem Viertel darüber denken. Nach kurzem Zögern schließt Rosine die Augen und erzählt …

Steine fliegen, die Luft ist erfüllt vom Geruch brennender Barrikaden. Die einzigen Lichtspender in dieser pechschwarzen Nacht. Die Stromversorgung ist gekappt, das Internet ist abgeschaltet, jeder ist alleine für sich, und alle sind sie zusammen. Jemand rennt weg, andere halten Stellungen, der Druck auf die wichtigsten Gebäude der Stadt wächst, immer mehr Polizisten und Soldaten laufen über auf die Seite der Demonstranten, vereinzelt eröffnet die regierungstreue Präsidentengarde das Feuer, Panik bricht aus, Menschen werden getroffen. Die Nachrichten sickern nur langsam durch, und die Gerüchte zwischen den Gerüchen von brennendem Plastik und Staub kochen. Gebäude fallen, Helikopter fliegen, verzweifelt probieren die wichtigen Protagonisten eine Übersicht zu behalten – aber das brauchen sie nicht mehr, die ersten Fenster und Türen des Parlamentsgebäudes sind bereits zerstört, und aus dem Inneren dringt fröhlicher Jubel auf die Straße.

Alles begann damit, dass Smockey und Sams'K Le Jah, landesweit bekannte Musiker, 2013 die sogenannte Balai Citoyen gründeten. Der Name setzt sich aus den französischen Wörtern für Besen und Bürger zusammen und bezieht sich sowohl auf den Wunsch, politische Korruption »wegzufegen«, als auch auf die von Thomas Sankara initiierten regelmäßigen Straßenkehraktionen, bei denen Bürger Besen nahmen und ihr Wohnumfeld reinigten. Die Musiker waren es leid, unter der Autokratie des Präsidenten Compaoré zu leben, und fest entschlossen, dies mit ihrer neuen politischen Organisation zu ändern.

Als Rosine sich der Bewegung 2014 anschloss, waren deren regelmäßige Zusammenkünfte spärlich besucht, und es gab fast keine Frauen, die sich als Balais Citoyen bekannten. Nicht verwunderlich, immerhin hatte das Regime um Compaoré das Land und die Medien gut im Griff. Rosines Mutter wusste um die möglichen Folgen ihres politischen Engagements und bat sie vergeblich, sich zurückzuhalten. Doch sie ging weiterhin zu den Treffen der Organisation, ließ Ael dafür jedes Mal in der Favela zurück. Sie bekannte sich öffentlich, trug das T-Shirt, machte mobil. Sie konnte nicht anders, denn so, wie es war, durfte es nicht weitergehen.

Nicht nur die Balais waren voller Unmut, sondern ein großer Teil der Bevölkerung. Doch die Balais äußerten ihn am lautesten, was bei der jüngeren Generation auf fruchtbaren Boden stieß. Aus Treffen wurden Versammlungen und aus Versammlungen Demonstrationen, die mit jedem Tag wuchsen. Am Anfang hatten die Unzufriedenen noch große Angst vor Repressionen. Spätestens ab Ende Oktober, als die immer turbulenter werdenden Demonstrationen die ersten Menschenleben forderten, fürchtete Rosines Mutter um das Leben ihrer Tochter. Aber Rosine ging weiter auf die Straße, inzwischen mit Zehntausenden Burkinern täglich. Die Revolution war in vollem Gange. Im Oktober 2014 war es, als wäre der Revolutionär Sankara auferstanden. Ouagadougou und Bobo-Dioulasso, die zweitgrößte Stadt Burkinas, waren wie gelähmt. Die Demonstranten hatten das Land fest im Griff. Stromnetz, Internet und Telefonnetz waren lahmgelegt, das letzte Aufbäumen des Regimes brachte die letzten Salven aus den Maschinengewehren der Präsidentengarde und die letzten Toten. Das Militär und die Polizei ließen den Demonstrationen freien Lauf. Das Volk stürmte das Parlament, den staatli-

chen Fernsehsender, die Villen der Minister und der Familie Com-
paorés und alle anderen Gebäude von strategischer Bedeutung.
Die Welt wurde Zeuge einer der spektakulärsten Revolutionen aller
Zeiten. Die aufrechten Menschen Burkina Fasos hatten gesprochen.
Die Bürgerbesen hatten gekehrt.

Sprachlos wende ich mich ab, während mir ein kalter Schauer über
den Rücken läuft. Schweigen. Nicht unangenehm, mehr elektrisiert.
Als könnte jeden Moment ein Funke zünden, der die Emotionen der
Anwesenden in eine bestimmte Richtung lenkt. Welche Richtung das
sein könnte – ich weiß es nicht. Freude über das Erreichte, Trauer über
die Toten der Proteste – noch scheint die Atmosphäre unentschieden,
zögernd. Ein junger Einheimischer, der aus demselben Viertel kommt
wie Rosine, bricht schließlich die kurze, gedankenschwere Pause.

»Ich war als Erster im Parlament! Ich schwör's dir!«

»Niemals!«

»Hahaha ...«

»Ich schwöre!«

Alle lachen laut auf, und die Stimmung könnte plötzlich nicht aus-
gelassener sein. Es ist wie an Weihnachten: Man kommt mit alten
Freunden auf ein oder (meist) mehrere Biere zusammen, man schwelgt
in Anekdoten vergangener Tage und erinnert sich gemeinsam an
schöne, lustige und manchmal auch traurige Momente, die man teilt,
auch wenn sich das prompt rächt, wenn am nächsten Tag der Kater
den emotionalen Höhenflug zur Landung bittet. Ganz ähnlich, aber
doch ganz anders verläuft auch dieses Treffen, dem ich als stiller Beob-
achter beiwohne. Ich lausche den unter lautem Gelächter erzählten
Geschichten von der Revolution. Alle lachen Tränen und reden wild
durcheinander. Noch nie im Leben habe ich Menschen so glücklich
erlebt, so beherzt lachen sehen. Ich hänge an ihren Lippen, will möglichst viel verstehen. Ich kann es nicht fassen, aber ich bin live dabei,

zurück im Oktober 2014. Kopfkino. Vor meinem Auge entstehen Bilder von Menschen, von Massen, ich sehe die Bewegungen, höre die Geräusche. Und plötzlich ist es doch wieder still. Trauer. Es gibt Opfer zu beklagen. Doch dann geht es weiter.

»Ich war als Erster drin! Im Parlament! Ich schwör's!« Wieder Lachen. Ausgelassenheit.

Müde und erschöpft, aber zu aufgekratzt, um schon ins Bett zu gehen, fahren wir später in eine Bar in der Innenstadt. Keine Musik im Auto, einvernehmliches Schweigen. Stillschweigend genießen alle die Anwesenheit des jeweils anderen. Die Stadt liegt trotz nachlassenden Verkehrs in dichten Staub gehüllt in fast vollkommener Dunkelheit. Obwohl ich müde bin, möchte ich nicht ins Bett, und obwohl ich auf dem Ring viel schneller fahren könnte, fahre ich langsam. Während sich das, was ich gerade erlebt habe, allmählich in mir setzt, passieren wir eine der wenigen beleuchteten Unterführungen Ouagadougous. Überall sitzen, stehen und lehnen Menschen, alleine oder in Gruppen. Hunderte Schüler und Studenten, ungestört von den nur wenige Meter an ihnen vorbeirasenden Autos, lesen, lernen, schreiben und bereiten sich vor – Hausaufgaben, Referate, Klausuren. Im Staub, Gestank, Lärm, bei Nacht am Rande einer Autobahn, weil sie heute nur hier Licht haben. Das Licht der Bildung in einer Unterführung. Mir wird in diesem Moment klar, wofür die Revolution gekehrt hat.

DAS REINE GEWISSEN

»Nassara, Nassara« – was so viel heißt wie »weißer Mann, weißer Mann« – schallt es wie jeden Morgen durch die offenen Fenster meines Autos. Die Kinder in ihren weißen Kitteln auf dem Weg zur Schule machen sich wie jeden Morgen einen Spaß daraus, mich zu ärgern, indem sie mich wecken. Am Anfang habe ich noch probiert, sie wegzuscheuchen, indem ich andeutete aufzustehen, das führte aber lediglich dazu, dass sie um die nächste Ecke rannten und gleich wieder zurückkamen – ein Katz-und-Maus-Spiel, das wir vermutlich endlos spielen könnten. Ausschlafen ist also aussichtslos, denn die mich ärgernden Kinder entwickeln sich zu meinem täglichen Wecker.

Ich bin nun seit einigen Tagen hier, lerne die Stadt langsam kennen, treffe mich regelmäßig mit Rosine und ihren Freunden – und ich schwitze natürlich. Die Hitze in einer Stadt ist noch drückender als draußen auf dem Land. Zwar fegt der Wind nur manchmal über die weiten und trockenen Steppen draußen, vorbei an verdorrtem Gras und verkrüppelten Affenbrotbäumen. Doch er tut es. In den Straßen der Stadt, in den Innenhöfen und kleinen Gärten lässt er sich nie blicken. So liegt die Hitze wie Sirup zwischen Holzverschlägen, niedrigen Steinmauern und Wellblech. Manchmal erscheint mir die Luft fast zu schwer, um sie zu atmen, besonders zur Mittagszeit.

Daher ist der Morgen meine Lieblingszeit in der Favela, es ist kühler, und der Staub hat sich über die Nacht gelegt. Mit Schlaf in den Augen und trägen Gliedern schlurfe ich um Rosines Haus, durch den Eingang in den kleinen Hof, wo ich mich auf die Mauer setze und im Halbschlaf eine Zeit lang auf den Boden starre – Ruhe als Entertainment. An meinem geistigen Auge ziehen die letzten Tage vorüber, als sich die Tür öffnet und sich Rosine und Ael zu mir gesellen. Der Beginn eines weiteren Tages, den ich so schnell nicht vergessen werde.

»Wer bist du?« Smockeys skeptischer Blick versteckt sich im Schatten, den seine Augenbrauen bis auf die Wangenknochen werfen, tiefe Furchen auf der Stirn zeigen wie ein Pfeil in Richtung Nase. Er ist einer der gefragtesten Männer des Landes und hat eigentlich keinen Grund, sich mit mir zu treffen. Oder mir in einer Zeit, in der das Leben durch ein gezieltes Attentat in- oder ausländischer Kräfte und

Geheimdienste jederzeit sein Ende finden kann, zu trauen – die Augen und Ohren sind überall, das spüre selbst ich. Glück ist verantwortlich, dass ich ihn treffen kann, kein Presseausweis, kein Diplomatenstempel im Pass. Ich erkläre ihm, ich sei gerade auf meiner ganz eigenen Mission, ein Reisender, fasziniert von der Revolution, ein Niemand, der vielleicht eines Tages jemand sein und von den einmaligen Geschehnissen des Oktobers 2014 berichten wird. Er sieht mich durchdringend an – und willigt ein.

Wir befinden uns in einer kleinen Straße, irgendwo im Süden oder Osten der Stadt, es könnte aber auch Westen sein, auf dem Weg hierher habe ich mehrmals die Orientierung verloren, und die Seitenstraßen sehen hier ohnehin alle gleich aus. Wir sitzen vor einer ebenso kleinen Bar, die nur wenige Meter abseits von Smockeys Musikstudio entfernt liegt und eine Handvoll knallgelbe und orangene Plastiktische mit passenden Stühlen vor der Tür stehen hat. Der Barmann liefert eine Runde Bier. Auf der Flasche bilden sich sofort Kondensperlen, so als schwitze sie. Mit leicht zittriger Hand stoßen wir an, mein Kehlkopf tanzt einige Sekunden, der Alkohol kocht dank der Hitze und meinem leeren Magen sofort in meinem Kopf und beruhigt meine Stimme.

Zwischen Smockey und mir liegt ein verkratzter silberner Kassettenrekorder, den ich mitgebracht habe. Ziemlich oldschool, zugegeben. Aber besser als nichts. Er wird für die nächsten zwei Stunden einen Rapper aus Burkina Faso aufnehmen, der nicht nur einer der angesagtesten Musiker des Landes ist. Seine Organisation ist fast schon ein Mythos in Afrika, vor dem sich Autokraten und Diktatoren fürchten – vor allem im frankophonen Teil des Kontinents. Er hat etwas Einmaliges geschafft, Smockey hat mit dem Release seiner Triple-LP Pré'volution – Prémonition, Révolution, Evolution nicht nur eine Revolution vorhergesagt, sondern sie mit seinem Kameraden Sams'K Le Jah selbst initiiert und angeführt. Erst vor einigen Tagen ist mir klargeworden, dass einige der Rapsongs, die ich seit dem Senegal auf meinen Autofahrten höre, von ihm sind. Eine Legende sitzt vor mir. Ich beginne das Interview, drücke den roten Knopf, und die Kassette setzt sich ruckartig in Bewegung.

»Ich wusste, dass die Dinge früher oder später explodieren«, antwortet Smockey kurz und knapp auf die Frage, die mir schon seit Tagen durch den Kopf schwirrt: Wie ist es möglich, dass jemand ein historisches Ereignis wie eine Revolution nicht nur vorhersieht, sondern sie selbst orchestriert? Immer war er im Kontakt mit der Basis, der Jugend, und nicht mit der auf sich »selbst masturbierenden« – so er wörtlich – intellektuellen Elite des Landes.

In der Phase der Prémonition ging es darum, die Jugend der Vorstädte zu mobilisieren. Regelmäßige Treffen wie die, denen auch Rosine beiwohnte. Smockey und Sams'K Le Jah nutzten ihre Popularität und organisierten regelmäßige Demonstrationen. Mit dem wachsenden Druck kam es zur Phase der Révolution. Sie wollten eine gute Revolution, keine, die zunächst alles zerstört, um danach wiederaufzubauen. »Davon hat keiner etwas.« Danach ging es darum sicherzustellen, dass die Revolution auch wirklich der Bevölkerung dient – die Evolution nach der Revolution. Es ging darum, die Revolution wie eine Pflanze, die Leben spendet, wachsen zu lassen. »Wir wollten bleiben, bis der Baum Früchte trägt«, erklärt Smockey.

Er bezieht sich dabei nicht nur auf die ersten Wochen nach dem Sturz; die Phase der Evolution ist noch nicht vorüber. So entspannt wir hier auch sitzen, der Schein trügt. Jederzeit kann es wieder losgehen, jederzeit kann etwas Unvorhergesehenes passieren. Nur ein Jahr später werden ein paar Anhänger des alten Präsidenten versuchen, Smockey mit einem Raketenwerfer über den Haufen zu schießen, und zwar in seinem Musikstudio, schräg gegenüber der Bar, in der wir sitzen ...

»Wir wollen Demokratie, es ist zwar nicht das beste System, aber eines, das funktioniert, wenn man sich an die Regeln hält«, sagt Smockey. Das Problem, erklärt er weiter, ist, dass diese Regeln niemand beachtet – nicht in Frankreich, nicht in Deutschland, nicht in den USA, und in Afrika sei es noch schlimmer. Machtmissbrauch ist an der Tagesordnung. Die einzige echte Lösung für dieses Problem: »Die Bevölkerung muss Druck auf die Regierenden ausüben, sodass sich der schlimmste aller Diktatoren mit den Bedürfnissen der Bevölkerung auseinandersetzen und mit ihr kooperieren muss, egal wie schlecht er sonst regiert. Das ist der neue Bürger, der nicht zögert, sich in die Politik einzumischen. »Du musst dich engagieren, denn wenn du es nicht tust, steckst du ganz schnell wieder in der Scheiße!«

Smockey unterbricht und gibt zwei Kindern aus der Nachbarschaft Geld, um sich etwas zu trinken zu kaufen. Die Halbstarken johlen, springen auf und rennen davon. Mit je einer eisgekühlten Cola kommen sie gleich darauf zurück – Kondenswasser tropft in regelmäßigen Abständen von ihren Flaschen auf den Boden. Die Luft steht.

»Wie kannst du behaupten, schwimmen zu wollen, ohne bereit zu sein, es zu lernen? Du liegst doch längst im Wasserbecken, und die regierenden Bademeister lachen dich aus. Ich schwöre dir, wenn heute eine Million Menschen der Regierung einen Brief schreiben, wird das reichen, sie zu verändern. Aber die Bürger nehmen sich nicht die Zeit.«

Smockey redet sich in Rage, spricht über die koloniale Vergangenheit des Kontinents, wie sehr die Strukturen heute noch präsent sind: »Menschen verbringen ihr Leben damit zu sagen, Afrikaner seien verflucht und hätten keine Chance.« Der einzige Weg, wie Afrikaner ihr Selbstbewusstsein zurückgewinnen könnten, sei, selbst zu handeln. Dann hält er plötzlich inne.

»Dein Ding da ist stehen geblieben.« Irritiert folge ich seinem Blick zur Mitte des Tisches. Er zeigt auf den Kassettenrekorder. »Was ist das überhaupt?«, lacht er laut. »Wer zum Teufel hat heute noch so ein Ding mit Kassette?« Er nimmt einen Schluck Bier und schaut amüsiert in die Runde, während ich hastig die Kassette umdrehe. »Hoffentlich fehlt nicht viel von dem, was er gesagt hat«, überlege ich. Er redet schon weiter, noch während ich die Play-Taste drücke und das alte Ding sich wieder ratternd in Bewegung setzt.

Zur Revolution habe jeder Teil der Zivilgesellschaft ihren Teil beigetragen, meint er. »Aber wir waren die Organisation, die am meisten handelte. Seit unserer Gründung verging kein Monat ohne Aktionen auf der Straße, die zeigen, dass wir es ernst meinen und keine Angst haben. Früher demonstrierten die Leute auch, doch am Ende des Tages gingen sie nach Hause. Was blieb, war ein Dossier, in dem markige Worte standen. Ansonsten war Ruhe. Wir aber blieben einfach sitzen, gingen nicht weg, blieben standhaft. Was folgte, waren lange Nächte der Straßenkämpfe und Scharmützel mit der Polizei – der Beginn einer Revolution.«

Mir läuft es kalt über den Rücken. Wie es sich angefühlt haben muss? Ouagadougou in der Dämmerung, die Straßen gefüllt mit revolutionärem Geist, der Jugend aus den Vorstädten, die vorbei an brennendem Müll, Hühnern und Ziegen, Lehm und Wellblech und dampfenden Kochtöpfen, durch Staub, Abgase und Verkehr sich ihren Weg ins Zentrum bahnen.

»Vor dem Aufstand haben wir jede einzelne Institution und jede Botschaft konsultiert: Kanada, USA, Frankreich, die EU!« Niemand beantwortete die Briefe, und auf Nachfrage hörten sie stets die gleichen Phrasen: Sie seien der Neutralität verpflichtet und so weiter. Bis die Aufständischen sie dann während des Aufbegehrens an die Werte der Demokratie erinnerten. Rasch stellte die Afrikanische Union Sanktionen in den Raum. Wir fragten: Ihr habt doch Macht? Ihr könnt doch etwas tun? Warum seid ihr nicht früher gekommen? Ihr hättet den Tod von Menschen verhindern können! Aber ich mache den USA, Kanada und Deutschland keinen Vorwurf ... sie müssen ihre Interessen wahren. Ich mache den Menschen Burkina Fasos den Vorwurf, ihre eigenen Interessen nicht verteidigt zu haben. Man kann den Großmächten nicht vorwerfen, dass sie stark sind, wir müssen uns selbst vorwerfen, dass wir zu schwach sind. Es geht darum, dass sich Burkina Faso entwickelt, seinen Stolz zurückgewinnt, erhobenen Hauptes agiert und sich von der Bevormundung und ausländischer Hilfe löst.«

Inzwischen ist es dunkel geworden, ein junger Mann mit langen Dreadlocks, der sich zwischendurch dazugesellt hat und nun neben mir sitzt, versucht, mit seinem Feuerzeug Licht zu spenden. Zuletzt frage ich, inwieweit die Revolution in Burkina Faso als Exportmodell für andere Länder funktionieren könnte, nicht zuletzt hat ihr Aufbegehren für viel Aufsehen auf dem Kontinent gesorgt und den Hashtag #blackspring hervorgebracht.

Sie sei kein Produkt, das man exportieren könne, erwidert Smockey. »Es gibt keine Strategie für ein globales Netzwerk. Du kannst uns nicht per Copy & Paste nachahmen. Was wir können, ist inspirieren.«

Die B-Seite der Kassette ist kurz vor dem Ende. Ich drücke auf Stopp. Der Rekorder macht ein seltsames Geräusch und bleibt dann still. Ich hole tief Luft. »Merci beaucoup!«, bedanke ich mich und lehne mich zurück. Smockey nickt mir leicht amüsiert zu, er überlässt die Begegnung mit mir wohl dem Schicksal, in dem Glauben, dass es wohl irgendwie Sinn machen wird. Ehrfürchtig nehme ich den letzten Schluck von meinem Bier.

7
Highlife in Ghana – wie ich wieder Pinkeln lernte

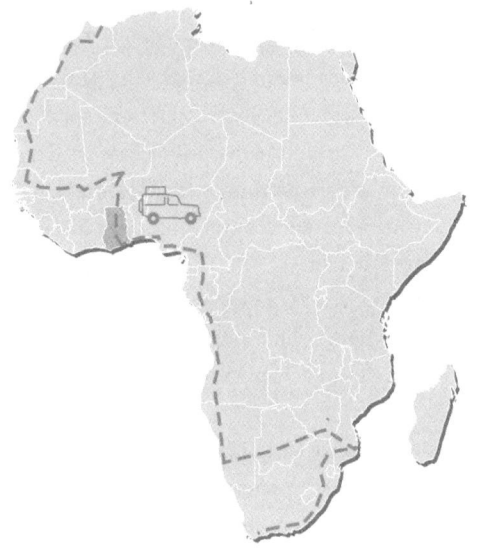

Ghana

Hauptstadt: **ACCRA** · Einwohnerzahl: **28 834 000** ·
Amtssprache: **ENGLISCH** · Währung: **CEDI**

Das heutige Ghana ist benannt nach dem sagenumwobenen »Reich von Ghana«, das im Mittelalter in Westafrika existierte. Allerdings etwa 1000 Kilometer weiter nordwestlich des heutigen Staatsgebietes ...

Mit dem Volta-Stausee liegt in Ghana der größte von Menschen aufgestaute See der Erde. Mit 8500 Quadratkilometern ist er dreimal so groß wie das Saarland.

Nachdem ich dem Beamten an der Grenze fast in die Arme falle, weil ich mich wie ein Schnitzel freue, endlich jemanden Englisch sprechen zu hören, müssen der Geldwechsler und selbst die Obstverkäuferin, die einen Kübel Avocados auf dem Kopf balanciert, dran glauben: Ich rede wie ein Wasserfall. Auch wenn mein Französisch mittlerweile merklich besser geworden ist, muss ich mich zum ersten Mal seit Wochen nicht konzentrieren oder nachdenken, um mit meinem Gegenüber zu kommunizieren. Später gerate ich förmlich in Verzückung, als ein Polizeiauto in tadellosem Zustand an mir vorbeifährt. Ja! Die Polizei ist motorisiert und hat dazu noch ein richtig schönes Fahrzeug. In den ländlichen Regionen, in denen ich die letzten Wochen verbracht habe, bewegt man sich entweder zu Fuß oder mit Eseln fort. Das gilt auch für Polizisten, die zu ihren Checkpoints müssen. Die Straßen dort sind von Schlaglöchern übersät, wenn sie denn überhaupt asphaltiert sind, und die Auswahl an Nahrungsmitteln ist spärlich. Hier ist die Fülle an Früchten an den Straßenständen so enorm, dass ich mich kaum daran sattsehen kann. An den Mautstationen decke ich mich mit Melonen, Papayas, Mangos, Avocados und Ananas ein. Afrika kann auch anders, stelle ich in meiner neuen Umgebung erfreut fest. Die Temperaturen sind milder, und der Wald wird, je weiter ich in den Süden fahre, satter und dichter, das erste Dorf in Ghana hat sogar Bordsteine – und tiefe, befestigte Wassergräben!

Mit dem Fahrtwind verändert sich auch die Welt um mich herum. Als ich Tamale, die größte und wichtigste Stadt in Ghanas Norden, hinter mir lasse, tauchen plötzlich wieder Palmen am Straßenrand auf. Palmen! Ich habe das Gefühl, ewig keine mehr gesehen zu haben, zu trocken waren die Landstriche, in denen ich die letzten Wochen unterwegs war. Palmen verheißen Wasser, sie verheißen Meer. Auch die Straßen werden besser, je weiter ich in den Süden komme, und die Regionen sind dichter besiedelt. Fasziniert blicke ich von einem Rastplatz auf einem kleinen Hügel über ein Tal aus tropischem Regenwald, durchbrochen von braunen Straßen und schmutzig bunten Häusern. Es hängt ein Dunstschleier über dem Wald, an dem ich mich gar nicht satt-sehen kann. Wasser, das nicht sofort verdunstet, sobald es der Sonne ausgesetzt ist! Auch die Luft schmeckt milder, viel weniger nach Staub, und mit jedem Kilometer Fahrt habe ich mehr das Gefühl, das Meer zu riechen – auch wenn das vielleicht nur eine Sinnestäuschung ist.

WARUM KOFI ANNAN AN EINEM FREITAG GEBOREN WURDE

Kumasi, die Hauptstadt des ehemaligen Königreichs der Aschanti. Euphorisch irre ich auf der Suche nach der KNUST Junction, einem Busbahnhof an der Straße Richtung Ghanas Hauptstadt Accra, durch die Straßen. Zwei Tage habe ich vergebens versucht, neue GPS-Karten für mein Navi herunterzuladen, deshalb bin ich auf fremde Hilfe angewiesen. Immer wieder halte ich an, um nach dem Weg zu fragen. Fenster runter, fragen, Fenster wieder hoch, ein Stück geradeaus, links abbiegen, kurzer Check, wer hier vertrauens-würdig aussieht, wieder fragen, wo es langgeht, weiter geradeaus und dann irgendwo intuitiv rechts abbiegen. Das Spiel geht immer wieder von vorne los, bis ich irgendwann umdrehen muss und nach links in einen vierspurigen Kreisverkehr abbiege, in dem sich Tau-sende Autos dicht an dicht wie Wassermoleküle um einen Stein in der Stromschnelle drängen. Gleich dahinter liegt eine Riesenkreu-zung, an der natürlich gerade sämtliche Ampeln ausgefallen sind und sich Autos wie auf massiv überfüllten, kreuzenden Ameisenau-tobahnen gegenseitig den Weg versperren. Alles geht durcheinan-der, kreuz und quer, keiner kann vor oder zurück. Mit dem Auto durch eine afrikanische Großstadt zu fahren ist immer ein Tagesaus-flug – egal wie kurz die Strecke auch sein mag. Es wäre ja schon schwierig, den Rosenthaler Platz in Berlin ohne Navi, Karte, Straßenschilder und bei nicht vorhandener Ortskenntnis zu finden. Hier wird die Suche um den X-Faktor jeder afrikanischen Großstadt erschwert und stellt zugleich die Sahne auf dem Kuchen meiner knapp zwei Tage dauernden Autofahrt quer durch Westafrika dar. Ich fühle mich auf meinem ewigen Ritt durch die Dämmerung in der Großstadt an die Ankunft in Ouaga erinnert. Doch im Gegensatz zur anfangs schüchternen Hauptstadt Burkinas wirft sich mir Kumasi förmlich an den Hals. Auf den »Zufall«, den magischen Moment beim Reisen, an den man irgendwann einfach nicht mehr glaubt, bin ich diesmal auch nicht angewiesen, denn mein Kontakt, Jessica, ist mit einem Arbeitskollegen bereits auf dem Weg, um mich einzusammeln. An der KNUST Junction, wie wir vereinbart haben. Die muss man aber erst mal finden ...

Als ich endlich in einer Seitenstraße neben dem Busbahnhof anhalte und meinem dampfenden Ross den Hahn zudrehe, falle ich allerdings erst mal zwei großen, kräftigen Ghanaern in die Hände. Während der kleinere der beiden eher zurückhaltend ist, tritt der korpulentere selbstbewusst mit der Lässigkeit und Coolness eines Notorious B.I.G. auf, die Kappe schräg im Gesicht. DJ Prince, der nicht nur, wie schon sein Name verspricht, Discjockey und Musikproduzent, sondern auch Radiomoderator ist, haut mich an: »Was geht? Geiler Bart!«, meint er.

»Korrekte Kappe!«, antworte ich.

»Danke, Bruder.« Obligatorischer Handshake. »Scheiße, Alter, wo kommst'n du her, Bro? Und was machste mit dem ganzen Kram?« Als ich ihm von meiner Reise erzähle, rastet DJ Prince aus wie ein TV-Moderator, dem gerade live etwas total Krasses passiert ist. »Ist nicht wahr! Ne, Bro! Echt jetzt?«

»Ja, Bro!« »Alter, wie krass!« DJ Prince fuchtelt mit den Händen, als würde er gerade in Doubletime rappen. Ich bin den beiden Fassungslosen eine Erklärung schuldig, und als Jessica um die Ecke spaziert kommt, tauschen wir bereits Nummern aus. »Du musst unbedingt in meine Show kommen!«

Jessica ist Praktikantin bei einem jungen ghanaischen Start-up namens Farmerline im Stadtteil Ahinsan. Als Firmensitz, und für die meisten Involvierten auch als Wohnhaus, dient eine große, schlichte Villa, deren Einfahrt von den reifen Avocados eines gigantischen Baumes im Garten gepflastert ist, in dessen Schatten auch ich die nächsten Tage wohnen werde. In dem riesigen, zum Büro umfunktionierten Wohnzimmer stehen mehrere weiße Schreibtische mit Computern und Laptops. Hier vergeht kaum ein Tag, an dem nicht an der Umsetzung der Vision, Abertausende Bauern des Landes mit wichtigen Informationen zu versorgen, gearbeitet wird. Per SMS erreicht das Team auch die ärmsten und autark lebenden Bauern und übermittelt detaillierte Wettervorhersagen sowie Ratschläge von Agrarexperten, um das Timing von Saat und Ernte zu optimieren.

In der jungen Start-up-Szene Ghanas wird Farmerline hoch gehandelt und genießt die Aufmerksamkeit diverser Organisationen und der Medien. Hier wird gedacht, gemacht, viel gearbeitet und nach vorne geschaut. 2017 wird CEO und Co-Founder Alloysius Attah vom Forbes-Magazin zu den 30 einflussreichsten Jungunternehmern Afrikas gezählt werden. Das ganztags besetzte Büro ist das Zuhause des Teams, nicht nur, weil viele von ihnen im Haus leben, sondern auch, weil sie für ihre Arbeit leben. Sie erinnern mich an die klassischen IT-Nerds, die es überall auf der Erde gibt, haben aber eine regionale Mission. In der Küche tauschen wir uns bei Tee und Porridge rege über Politik, Landwirtschaft und die Zukunft Ghanas und Afrikas aus.

Ghana, du frische Brise! Nie im Leben hätte ich mir dich so bunt, so frisch und so freundlich vorgestellt. Und so anders, schon wieder so anders. Das gut entwickelte, einfach zu bereisende marokkanische

Königreich, die furztrockene, konservative Islamische Republik Mauretaniens, die sportliche Partyhöhle Senegal, das gastfreundliche, abenteuerliche Mali, das revolutionär aufrechte Burkina: alle anders und alle anders als das englische, entwickelte, grüne, kühlere, fruchtbarere, verdammt humorvolle und vor Kultur nur so strotzende Ghana. Schon ab dem zweiten Tag in Kumasi bin ich verliebt in den weitläufigen Campus der Kwame-Nkrumah-Universität. Und in Korkor. Die bildhübsche Studentin und Dozentin im Fachbereich African Art and Culture habe ich beim Salsatanzen auf dem Campus kennengelernt, nun lausche ich ihr aufmerksam auf einer Parkbank auf dem saftig grünen, tadellosen, fasst zu perfekten Campusgelände, wo sie in einer Einzimmerwohnung mit einem zur Küche umfunktionierten Balkon wohnt.

Kofi Annan wurde definitiv an einem Freitag geboren, erklärt sie mir. Wieso? Weil er Kofi heißt und das Volk der Fante Jungen nun mal Kofi nennt, wenn sie freitags geboren werden. Kommen sie samstags zur Welt, heißen sie Kwame wie Kwame Nkrumah, der erste Präsident des unabhängigen Ghanas, sonntags nennt man sie Kwensi und so weiter. Während die Fante und Aschanti die Namen ihrer Kinder vom Geburtstag abhängig machen, bevorzugen die Ga und Ada, die beide zur ethnischen Gruppe der Ga-Adangme gehören, eine Benennung nach der Geburtenfolge.

Korkor ist die Zweitgeborene in ihrer Familie, wie jede Trägerin dieses Namens. Viel mehr Aufschluss über eine Person, erzählt sie weiter, gäben aber die Tribal Marks. Korkor setzt sich im Rahmen ihrer Masterarbeit mit Tribal Marks und den damit verbundenen Formen sozialer Diskriminierung auseinander. So könne man zum Beispiel an einer Narbe erkennen, welchem Stamm jemand angehöre oder ob die jeweilige Person königlichen Blutes sei. Doch für viele junge Ghanaer stellen Tribal Marks ein Stigma dar, sie halten sie für primitiv und rückständig. Korkor möchte dem mit ihrer Masterarbeit entgegenwirken, die Gesellschaft darüber aufklären und so dafür sorgen, dass die kulturelle Praktik auf mehr Verständnis und Akzeptanz stößt. Ich lache und erzähle von Rachid in Mauretanien und dem ausgelaufenen Pool in der Sahara. Es war das erste Mal, dass mir auf meiner Reise die traditionellen Gesichtsnarben begegnet sind.

DAS STILLEN EINER SEHNSUCHT – ENDLICH WIEDER MEER!

Die Sonne flutet die Baumkrone über meinem Auto, bahnt sich einen Weg durchs Geäst und taucht die Welt um mich in einen rotgoldenen Schimmer. Ich kneife die Augen zusammen, während ihre Strahlen die Tauperlen wie Laser schmelzen, begleitet vom freudigen Zwitschern und Zirpen der Tierwelt steigt Dunst in die Höhe. Es dauert ein Fingerschnippen, nicht mal den Bruchteil einer Sekunde, dann steht die Sonne senkrecht am Himmel, der Dunst verfliegt, die Tierwelt verstummt, und es herrscht feuchtdrückende Hitze.

Von der Unterhose schlüpfe ich direkt in die Badehose, laufe keine zehn Meter bis an den Strand und begutachte das Meer – zum ersten Mal seit unzähligen Wochen. Was für ein Anblick! Ich habe vergessen, wie das Rauschen der Wellen klingt und die Oberfläche des Wassers im ständigen Spiel mit der Sonne in Abertausenden Blitzlichtern aufleuchtet. Kleine, transparente Krebse fliehen zwischen meinen Beinen vor der heranfließenden Brandung, die Fischerboote segeln mit ihren vor den Bug gespannten, bunten Tüchern aufs Meer, die Sonne im Rücken. Sie sind bereits weit draußen, und die ersten verschwinden hinter dem Horizont. Die Zeit des Harmattans, des immerzu blasenden Nordostpassats, und die damit verbundene Trockenzeit sind längst vorüber, dafür weht jeden Morgen eine seichte, ablandige Brise, die sich die Fischer zunutze machen, bevor sie am Nachmittag mit dem auflandigen Wind zurücksegeln.

Der Strand von Busua, einem kleinen Ort im Südwesten Ghanas, ist gesäumt von kleinen Hotels und Strandbars. Der beste Platz zum Surfen ist das westliche Ende der Bucht nahe einer kleinen Flussmündung. Doch bevor ich mich in die Fluten werfe, steht etwas völlig anderes auf dem Plan. Etwas, das ich in den letzten Wochen fast so selten gemacht habe wie surfen: pinkeln. Wochenlang habe ich Unmengen Wasser in mich reingeschüttet, mir Kübel über Kübel in den Hals gegossen, nur um wieder nicht pinkeln zu können. Wie man in Deutschland ja weiß, ist das aber essenziell für einen gesunden Körper, weshalb ich mittlerweile bei jedem noch so kleinen Zwicken oder Drücken im Unterleib befürchte, mindestens einen Nierenstein zu haben. Im Schatten einiger Palmen und gut hinter zwei Büschen verborgen blicke ich erleichtert hinab und weiß, dass dieses Kapitel meiner Reise fürs Erste abgeschlossen ist.

Dann aber zögere ich keine Sekunde mehr, schnappe mir mein Surfboard, renne über den Strand, schmeiße mich in die Fluten, tauche unter der ersten Welle durch und gebe beim Wiederauftauchen eine Art Walrossgeräusch von mir vor lauter Begeisterung über die tropischen Temperaturen des karibisch-türkisen Wassers. Aus dem Augenwinkel sehe ich ein paar Dorfbewohner, die mich verständnislos beobachten. Mit einem fetten Grinsen hänge ich seitlich auf meinem Surfboard und winke ihnen zu – nicht dass die sich noch Sorgen machen.

Keine Sekunde später hüpfe ich wie ein Delfin durch die Brandung, immer noch ungläubig über das Wasser auf meiner Haut, über das Spiel der Sonne auf dem Wasser, über die Palmen, die sich schräg nach vorn über den Sandstrand Richtung Meer beugen. So warm wie das türkisfarbene Wasser ist auch das Lächeln der jungen ghanaischen Surfer, die nach und nach dazukommen. So ungefähr muss sich Surfen in den 70ern in Europa und den USA angefühlt haben. Statt andere mit Argwohn zu betrachten, freut man sich, Gleichgesinnte kennenzulernen, tauscht sich aus und lädt sich gegenseitig ein. Frei von Neid und Geiz sind wir alle Brüder und Schwestern. Es dauert nicht mal einen Tag, bis ich Anschluss gefunden habe, und zusammen mit den beiden Surfern Kofi und Clement erkunde ich tagsüber die Umgebung auf der Suche nach Wellen. Nachts folgen wir einfach der Musik und tanzen mit anderen Dorfbewohnern oder Urlaubern.

Heutzutage assoziiert man Ghana oder Westafrika nicht unbedingt mit Surfen, doch als die ersten portugiesischen Segler im 15. Jahrhundert vor der Küste Ghanas ankerten, war das anders. Während in Portugal noch lange nicht an Surfen zu denken war, verfassten die erstaunten Entdecker Einträge in ihren Logbüchern über auf dem Wasser schwebende Männer, die sie an der Küste vorfanden. Wie die Hawaiianer gaben sich auch die Ureinwohner Ghanas begeistert dem Wellenreiten hin. Noch heute hallt Abend für Abend das Gekreische und Gekicher der auf Holzplanken surfenden Kinder in den Fischerdörfern übers Meer. Der Stoke in Ghana ist so allgegenwärtig wie vor 1000 Jahren.

SEX IN THE CITY – ACCRA NIGHTS

Mittwochabend, Accra, Ghanas Hauptstadt, eine Poolparty. Es gibt nur einen einzigen Schwarzen, der, wie sich herausstellt, Deutsch-Ghanaer ist und aus Hamburg herkam, um sich als Gastronom in Ghana eine Zukunft aufzubauen. Ansonsten tummeln sich ein paar europäische Expats um das kühle Nass, außerdem auffallend viele Libanesen. Sie sind nicht nur in der Hauptstadt Ghanas, sondern in ganz Westafrika fester Bestandteil der Gesellschaft, viele von ihnen haben einen afrikanischen Pass. Auch in der kleinen Tanzbar, zu der wir fast alle weiterziehen und uns um Mitternacht Shots an der Bar genehmigen, dominieren sie den Dancefloor.

»Die Luft ist schön angenehm hier draußen«, denke ich mir einen Augenblick später und atme tief durch, während aus der Bar der Bass brummt. Auf der anderen Seite der kleinen Gasse im Herzen der Stadt steht mein Auto, wie immer verstaubt und mit der markanten roten Werkzeugkiste beladen. Surfboards, Matratze und Kleinkram liegen bei der Schwester eines Freundes aus Berlin, die hier lebt. Ich schaue auf die Uhr, deren Zeiger auf deutlich nach Mitternacht steht. Warum ich heute Abend schon wieder feiern gegangen bin, weiß ich gar nicht mehr. Es ist einfach passiert wie so oft in letzter Zeit, aber es macht einfach Spaß, die schwüle Nacht in der Großstadt zum Tag zu machen. Da wird man schnell unvernünftig. Verdammt.

Eigentlich sollte ich morgen in aller Früh zur Botschaft Benins, um ein Visum zu beantragen, und der Wurm in meinem sich auflösenden kleinen Zeh am rechten Fuß, der mittlerweile nur noch aus einer Mischung aus Grind, Eiter und Haut besteht, schreit förmlich nach weniger Alkohol und mehr Ananas. Dass es sich bei dem Drecksvieh um eine Hakenwurmlarve handelt, die man gerne auch als Hautmaulwurf bezeichnet und am besten mit einer zweimaligen doppelten Dosis Albendazol erledigt, darauf ist in den letzten Wochen natürlich niemand gekommen. Es gibt eine Menge Parasiten und anderes Getier in diesem Teil der Welt, die man sich lieber nicht einfangen sollte. Nur ein Beispiel: Niemals sollte man in Ghana nachts die Wäsche draußen hängen lassen, da es Fliegen gibt, die ihre Larven in den Stoff ablegen. Zieht man die Kleidung am nächsten Tag an, bohren sich die Larven durch den Stoff in die Haut, wachsen heran und lassen riesige eitrige Beulen entstehen. Ganz schön eklig. »Aber zumindest gibt es hier keine Zecken«, denke ich. »Und keine Wespen, oder?«

Müde und angetrunken schaue ich in den mit dichten Regenwolken verhangenen Himmel, der immer wieder wie eine Stroboskoplampe aufflackert. Der nächste monsunartige Regenschauer steht bevor. Zeit, nach Hause zu fahren. Der Höflichkeit halber möchte ich mich von der Gruppe Libanesen verabschieden, mit der ich schon auf der Poolparty angebandelt habe. Den Freund, mit dem ich losgezogen bin, habe ich nicht mehr gesehen, seit er mit einer hübschen dunkelhäutigen Amerikanerin auf der Toilette verschwunden ist.

Als ich wieder in die Bar gehe, unterhält sich einer der Libanesen mit einer Frau, die mir schon vorher aufgefallen ist. Sie hat asiatische, afrikanische und europäische Züge und ist die einzige der ohnehin spärlich anwesenden Frauen, die mich wirklich interessiert. Statt mich zu verabschieden und nach Hause zu fahren, sitze ich keine 30 Sekunden später mit der gut riechenden und von Nahem noch besser aussehenden Dame auf einer kleinen Bank neben meinem Auto.

Die Libanesen seien verrückt nach ihr, erzählt sie fast stolz, weil sie dem libanesischen Pornostar Mia Khalifa ähnelt. Dabei betont sie das Wort »Porno« explizit und wirft sich lasziv die Haare über die Schultern. Sie ist arrogant und spielt die Unantastbarkeit in Person, als ich ihr ein wenig näherkomme und dabei der mit Parfüm vermischte Duft ihrer Haare meine Nase flutet. Sie müsse jetzt wirklich los, ihre Freundin suchen, teilt sie mir fast herablassend mit, »erhoff dir ja nichts«, sagt sie. Sie sei Stewardess und das Gesicht einer Marke. Trotzdem bleibt sie, wir spielen unsere Rollen bis es mir irgendwann reicht und ich ihr unheimlich dichtes Haar packe. Herausfordernd legt sie den Kopf in den Nacken und wendet mir das Gesicht zu. Sie schaut mir starr in die Augen, während ich ihr mit ruhiger Stimme erkläre, was ich vorhabe. Ich komme ihr dabei Stück für Stück näher, bis unsere Lippen übereinander herfallen.

Als die letzten Partygäste den Club verlassen, sitzen wir küssend, kratzend und beißend auf Jeepos Rückbank. Nur einen Steinwurf weiter liegt ein Taxifahrer mit ausgestreckten Armen und Beinen schlafend auf dem Dach seines Autos. Immer wieder schiele ich verstohlen hinüber, um zu sehen, ob er aufwacht. Aber Pustekuchen. Die Ghanaer haben das Talent perfektioniert, in allen noch so unmöglich erscheinenden Körperhaltungen einschlafen zu können. Auf Bänken ohne Lehne, auf Baumstämmen oder einfach auf dem Boden.

Glück für mich. Und die Chemie zwischen mir und der Dame stimmt auch schon mal. Aber statt uns die Kleider vom Leib zu reißen, machen wir uns auf die Suche nach ihren Arbeitskolleginnen, die – wie könnte es anders sein – längst nicht mehr anwesend sind. Eigentlich ein gutes Omen, allerdings hat sie keine Ahnung, wo ihr Hotel Golden Tulip ist, ich weiß es natürlich auch nicht. Dumm nur, dass sie am frühen Morgen in den Flieger steigen muss und sich in diesem Augenblick einer der monströsen Regenschauer über uns zusammenbraut, die dafür bekannt sind, Accra binnen von Minuten zu fluten. Also flüchten wir uns wieder ins Auto und machen uns auf die Suche nach dem Hotel, über das wir lediglich wissen, dass es nahe dem Flughafen liegt – so spannend ist das Leben ohne Smartphone.

Bis wir auf der Hauptstraße sind, hat zwar der Regen nachgelassen, die Wolken hängen jedoch weiterhin bedrohlich tief über unseren Köpfen. Während ich mit der rechten Hand in ihre aufgeknöpfte Hose fasse, drücke ich mit dem rechten Fuß das Gaspedal bis zum Anschlag durch, und der aufheulende Turbo vermengt sich mit ihrem Stöhnen und dem Donnern der um uns tanzenden Blitze.

Wahllos klappere ich Straßen ab, suche das gesamte Flughafenviertel ab und frage jede Person, die ich zwischendurch am Straßenrand sehe, bis wir schlussendlich auf den Parkplatz des Hotels fahren. Erwartungsvoll sieht sie mich an, knöpft ihre Hose zu und kramt ihren Hotelzimmerschlüssel aus der Tasche. Aber ohne mich! Das würde nun wirklich zu weit gehen. Madame ist »not amused«, wirft mir einen giftigen Blick zu und schreitet – leicht wankend – in Richtung Hoteleingang davon. Ein Abend in Accra.

Nie wieder! Schwöre ich einmal mehr im Leben und einmal mehr in einer afrikanischen Großstadt, als ich am nächsten Morgen fast pünktlich, ohne geschlafen zu haben, mit meinem fauligen Zeh auf der Matte der Botschaft Benins stehe. Mit meinem deutschen Pass kann ich

162 Länder ohne Visum bereisen oder mir bei der Ankunft dort ein Visum ausstellen lassen. Einen reisefreundlicheren Pass bekommt man 2018 nur in Singapur und Südkorea, das ist also gar nicht schlecht. Bei mehr oder weniger 194 Staaten auf der Welt brauche ich lediglich für etwa dreißig ein zuvor beantragtes Visum. Meinem Gefühl nach zu urteilen müssen all diese Länder in Westafrika liegen. In Wahrheit trifft das natürlich nicht auf alle, aber viele von ihnen zu. Die Beschaffung dieser Visa ist verdammt aufwendig, und das Leben und der Rhythmus eines jeden Afrikareisenden von deren Beantragung und Gültigkeit abhängig. Dass das Vergabesystem grundsätzlich einer gewissen Willkür unterliegt, macht das Ganze nicht leichter.

Nachdem ich mir die Visa für Mali, Burkina und Ghana in Dakar besorgt habe, ist Accra mein nächster großer Visastopp. Mein Plan: alle Visen bis Kamerun beantragen. Da Togo eines der wenigen Länder ist, in dem man sich ein Transitvisum an der Grenze besorgen kann, fehlen mir nur noch Benin und Nigeria. Mit einem Sammelsurium an Passfotos und einem Haufen Kopien aller nur erdenklichen Dokumente mache ich mich also auf die Jagd.

Das Visum für Benin bekomme ich nach anfänglichen Schwierigkeiten dann doch ohne größere Probleme. Wie in vielen anderen Botschaften muss ich dafür einen Nachweis vorzeigen, dass ich für mindestens eine Nacht eine Unterkunft gebucht habe. Um nicht sinnlos Geld zu verblasen, sucht man sich einfach auf einer Hotelbuchungsseite ein Hotel, das man später kostenlos stornieren kann. Im Gegensatz zum verhältnismäßig reibungslosen Ablauf in der Botschaft von Benin schalten die Mitarbeiter der nigerianischen Botschaft auf stur. Keine Chance! Kein Geld der Welt! Sie wollen mir partout kein Visum ausstellen, da sie für mich nicht zuständig seien, ich müsse dafür in Ghana wohnhaft sein oder einen ghanaischen Pass haben.

Die folgenden Tage stehe ich jeden Tag bei den Nigerianern auf der Matte, man weiß ja nie, vielleicht ändert sich ja die Laune. Es gibt kaum etwas Frustrierenderes, als sich Tag für Tag in sein bestes T-Shirt zu zwängen, durch den Verkehr zu quetschen und im Wartezimmer einer Botschaft auszudünsten, um zum x-ten Mal ein Formular auszufüllen, während die Schweißperlen auf der Stirn Wettrennen fahren. Alle Versuche bleiben erfolglos, ich muss also auf die nigerianische Botschaft in Benin hoffen.

Mir war bereits vorher bewusst, dass es schwierig werden würde, ein Visum für Nigeria zu bekommen, genau wie für die Demokratische Republik Kongo und Angola. Durch einen Riesenzufall erfuhr ich dann aber, dass man in Accra ein Touristenvisum für Angola erhalten kann. Das ist ungefähr so, als begegne man dem letzten Einhorn, denn dieses Visum ist andernorts in Westafrika so schwer zu bekommen, dass manch einer behauptet, es existiere gar nicht. Letztendlich muss ich zwar meine Dokumente übersetzen lassen, mehrfach in der Botschaft aufkreuzen und stolze 170 US-Dollar bezahlen, aber am Ende habe ich eine weitere Hürde aus dem Weg geräumt und viel zu viel Zeit in Accra verbracht. Der einzige Haken: Ich muss innerhalb von zwei Monaten in Angola sein, sonst läuft das Visum aus. Das wäre kein so großes Problem, wenn ich dafür nicht durch Nigeria fahren müsste …

Und so kommen meine letzten Stunden in Ghana schneller als erwartet, ich befinde mich auf der Straße Richtung Togo. Kurz zuvor bin ich in einer kleinen, erstaunlich gut ausgestatteten Klinik kurzerhand noch mein Wurmproblem losgeworden. Die Ärzte erkannten auf den ersten Blick, dass es sich um eine Creeping eruption handelte, und behandelte mich freundlicherweise umsonst, da ich meine letzten Cedis bereits ausgegeben hatte. Mit allen Zehen und ohne Untermieter lasse ich also Ghana hinter mir, bereit, mich auf ein neues Abenteuer einzulassen.

8
Über Togo nach Benin – auf den Boden der Tatsachen

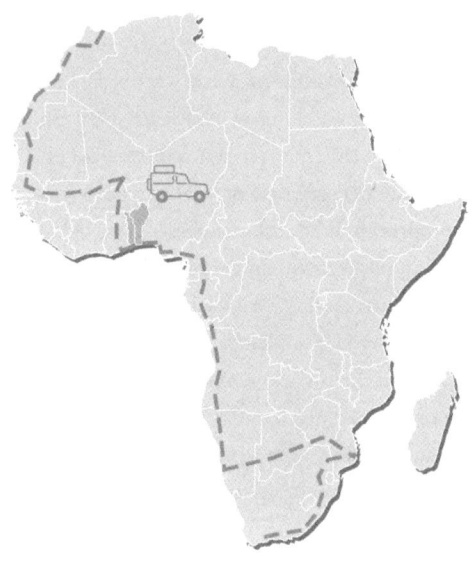

Togo

Hauptstadt: **LOMÉ**
Einwohnerzahl: **7 692 000**
Amtssprache: **FRANZÖSISCH**
Währung: **CFA-FRANC**

Zangbeto sind im Süden Togos
die Voodoo-Nachtwächter. Sie
sehen aus wie Heuhaufen und
jagen jeden, der die Nachtruhe
stört, mit Stöcken.

Benin

Hauptstadt: **PORTO-NOVO**
Einwohnerzahl: **10 598 500**
Amtssprache: **FRANZÖSISCH**
Währung: **CFA-FRANC**

Das Königreich von Dahomey
lag bis Ende des 19. Jahrhunderts
auf dem Gebiet des heutigen
Benin. Die Eliteeinheit des Militärs
bestand nur aus Frauen. Sie
waren für ihre Grausamkeit
berühmt.

Ghana war vom Feinsten, ich habe mich dort wohlgefühlt wie ein Fisch im Wasser, ich war als Surfer, Partylöwe und verrückter Typ mit Bart und langem Haar bekannt. An jeder Ecke habe ich das Tanzbein schwingend, mit wucherndem Bart und fröhlichem Grinsen auf den Lippen neue Freunde gefunden. Wieder aufzubrechen fühlte sich nach fast einem Monat wie ein Neubeginn der Reise an. Plötzlich sind es nicht mehr Wellen, Sehenswürdigkeiten oder einfach nur Menschen, die meinen Alltag bestimmen, sondern der Visadruck, der gerade so groß geworden ist, dass ich Togo als Land quasi auslasse.

Togo ist ein eigenartig geformtes Land mit einer Nord-Süd-Ausdehnung von 500 Kilometern, wohingegen es von Ost nach West nur durchschnittlich etwa 100 Kilometer breit ist. Ein dünner Strich zwischen Ghana und Benin gewissermaßen, und aus der Sicht eines Surfers ein langer Strand, der nur mäßig gut beschaffen ist, also, seien wir ehrlich, relativ scheiße. Umso überraschter bin ich über den ein oder anderen kleinen hüfthohen Peak, der von der Küstenstraße aus zu sehen ist – Togo hat eine Welle! Doch nichts Surftechnisches ist gut genug, um mich von der Visakrise abzulenken, und so behalte ich den Fuß auf dem Gaspedal, passiere Togos Hauptstadt Lomé und bin kurz darauf schon an der nächsten Staatsgrenze – der Grenze nach Benin. Togo ist eines der kleinsten Länder des afrikanischen Kontinents.

In Benin dann geht die Visafarce genauso weiter wie zuvor in Ghana und erlebt im Regierungssitz Cotonou ihren vorläufigen Höhepunkt. Bei einem Besuch in der nigerianischen Botschaft sitze ich zunächst stundenlang in einem Wartezimmer, das seinem Namen alle Ehre macht. Es herrscht ein konstantes Kommen und Gehen, und während ein Herr rechts von mir in einem leicht runtergekommenen Outfit wirkt, als wäre er längst Teil des Botschaftsinventars, warten andere keine zwei Minuten. Ich habe mich längst an die Willkür afrikanischer Bürokratie gewöhnt und bin, meinem Schicksal ergeben, in meiner Lektüre versunken, nur unterbrochen von der sich immer wieder öffnenden Tür, wodurch sich das Wartezimmer Stück für Stück entleert. Ich lese einen großen nigerianischen Klassiker: *When Things Fall Apart* von Chinua Achebe. Es ist eines der wenigen Bücher über die Zeit der Kolonialisierung Afrikas, die nicht aus der europäischen Perspektive geschrieben sind. Chinua Achebe nimmt mich weit zurück in ein Igbo-Dorf in den 1890er-Jahren, als sich der Regenwald noch wie ein riesiger Teppich – ohne Löcher mit Städten und Palmölplantagen – über den halben Kontinent zog. Er schildert das Leben und den Alltag eines Dorfes im heutigen Nigeria, in dem Tradition und Gesellschaft unter dem Druck aus Europa und der Kirche langsam zerfallen.

»The white man is very clever«, lässt er einen der Protagonisten sprechen. »He came quietly and peaceably with his religion. We were amused at his foolishness and allowed him to stay. Now he has won our brothers, and our clan can no longer act like one. He has put a knife on the things that held us together and we have fallen apart.«

Nicht nur, dass historische Überlieferungen aus Afrika rar sind, wir Königreiche und Stämme nur anhand von spärlichen Funden, Gebäuderesten und Legenden rekonstruieren oder erahnen können. Die meisten Texte über die afrikanische Vergangenheit stammen zudem aus europäischer Hand, gerade Texte zur Kolonialzeit. So haben Europäer über Jahrhunderte an dem gearbeitet, was heute als afrikanische Geschichte gilt – die in Wahrheit nur ein Zerrbild ist, um von der unrühmlichen Rolle der Europäer in Afrika abzulenken. Die Deutungshoheit, damals noch mehr als heute, liegt bei denen, die erbittert an der Reinhaltung ihrer weißen Weste arbeiteten – und noch arbeiten.

Eine Stunde später reißt mich eine Stimme mitten aus der Geschichte, aus Nigeria 1890 ins Benin der Gegenwart. Der Kontrast erscheint mir einen Moment lang atemberaubend, aber ich habe keine Zeit, länger an dem Gedanken festzuhalten. Unfreundlich werde ich aufgefordert, in einen schmutzigen Raum zu gehen, in dem ich gegenüber einer Dame auf dem Besucherstuhl Platz nehme.

Sie ist schroff, lustlos und wirkt angepisst, und das, obwohl ich bisher noch gar nichts gesagt oder getan habe. Vielleicht hätte ein Geldschein zwischen meinen Papieren ihr das Lächeln zurück auf die Lippen gezaubert. Doch da ist keiner – wie sie konsterniert feststellt.

Der Raum ist heruntergekommen, von der Decke spendet ein unverschämt laut ratternder Ventilator behäbig etwas Luft. Ich weiß nicht, ob sie es mir ansieht, aber ich bin mehr als nur nervös. Nichts ist gerade wichtiger für mich, als möglichst bald ein Visum für Nigeria im Pass zu haben. Wäre mir die Durchfahrt durch Nigeria versperrt, meine Reise wäre vermutlich hier und jetzt zu Ende. Das Land zu umfahren ist nahezu unmöglich. Tausende Kilometer Umweg nach Norden, durch Niger und den Tschad – für die ich ja auch erst mal ein Visum bräuchte –, katastrophale Straßenbedingungen, riskante Sicherheitslage. Im nördlichen Nigeria und in den angrenzenden Ländern treibt die Terrorgruppe Boko Haram ihr Unwesen. Bei dem Gedanken treten ein paar mehr Schweißperlen auf meine Stirn, und ich senke den Blick. Stirnrunzelnd sieht mich die Frau auf der anderen Seite des Schreibtischs an.

Aber auch die Durchfahrt durch Nigerias Süden, am Meer entlang, ist kein Pappenstiel. Obwohl ich natürlich nicht viel auf den Bullshit aus dem Fernsehen und die üblichen reißerischen Berichte gebe, habe ich von Bekannten und Fremden in den letzten Monaten immer wieder gehört, Nigeria sei gefährlich – und verrückt.

»Sie sind an der falschen Adresse«, krächzt die Frau schließlich. »Hier gibt es keine Touristenvisa.« Na toll.

»Aber, aber schauen Sie doch mal hier ...« Ich präsentiere stolz meine Papiere: Reisepass, Führerschein, Carnet du Passage für Jeepo usw. Sie bleibt unbeeindruckt, bis ich ihr von der Einladung erzähle. Ein Geschäftsmann aus der nigerianischen Stadt Port Harcourt war so gütig, mir auf Anfrage eines gemeinsamen Bekannten eine Einladung für ein Business-Visum zu schreiben.

»Ich möchte eine Kopie des Ausweises dieser Person!«, sagt sie trocken und reicht mir meine Dokumente halb werfend, halb schiebend zurück. Na immerhin. Die Ansage hätte schlechter ausfallen können, und ich mache mich auf den Weg zur Deutschen Botschaft, denn meine weitere Reiseplanung hat noch einen anderen Haken.

Nach allem, was ich bisher gehört habe, ist es unmöglich für mich, in Afrika ein Visum für die Demokratische Republik Kongo zu bekommen. Die einzige Chance besteht darin, meinen Pass nach Berlin an die dortige Botschaft zu schicken, die allerdings angeblich postalisch kaum zu erreichen ist. Ich brauche also einen zweiten Pass, denn auf keinen Fall werde ich genug Zeit haben, an einem Ort auszuharren, während sich in Deutschland irgendjemand irgendwie um meine Angelegenheiten kümmert. Die günstigste und pragmatischste Lösung für mich ist also ein vorläufiger Reisepass, den die Deutsche Botschaft vor Ort ausstellen kann.

Im Wartezimmer prangt an der Wand ein unterirdisch schlechtes Werbeplakat mit der Aufschrift »Redman (in Rot), Blackman (in Schwarz), Whiteman (in Weiß), Yellowman (in Gelb) – German (in Bunt)«, darunter drei fröhliche, hüpfende Frauen, deren Grinsen den Raum penetriert und von denen eine asiatisch, eine europäisch und eine afrikanisch aussieht. Die vergilbten Ränder des Plakats sprechen dafür, dass es schon länger hier hängt und das Botschaftspersonal es so richtig gelungen findet. Was für ein seltsamer Ort ...

Warten muss man hier nicht sehr lange, aber die nächste Hiobsbotschaft kommt per SMS, während ich noch herumsitze: eine Absage des Geschäftsmanns aus Nigeria, welcher sich nach einer erneuten Beratung mit seinem Anwalt dagegen entschieden hat, mich einzuladen. Er bittet um Verständnis, doch Nigeria sei ein verrücktes Land, in dem man nie wissen könne, was passiert. Das hat mir gerade noch gefehlt. Aber ich habe schon eine neue Idee ...

VOODOOZAUBER UND BIER

Benin. Zentrum und Wiege des sogenannten Voodoo-Kults, der sich von Westafrika in die Welt verbreitete und heute auch in vielen Ländern der Karibik gelebt wird. Dabei ist Voodoo weniger ein Kult als vielmehr eine Religion mit weltweit 60 Millionen Anhängern. Dass Voodoo nichts mit Puppen, Nadeln und böser Magie zu tun hat, wissen allerdings die wenigsten. Die Vorstellung, die heute in weiten Teilen der Welt verbreitet ist, die Mär von Spukritualen und Hexerei basiert zum großen Teil auf der »Barbarisierung« der einheimischen Bevölkerung durch die französischen Kolonialherren. Indem sie die einheimische Bevölkerung des ehemaligen Königreichs von Dahomey (dem heutigen Benin) als ein Volk von Geisterbeschwörern und Zauberern darstellten, relativierten sie ihre Gräueltaten gegen die schwarze Bevölkerung – die damals gängige Rhetorik der Kolonialmächte. Mitschuldig sind aber auch Hollywood und die Unterhaltungsbranche, die dafür gesorgt haben, dass jedes Kind bei Voodoo an Puppen und Nadeln denkt. Und nicht daran, wobei es eigentlich im Voodoo geht: um Harmonie.

»Die Voodoo-Religion«, so stellt ein Bekannter bei einem abendlichen Bier nahe dem Fußballstadion von Cotonou fest, »hat ein PR-Problem!« Im Gegensatz zu Muslimen und Christen, die kaum eine Chance auslassen, einen Nichtgläubigen zu bekehren, ist der »Klerus« des Voodoo zurückhaltend und geheimniskrämerisch.

»Klerus?«, werfe ich kopfschüttelnd ein. »Na ja, es gibt Schulen in Benin, in denen bereits Kinder in die Rituale eingeweiht werden, es steht also eine Art Klerus hinter dem Ganzen. Voodoo ist eine monotheistische Naturreligion, die in zwei Welten aufgeteilt ist: die sichtbare und die unsichtbare. Der Gott des Voodoo ist beiden Welten übergeordnet und lediglich durch die unsichtbare Welt der Ahnen kontaktierbar.«

Die Augenbrauen zusammenziehend ziehe ich mit der flachen Hand das Kondenswasser vom Tisch ab, das um das Bier eine Pfütze gebildet hat und beginnt, auf meine Hose zu tröpfeln. »Probieren wir es so!«, setzt mein Bekannter erneut an, um es mir einfacher zu machen. »Bevor du ein Mobilnetz benutzen kannst, musst du erst mal an seine Existenz glauben!« Ich nicke zustimmend, wobei mir die Analogie noch schleierhaft ist. »Glaubst du erst mal an die Existenz von 3G und Co, brauchst du einen Provider, um dieses zu nutzen. Hier hast du im Voodoo die Möglichkeit, zwischen verschiedenen Kulten zu wählen, du wärst vermutlich dem Wasserkult anhängig.«

»Vermutlich«, nicke ich weiter und werfe ein: »Dann wäre also das Wasser meine SIM-Karte?« »Richtig, so in etwa könnte man es sehen. Aber du brauchst einen Priester, um mit den Ahnen Kontakt aufzunehmen, die wiederum mit Gott direkt kommunizieren können. Der Tempel ist sozusagen eine Telefonzelle!« Wir nehmen einen kräftigen Schluck Bier. »Aber wie gesagt, ich bin kein Experte«, wiegelt er beschwichtigend ab und grinst. »Voodoo ist also nicht gleich Juju – Magie. Wobei schwarze Magie hier auch keine Seltenheit ist und der Glaube an ihre Wirkungskraft weitverbreitet. So weitverbreitet, dass sie auch für den rationalsten aller Köpfe real wird. Nehmen wir an, jemand möchte dich verfluchen und platziert Symbol X vor deiner Haustür. Und am Morgen sieht die Hälfte deiner Nachbarschaft dieses X, dieses böse Symbol. Schon bist du verflucht, denn plötzlich möchte keiner mehr in dein Haus eintreten, dein Koch nicht mehr kochen, und selbst die Obstverkäuferin drei Blocks weiter verhält sich abweisend. Der rationalste aller Ingenieure wird also über kurz

Ankunft in Marokko –
das Warten hat ein Ende!

Tradition trifft auf Moderne in der Westsahara:
alte versus neue erneuerbare Energien.

Der Sand fordert seinen Tribut –
die stürmische Sahara Mauretaniens.

Kunterbunter Fischerhafen an der Küste von Nouakchott.

Eine neue Nachbarschaft – Amadous Familie in Dakar.

Dakar in seiner ganzen Pracht,
überragt vom ehemaligen Monument der afrikanischen
Renaissance.

Auch wenn die Tribüne hier noch nicht am Überkochen ist –
in ein paar Stunden wird es keinen Zuschauer mehr auf seinem Sitz
halten. Lutte Sénégalese zählt im Senegal zu den beliebtesten
Sportarten.

Masken zählen in Mali zu den wichtigsten Instrumenten
bei rituellen Tänzen.

Der Baobab- oder Affenbrotbaum gehört zu den wenigen
Baumarten, die im heißen Klima Malis überleben.

Die Große Moschee von Djenné ist fast 1000 Jahre alt und eines
der berühmtesten Bauwerke Afrikas.

„Ein Dorf in dem sich seit Jahrhunderten nichts mehr
verändert hat. Keine Straße, kein elektrischer Strom, keine Polizei,
kein Militär, kein Metall, kein Plastik."

Die Revolution hat gekehrt – hier durch die Villa vom Bruder des Staatspräsidenten Burkina Fasos. Die Bewohner sind geflohen.

Graffiti in Burkina Faso.

Hier, vor der Namibwüste in Angola,
wartet die perfekte Welle.

Endlich wieder am Strand –
das Dorf Busua am Golf von Guinea.

Fischerboote an der Goldküste in Cape Coast,
Ghanas ehemaliger Hauptstadt.

Gute Surfbedingungen in der Tarkwa Bay, Lagos

Mit meiner Begleitung, einem Offizier des kamerunischen
Militärs, geht es durch den Dschungel nahe der Stadt Mamfe.

Turbulentes Treiben auf den Straßen einer afrikanischen Großstadt.

Der Dschungel in Gabun – ein tiefgrünes Ungetüm,
wie ich es kaum für möglich gehalten hatte.

0 Grad geografischer Breite –
Punktlandung auf dem Äquator.

Die Fähre über den Fluss Kongo,
den zweitlängsten und wasserreichsten Fluss des Kontinents.

In schwindelerregenden Serpentinen geht es den Gebirgszug Serra da Leba hinauf, ganz im Südwesten Angolas.

Vater und Söhne streifen in den Hochebenen mit ihren Tieren durch die Landschaft – immer auf der Suche nach neuem Weidegrund.

Auf dieser sagenumwobenen Welle surfen die Kinder aus dem
Nachbardorf mit ihren selbstgebauten Boards.

Nichts geht über lila Affen an Hauswänden ...

... außer vielleicht gegrillte Langusten am Strand von Mosambik.

Letzte Station Cape of Good Hope.

oder lang einen Fetischör bezahlen müssen, um ihn sein Haus, oder was auch immer, von dem Fluch erlösen zu lassen.«

Zustimmend nicke ich und nehme die letzten drei bis vier Schluck Bier auf einmal. »Vielleicht sollte ich auch ein dunkler Magier werden«, überlege ich kurz, doch dann komme ich mir albern vor und muss grinsen. Die Hitze verzieht sich langsam, es wird Nacht, und die Fledermäuse ziehen über die Stadt Richtung Meer. Geistesabwesend winke ich den Kellner herbei, denn der Abend ist noch nicht zu Ende.

EINE UNERWARTETE WENDUNG

Das gleiche Wartezimmer der nigerianischen Botschaft, die gleiche Frau und das gleiche missgelaunte Gesicht wie am Vortag. Um gar nicht erst auf die Einladung zurückzukommen, lege ich ihr die erforderlichen Unterlagen eine nach der anderen vor und schließe mit einem Wisch des Vizekonsuls der Deutschen Botschaft ab. Er bestätigt die Echtheit meiner Dokumente und unterstützt die Vergabe eines Visums für Nigeria. Die Dame überfliegt den Bescheid, sammelt die Unterlagen ein und murmelt mürrisch, mein Visum werde ab dem Nachmittag zur Abholung bereitliegen. Mir fällt ein gewaltiger Stein vom Herzen.

Fast alle Haken haben sich auf einmal in Luft aufgelöst, sofern mein vorläufiger Reisepass gut bei der Botschaft der Demokratischen Republik Kongo in Berlin landet – und wohlbehalten sowie mit Stempel versehen zurück bei mir ankommt. Gut, ich muss in inzwischen nur noch sechs Wochen in Angola sein, das knapp 4000 Kilometer und fünf Länder entfernt liegt, aber der Zeitplan hat sich nun auf der Skala von problemlos bis unmöglich in der Mitte bei machbar eingependelt. Der Traum wirkt zum ersten Mal wirklich zum Greifen nahe – die Durchquerung Afrikas von Norden nach Süden entlang der wellenreichen Westküste.

Jetzt gilt es, den neuen, lange verdrängten Haken anzugehen: die Durchquerung Nigerias, der, wie ich langsam glaube, Endgegner aller Überlandreisenden.

Auf den ich wenig später schon einen ganz üblen Vorgeschmack bekommen werde, als ich in die Wohnung meiner Gastgeber in Cotonou platze. Einer der beiden Franzosen, die mir für ein paar Tage eine Matratze überlassen haben, liegt mit nacktem Oberkörper und Fernbedienung in der Hand auf dem Sofa, neben sich den Ventilator, und schaut Tennis. Vollkommen euphorisch von meinem Tagesausgang sprudelt es aus mir heraus, frei nach dem Motto: Du glaubst nicht, was mir gerade passiert ist. Vielleicht ist es zu schwül, als dass er sich für mich freuen könnte, oder es ist ihm völlig egal, jedenfalls scheint er meinen Enthusiasmus nicht so ganz zu teilen. Er nickt meinen Redeschwall als mäßig interessant, aber durchaus positiv ab und lehnt sich zu mir herüber. »Gestern haben sie in Nigeria einen französischen Touristen erschossen. Kam heute in den Nachrichten.«

Der Endgegner also – Nigeria. Dank Google dauert es nicht lange, und ich habe den ersten Artikel aus einer nigerianischen Online-Zeitschrift auf dem Bildschirm. Eigentlich blende ich Horrorszenarien dieser Art immer aus, jetzt aber ist Nigeria mein nächstes Ziel, und es sind nicht gerade viele Touristen in diesem von gewaltsamen Konflikten zerrissenen Land unterwegs, und das kurz nach den erst wenige Wochen zurückliegenden Wahlen. Meine Euphorie lässt schlagartig nach. »Aber was soll's«, denke ich mir. Immer wieder entführt irgendwer irgendwo auf der Welt Touristen, ermordet sie, oder sie verschwinden spurlos. Wer weiß, was dieser Tourist ausgeheckt hatte?

Ich bin bereits beim zweiten Absatz, als die durch den ersten Textabschnitt ausgelösten Gedanken langsam durchsickern. Mir wird flau. Die Zeilen bleiben mir im Hals stecken, während ich schockiert feststelle: »I ... I ... I think I know this guy!«

Einheimische haben ein Pärchen aus Frankreich in der Nähe der Stadt Onitsha im Bundesstaat Anambra beim Campen überfallen, man vermutet einen Fetisch als Motiv. Im Laufe des Vorfalles haben die Männer den Mann mit Macheten angegriffen, aber letztlich hat ihn ein Schuss tödlich getroffen, und er ist noch vor Ort seinen Verletzungen erlegen.

Ich öffne Facebook und scrolle die letzten Nachrichten durch. Da ist die, die ich suche. Das sind sie. Bei dem toten Touristen handelt es sich um Denis. Meine letzte Nachricht an die beiden – ich sei in Benin und bereit für ein kühles Bier, bei dem man sich wie in Ghana besprochen über die gemeinsame Weiterreise durch Nigeria unterhalten könne – haben sie nicht mehr beantwortet. Kennengelernt habe ich sie eines Morgens in dem Fischer- und Ghanas Badeort Busua am Strand. Sie waren die ersten und bisher letzten Reisenden, die ich kennengelernt habe, die das gleiche Ziel hatten wie ich – Kapstadt.

»Are you okay?«, fragt mich der besorgte Franzose in seinem typischen Akzent.

»Ich gehe eine Zigarette rauchen«, antworte ich und verlasse das Zimmer. Ich wanke hinaus auf die Straße, vorbei an Pfützen, so breit wie die schlammige Straße, bis hinunter an den Strand, wo ich mich hinhocke. Ich ziehe an der Zigarette und starre aufs Meer. Ist das wirklich wahr?

Es dauert eine Weile, bis ich meinen Blick vom Horizont wegreißen kann, um mich umzuschauen: auf die fußballspielenden Kinder, die Wellen am Strand, den Müll und in den Himmel, als wolle ich mich versichern, dass das hier auch wirklich alles echt ist, ich nicht träume und das Universum es ernst meint. Eigentlich kann es ja nur ein schlechter Scherz sein. Erst windet sich das Schicksal wie eine sterbende Schlange, um dann, mit dem Erhalt aller notwendigen Visa, »Ende gut, alles gut« sagen zu können. Die letzten Tage haben meine

Glückshormone auf das Niveau einer Überdosis MDMA und mein Gemüt in den siebten Himmel katapultiert, nur um sie jetzt so eine Bruchlandung hinlegen zu lassen. Ich stelle mir vor, was ich mir nicht vorstellen möchte. Den Tathergang. Die sinnlose Gewalt.

Es dauert ein paar Minuten, bis ich das Geschehene einigermaßen verdaut habe und mir klar wird, wie nah ich dieser Tage dem Tod bin. Wäre ich nur ein paar Tage früher in Benin angekommen, wären wir zusammen losgefahren und hätten uns zusammen entschieden, dort zu campen? Hätte ich es auch für eine gute Idee gehalten, dort unser Lager aufzuschlagen? Am Niger, in der Nähe von Onitsha, das für Fetischismus und Kriminalität bekannt ist? Es sind solche Gedanken, die mir durch den Kopf gehen und mich erschaudern lassen. Ich ziehe an der Zigarette, atme den Rauch tief ein und langsam wieder aus. Was nun?

Ich stecke allein ziemlich genau auf halbem Weg zwischen Kapstadt und Gibraltar fest. Zurück nach Gibraltar über den Westen sind es 6000 Kilometer und sechs Länder. Ich könnte über Benin nach Burkina Faso und später sogar über Mali nach Mauretanien abkürzen, wobei da oben die Wüste alles andere als sicher ist. Durch das Zentrum Afrikas ist momentan kein Durchkommen mehr nach Norden, seit dem Zerfall Libyens und dem Sturz Muammar al-Gaddafis ist der Sahelraum durchzogen von Konflikten und kriminelle Banden, die sich das Machtvakuum zunutze machen und nun die Zeit mit Entführungen und Kokainschmuggel in gigantischem Ausmaß vertreiben. Nach Süden – nach Kapstadt – sind es noch gut 7000 Kilometer und acht Länder, und der Endgegner Nigeria liegt direkt vor der Haustür.

Angesichts dieser Situation fühle ich mich einsam und klein. Es ist einer dieser Momente im Leben, in denen man Rat braucht, jemanden, der zuhört und einen aufmuntert, jemand Vertrauten. Einen guten Freund. Seine Familie. Man möchte sich anlehnen, ausheulen und die Last teilen, die so schwer auf Herz und Schultern liegt, dass sie einem die Augäpfel aus dem Schädel drücken möchte. Kann mir nicht jemand die Entscheidung abnehmen, die nicht nur für mein nächstes Jahr, mein Studium oder meine Arbeit, sondern für mein Leben und somit auch eventuell den Tod, das Ende, ausschlaggebend sein könnte?

Was ist das hier eigentlich für ein Spiel? Erst dieser ganze Mist mit den Visa. Tagelanges Herumrennen durch die Städte auf der Suche nach Internet und Copyshops, die Strom, Papier und funktionierende Kopierer haben. Dann Herumsitzen in hässlichen Wartezimmern, schweißnass, konfrontiert mit bürokratischen Schikanen statt mit Wellen, und am Ende, wenn das alles endlich, endlich, endlich wie von Geisterhand geregelt ist und ich endlich, endlich, endlich wieder auf Wolke sieben bin und mein Leben liebe ... das hier! Keine Stunde Pause, kein Augenblick emotionalen Friedens ist mir vergönnt.

Mein Kopf ist zu voll und verwirrt, als dass ich hier und jetzt eine Entscheidung treffen könnte, wie es weitergeht. Ich werde heute Bier trinken, viel Bier, bis spät in die Nacht, bis all das hier weit weg ist und der Rausch meine Schmerzen lindert. Morgen werde ich dann eine Entscheidung treffen. Morgen – nicht heute.

Am nächsten Tag ist die Entscheidung in dem Moment da, als ich aufwache. Ich putze mir die Zähne, dusche ausgiebig mit kaltem Wasser und setze mich dann – fast trotzig – hinters Steuer. Mich erwartet der Endgegner.

9
Nigeria – Point of No Return

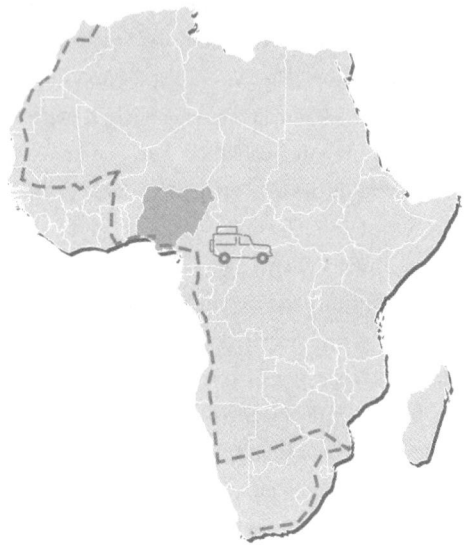

Nigeria

Hauptstadt: **ABUJA** · Einwohnerzahl: **190 600 000** ·
Amtssprachen: **ENGLISCH, HAUSA, IGBO, YORUBA** · Währung: **NAIRA**

Kaum ein Land weltweit weist einen höheren Pro-Kopf-Konsum an Champagner auf als Nigeria. Erstaunlich, wenn man bedenkt, dass 70 % der Nigerianer von weniger als einem Euro pro Tag leben.

Die nigerianische Filmindustrie, genannt »Nollywood«, produziert jährlich über 1000 Filme. Nigeria ist damit nach Indien (Bollywood) die zweitgrößte Filmnation der Erde.

ch fühle mich wie bei einer Bergwertung der Tour de France, bei der die Zuschauer mit ihren Fahnen und Plakaten so nahe an die Straße und die Fahrer herankommen, dass diese sie fast zur Seite schieben müssen. Der entscheidende Unterschied ist: Statt Fantrikot tragen sie Uniformen und statt Plakat und Fahne Baseballschläger. Hier und da ist auch eine AK-47 mit von der Partie, und Krähenfüße warten nur darauf, vor meinen Reifen zu landen, wenn sie nicht sowieso schon mitten auf der Straße liegen.

Die eigentliche Grenze, auch als »the toughest border of Africa« bekannt, war verdächtig ruhig. Es gab keine Unannehmlichkeiten und Bestechungsversuche, zeitaufwendig war lediglich ein freundliches Gespräch mit zwei Offizieren über den gerade stattfindenden G7-Gipfel in Deutschland. Ich hätte mir denken können, dass es dabei nicht bleiben würde, und fiel beim Anblick des Spektakels auf der anderen Seite des Grenzpfostens aus allen Wolken.

»Ist nicht ihr Ernst«, denke ich laut. Wäre James Bond in einem seiner Filme über eine Grenze gefahren, bei der es so abgeht, man hätte nur »Ja, klar« gemurmelt und die Augen verdreht. Was ist das hier für ein Zirkus? Jede einzelne Abteilung der Grenze besitzt einen Beamten, der im besten Fall aussieht wie ein Azubi, in viel zu großer Uniform und mit Baseballschläger in der Hand, den der junge Mann an meinem Fenster jetzt lässig schultert. Während hinter ihm schon die nächsten Schläger auf Schultern ruhen und kreisen, gibt er sich ernsthaft als Mitarbeiter der Gesundheitsbehörde zu erkennen und will meinen Impfpass kontrollieren. Der Praktikant der Gesundheitsbehörde hätte also gerne meine Papiere – eigentlich aber eine kleine Gebühr. So läuft das hier also. Ich fahre vorsichtig weiter und drücke jedem einzelnen »Behördenvertreter« im Hooliganlook einen Schein in die Hand, und Sesam öffne dich: Sie nehmen die Krähenfüße zur Seite und es geht weiter.

Auf der Hauptstraße geht es Schlag auf Schlag, kaum ist man mit einer Prozedur durch, ist schon der nächste Checkpoint in Sicht. Es wechseln sich wieder Gesundheitsbehörde, Immigrationsbehörde, Militär, Zoll, Polizei und Spezialeinheiten wie die Anti Robbery Squads ab, und hat man sie erst mal alle durch, geht es noch mal von vorne los. Die Nerven liegen dauerhaft blank, sowohl bei den Beamten als auch bei den Reisenden. Ich rede mit einem jungen Soldaten und versuche, eine unangenehme Situation zu vermeiden.

»Ich war einen Monat in Ghana beim Surfen.«

»Warum waren sie dort?«

»Zum Surfen.«

»Was haben Sie dort genau gemacht?«

»Gesurft!«

»Sonst nichts?« ...

Plötzlich quietschen neben mir Reifen, der Soldat entsichert in Windeseile sein Maschinengewehr und richtet es auf ein heranrauschendes Taxi. Als der Wagen anhält, schaut der Beifahrer bereits direkt in den Lauf der Waffe. Es ist nicht einfach, hier die Nerven zu behalten. Mir geht es nicht anders. Gleich darauf sind es die Reifen meines Autos, die quietschen – vor mir haben drei winkende Männer in Zivil ein Nagelbrett quer über die Straße geworfen. Mautstelle auf Nigerianisch, wie sich herausstellt. Es ist ein Spießrutenlauf, dem ich erst nach mehreren Stunden entkomme, und die ersten Ausläufer von Nigerias Metropole Lagos sind von hier aus nicht mehr weit.

Lagos. Afrikas größter Moloch, die mit Abstand größte Stadt südlich der Sahara und eine der bevölkerungsreichsten der Welt. Wenn irgendwo das Herz Westafrikas schlägt, dann ist es hier, doch auch der Herzinfarkt ist nie weit entfernt, in Lagos ist alles größer und extremer als in den anderen Metropolen, in denen ich bisher war. Dakar, Bamako, Accra – Provinznester im Vergleich zu Lagos. Es ist zwölf Uhr mittags, also nicht gerade Berufsverkehr, doch bereits 50 Kilometer vor dem Stadtkern drängen sich die Autos. Der Verkehrsinfarkt in der Innenstadt ist von astronomischen Ausmaßen, sodass aus der

Rushhour gerne ein Rushday wird. Stoßstange an Stoßstange klebe ich seit kurz hinter der Grenze schon an meinem Vordermann, und der Psychopath hinter mir bekommt jedes Mal einen Tobsuchtsanfall, wenn sich der Abstand zum Auto vor mir auf mehr als einen Meter vergrößert. Wenn es ein Klischee über Afrikaner gibt, das in irgendeiner Weise der Wahrheit nahekommt, dann ist es der aus dem Nichts auftauchende Zeitdruck, sobald man ins Auto steigt. So sehr man auch den großen Teil des Tages den Eindruck erweckt, alle Zeit der Welt zu haben – kaum eingestiegen, rudert man mit den Armen und schreit herum wie ein Börsianer an der Wall Street. Und wie fast alles scheint in Nigeria dieses Klischee ins Extreme zu kippen. Ein Feuerwehrfahrzeug rundet die Kulisse ab. Zwar ist es schön zu sehen, dass es hier eine engagierte Feuerwehr gibt, leider aber lässt die Karre unablässig direkt neben mir die Sirenen aufheulen und kommt trotzdem keinen Meter voran, weil die dreispurige Straße zu einer fünfspurigen mutiert ist.

Plötzlich rumst es heftig, weil mein gestikulierender Hintermann mir zum dritten Mal gegen die Stoßstange gefahren ist. In Lagos allerdings kein Grund auszusteigen. Ich drehe mich nicht einmal um. Mein T-Shirt klebt, die Luft in meinem Auto steht. Klimaanlage habe ich natürlich keine, und ich halte auch die meiste Zeit meine Fenster geschlossen und die Türen verriegelt. Die tausend Horrorgeschichten über Nigeria und speziell Lagos haben mich verunsichert. Überall lungern Menschen an den Straßenrändern, und immer wieder quetschen sie sich zwischen den Autos hindurch über die Fahrbahn. Was abseits der Straße liegt, kann ich nur erahnen.

Nigeria. Einst Afrikas große Hoffnung, als man in den Fünfzigerjahren große Erdölvorkommen vor der Küste fand. Endlich eine Chance, den Kreislauf der Armut zu durchbrechen. Dachte man. Doch das Erdöl ist zum Fluch geworden. Die im wahrsten Sinne des Wortes sprudelnden Einnahmen kamen nie bei der Bevölkerung an, sondern wanderten in die Taschen einer zunehmend korrupten Elite.

Heute ist der Unterschied zwischen Arm und Reich in Nigeria einer der größten der Welt, und weite Teile der Küste sind durch unsachgemäße Ölförderung verseucht. Die Kriminalitätsrate sucht weltweit ihresgleichen, es gibt Anschläge, und die Regierung hat über ganze Landstriche die Kontrolle verloren. Würde ich aus meinem Auto jetzt einen Vogel in die Luft fliegen lassen, er würde vermutlich bis zum Horizont Slums sehen.

Ich habe mein Fenster einen Spaltbreit geöffnet, um nicht zu ersticken, als auf einmal ein Mann mit Maschinengewehr vor mir steht. Als ich das Fenster schnell schließen will, ist es bereits zu spät. Der Halbvermummte kommt auf mich zu, die Waffe im Anschlag. Erst auf den zweiten Blick stelle ich fest, dass er Polizist ist. Nach dem ersten Schreck folgt eine Debatte. Er droht damit, mich festzunehmen, mein Auto zu beschlagnahmen oder einfach die Luft aus den Reifen zu lassen. Die fadenscheinige Begründung: Mein internationaler Führerschein wäre an der Grenze nicht gestempelt worden – absurd. Am Ende knicke ich ein, habe einfach nicht die Nerven zu kämpfen. Ich zahle ihm 1500 Naira, umgerechnet sieben Euro, und begebe mich zurück ins Chaos. Das einzig Gute daran, mit einem Maschinengewehr bedroht worden zu sein: Ich habe jetzt einen anderen Hintermann. Der gestikuliert zwar auch. Fährt mir aber nicht mehr ständig auf die Stoßstange ...

Erst Stunden später komme ich fix und fertig auf Victoria Island an. Die Halbinsel liegt direkt am Atlantik und ist durch die große Lagune von Lagos vom Land und vom Rest der Stadt getrennt. Wobei das Wort Lagune vielleicht falsche Assoziationen weckt. Sie ist eher ein mit Plastikmüll gesprenkelter Kanal, an dessen Ufern Schaum und Dreck nur darauf warten, mit der nächsten Ebbe hinaus ins Meer zu wandern. Baden tut hier keiner – zumindest kein Lebender. Wasserleichen aber werden hier fast täglich angeschwemmt.

Was für ein Film, diese Anfahrt! Was für ein Chaos! Die letzten 20 Kilometer bin ich nur im Schritttempo vorangekommen und habe für die insgesamt 80 Kilometer von Cotonou bis Lagos City fast den ganzen Tag gebraucht. Insgesamt 18 Millionen Menschen leben in Greater Lagos – Tendenz steigend –, wo jeder Schritt vor die Haustür zum Überlebenskampf wird. Lagos ist die Stadt der Gauner und Träumer, die Stadt mit dem vielleicht größten Champagnerverbrauch der Welt und gleichzeitig eine Stadt, die dafür bekannt ist, dass Tote, seien sie eines natürlichen Todes gestorben oder gewaltsam zu Tode gekommen, teilweise tagelang auf der Straße liegen bleiben, wenn sich ihre Familien ihrer nicht annehmen. Eine failed city, die irreversibel und auf Ewigkeit dem Wahnsinn anheimgefallen ist. Doch wer denkt, der Wahnsinn habe Grenzen, der hat sich getäuscht – die Zukunftsprognosen für die Region sind kaum vorstellbar. Hochrechnungen schätzen die Einwohnerzahl von Lagos schon für die nächsten Jahre auf 21 Millionen, 13 Millionen dieser Menschen werden in Slums wohnen. Doch damit nicht genug. Man nimmt an, dass der sogenannte Abidjan-Lagos-Korridor, der 1000 Kilometer breite Küstenabschnitt zwischen Lagos und der Elfenbeinküste im Westen, in den kommenden Jahrzehnten zu einem Megakomplex zusammenwachsen wird, ein Szenario, das durch wirtschaftliche Probleme und den Klimawandel immer wahrscheinlicher wird. Was das bedeutet, lässt sich nicht so genau vorhersagen, wahrscheinlich einen 1000 Kilometer langen Stau – was für eine Vorstellung.

Und was für ein Glück, dass ich für heute am Ziel meiner Reise bin. Victoria Island ist einer der wohlhabenden Bezirke von Lagos, bekannt für Luxuskarossen und exzessive Partys. Und die Heimat John Michelettis. Den Nigerianer mit italienischen Wurzeln und mit Abstand besten Surfer Nigerias hat mir ein Bekannter in Ghana ans Herz gelegt. Es ist das erste Mal, dass sich ein überlandreisender Surfer bei ihm meldet und sich in die Höhle des Löwen in einer kleinen

Straße im gut strukturierten Viertel wagt, die sich wie eine Erlösung anfühlt. John hatte seine Freunde Bami und Mr. T den ganzen Tag auf Stand-by, um mich im Notfall mit seinem Crossbike aus der Scheiße zu holen. Was diese Scheiße genau sein soll, sagt er nicht. Ich erinnere mich aber an das Maschinengewehr und kann es mir vorstellen.

»This is Nigeria and not Ghana, Togo or Benin, keep that in mind!«, hat er mir vorab über Facebook erklärt, und als er erfuhr, dass ich nach Kamerun weiterwollte, kam nur ein »Cameroon? I got to make some calls for you!« zurück.

Bei einem gemeinsamen Bier erklärt mir John, wie hier der Hase läuft. Lagos ist okay zum Surfen, meint er, aber Richtung Osten sollte man maximal 100 Kilometer weit fahren, dann wird es bereits zu gefährlich. Das Nigerdelta, das durchaus Potenzial für Wellen hat, steckt immer noch voller Rebellen und Piraten, und die sind als Entführer von Reisenden berüchtigt. Aber auch Lagos ist nicht einfach – die Riesenmetropole fühlt sich manchmal schlicht wie ein rechtsfreier Raum an, ein wuchernder Tumor an der Küste, der sogar vor dem Meer nicht haltmacht. Es gibt gewaltige Landgewinnungsmaßnahmen mit dem Nebeneffekt, dass immer wieder neue Wellen entstehen und alte zerstört werden. John bietet mir Orientierung in diesem Wahnsinn, und dass ich in seinem Apartment wohnen kann, macht es erst möglich, hier zu sein. Und überhaupt ans Surfen zu denken.

DIE DUNKLE WOLKE DES SARKASMUS

Früh am nächsten Morgen holt John mich aus dem Bett. Schon jetzt sind die Straßen rappelvoll. Um zur Welle zu gelangen, müssen wir uns durch den Verkehr kämpfen, vorbei an Botschaften, Hochhäusern, Geschäften und Holzverschlägen, zwischen querschießenden Tuk-Tuks und Motorrädern – bis wir an einem kleinen Anleger hinter Maschendrahtzaun unser Auto parken und unsere Bretter auf eine metallene Nussschale aka Motorboot verladen.

Dann geht es hinein in einen der Kanäle von Lagos, eine ganze Zeit lang vor sich hin tuckernd, vorbei an Kanus, rostigen Motorbooten, Fähren, Luxusyachten und Supertankern, auf denen entweder Männer mit Maschinengewehren patrouillieren oder an deren Relings lebensgroße Puppen mit Plastikgewehren in den Plastikhänden angebunden sind – zur Abschreckung. Mitten im Hafenbecken, das für seine Wasserleichen bekannt ist, fischt ein älterer Herr von seinem Kanu aus mit einem Wurfnetz. Er sieht verloren aus zwischen riesigen Öltankern, das Wasser ist trüb, voller Müll und an vielen Stellen mit einem schleimigen Film überzogen. Wie hier Fische leben sollen, ist mir schleierhaft – und dass man sie später essen kann, ebenfalls. Eine schneeweiße Yacht, Hunderte Mal so groß wie das Fischerboot, gleitet an ihm vorüber, und ich glaube, selten ein Bild mit so großer Symbolkraft gesehen zu haben. Lagos ist kaum auszuhalten.

Eine paar Minuten später liegt unser Boot versteckt zwischen den Hafenmolen – die Wedge von Tarkwa Bay, auch T-Bay genannt. Ein paar Kinder eilen herbei, um uns zu helfen und sich damit ein paar Münzen zu verdienen. Vor mir liegt eines der absurdesten Wellen-Setups der Welt. Wir sind in einer Seitenbucht des Hafens, umgeben von Hafenmauern und Kais, die ersten Wolkenkratzer auf der anderen Seite der Hafeneinfahrt sitzen uns direkt im Nacken. Als wäre der Kontrast nicht schon krass genug, haben Anwohner entlang des etwa 100 Meter langen Strandes aus Palmblättern Sonnendächer aufgebaut. Ein Mikroidyll in einem Makrowahnsinn, der sich auch hier nicht ausblenden lässt. John erzählt wie beiläufig, wie er an seinem

Geburtstag mit seiner Familie hier herüberkam und am Strand ein angespülter Mann ohne Kopf lag.

Doch wo ist die Welle? Ich sehe nur einen flachen See, umgeben von Molen und einer kleinen Öffnung, die gerade ein Supertanker blockiert, der in den Hafen einfährt. »Die Dünung ist noch nicht stark genug und die Tide zu niedrig, aber das wird schon noch«, lautet Johns Prognose.

Tatsächlich kristallisiert sich ein paar Stunden später die Wedge heraus. Gemeinsam mit Godpower – er nennt sich tatsächlich so, auch die Namen sind scheinbar extremer hier also anderswo –, der zweite große Mann der nigerianischen Surfszene, stürzen wir uns in die rechten Barrels, die wie aus dem Nichts, wie von Zauberhand herbeigerufen in das Becken eindringen. Im Laufe der Session schließen sich uns ein paar der Kinder an, die sich auf ganzen, halben oder gar keinen Boards mit uns die Wellen teilen – die nächste Generation des Surfens in Nigeria. So wie jede Wedge ist auch die Wedge von T-Bay alles andere als einfach zu surfen. Der kurze und intensive Ritt hat es in sich. Den Take-off, den man so tief wie es nur irgendwie geht wenige Meter neben den Felsen ansetzt und so lange wie möglich hinauszögert, um möglichst früh von der Tube umschlossen zu werden. Aber was wäre Lagos City ohne eine extreme Welle? Sowohl John als auch Godpower kümmern sich um mich und sind ziemlich begeistert von meiner Anwesenheit, meinem Surfbrett und vor allem von meinem Bart: »Nice, bro!«

Godpower, der auch gerne mal knallgelbe Kontaktlinsen trägt, hat es sich zur Aufgabe gemacht, die nächste Generation an Surfern heranzuziehen, und dafür eine Surfschule eröffnet, die er am Wochenende von einem Verschlag am Strand aus betreibt. Es ist verrückt, wie sich das Leben eines Menschen durch eine Welle verändern kann. Und das Leben einer Welle durch Menschen. Die meisten Wellen um Lagos City sind mittlerweile durch Veränderungen im Hafen und in der Lagune sowie durch die gewaltigen Landgewinnungsmaßnahmen gefährdet, es ist nur eine Frage der Zeit, bis die Wedge von T-Bay dem Erdboden gleichgemacht wird. Gesetzt den Fall: »Haue ich hier ab!«, meint John und erzählt dann von Surfern aus der ganzen Welt, die Jobs in Lagos City, einer Stadt, wohin sie normalerweise keine zehn Pferde bringen würden, annehmen. »Nur, weil sie von der Welle gehört haben.«

Dass man aber überhaupt von der Welle hört, liegt an dem Ehrgeiz der beiden Surfer, die »die Welt wissen lassen wollen«, was hier in T-Bay abgeht.

PAPARAZZI UND CHAMPAGNER

Vor dem Club wartet eine riesige Schlange, an der wir zielstrebig vorbeigehen. Es ist Mitternacht, Lagos brummt, und ich kann hier nicht weg, ohne einmal auf der Piste gewesen zu sein. John ist zu Hause geblieben, Familienleben geht vor, aber Bami und Mr. T ließen es sich nicht nehmen, mich »auszuführen«. Die Partymeile von Lagos ist so extrem wie alle anderen Dinge, die ich bisher von der Stadt kennenlernen durfte.

Einer der Jungs, mit denen ich unterwegs bin, begrüßt die Türsteher: »What's up?« »All good! Who are you with?«, erwidert eines der vielen Schwergewichte an der Tür in schwarzen Anzügen und mit Stöpsel im Ohr.

»Just us here«, der Kollege zeigt auf unsere Gruppe Männer, »and a couple of cats!«, und er weist weiter auf eine Gruppe junger, extrem gut aussehender Frauen in teuren, körperbetonten Outfits.

»Just a couple of cats«, denke ich mir, »der Typ kann sich auch gleich ›Swag‹ auf die Stirn tätowieren.« Der Türsteher aber tritt zur Seite und lässt uns durch ein riesiges Tor in den Innenhof des Clubs.

Der gesamte Parkplatz ist voll mit Ferraris, Lamborghinis, Porsches und Mercedes G-Klassen, die alle frisch poliert um die Wette glänzen. Wie man überhaupt so ein Auto hier fahren kann, bei all den Schlaglöchern und Unebenheiten? Die Jungs und Mädels müssen jede einzelne Straße ganz genau kennen und sich aufwendige Routen über passable Straßen zusammenbasteln, sonst steckt der Ferrari ganz schnell fest. Schwer vorzustellen, dass auch nur eines dieser Autos das nächste Jahr überstehen wird.

Im Inneren des Clubs Escape, der zu den angesagten Partytempeln des Landes gehört, bemühen sich die nervösen Bardamen, die Neuankömmlinge an die richtigen Tische zu bringen – es gilt ja, keinem der Millionäre und Popstars auf den Schlips zu treten. Überall tummeln sich Partyfotografen und Paparazzi, die mich direkt ins Visier nehmen – sie halten mich für Kid Rock. Wer hätte gedacht, dass ich meine erste Flasche Champagner in Lagos City in löchrigen Adidas-Schuhen, ausgebleichtem T-Shirt und mit riesigem ungepflegtem Vollbart trinken würde, umgeben von internationalen Popstars und Paparazzi? Der an den Hals einer Schampusflasche gebundene Feuerwerkskörper jedenfalls sprüht Funken. Die Flasche liegt fest in der Hand des Barmannes, der sie so über seinen Kopf hält, dass auch wirklich jeder sie sehen kann. Seine Kollegen tun es ihm nach, und so bewegt sich die Feuerwerkskörperprozession einmal quer durch die weitläufige, gut gefüllte Bar, bis die Flaschen ihre neuen Besitzer an unserem Tisch finden. Wir bestellen ausschließlich teure Flaschen und Eis.

Ich bekomme langsam ein Gefühl für das, was Lagos bei Nacht ausmacht und wofür es weit über die Landesgrenzen berüchtigt ist. Auch bekomme ich das Gefühl, dass ich mit den 20 Dollar, die ich umgerechnet in der Tasche habe, hier nicht weit kommen werde und mit meinen löchrigen Adidas leicht underdressed bin. Aus den Lautsprechern ertönt nigerianische Musik, auch als Naija Pop bekannt. Es herrscht entspannte Partystimmung, man mustert einander und präsentiert sich im Glanze des Feuerwerks.

In der Mitte des riesigen Dancefloors steht Wizkid, Sternchen am Himmel der afrikanischen Musikszene, gemeinsam mit weiteren Topkünstlern und seinem DJ, der wohl seinen Geburtstag feiert. Ohne einmal die Fassung zu verlieren, posieren sie mit einer Champagnerflasche in der einen und einem fetten Joint in der anderen Hand. Es fließt Champagner in rauen Mengen, und immer wieder eilt Personal mit feuerwerkbestückten Flaschen über den Dancefloor, der zwar immer belebter wird, aber nicht wirklich zum Leben erwacht. Das Make-up sitzt einfach zu perfekt, die Anzüge sind zu teuer und die Fotografen zu aufmerksam.

Lagos! Die Stadt, die utopische Hip-Hop-Videos voller Ärsche, Gold und Champagner Realität werden lässt. Hier stehen keine halb vollen Bierflaschen auf den Tischen, hier klebt der Fußboden von vergossenem Champagner. Der MC des Soundsystems dreht an einem späteren Punkt des Abends vollkommen durch, als die Crew um Wizkid und eine Truppe stinkreicher Libanesen ganze Kühlschränke voller Champagner zu bestellen beginnen. Die Türsteher tragen die Kästen mit hocherhobenen Armen über den Dancefloor. Mit Feuerwerk obenauf, versteht sich.

Kurz nachdem in den frühen Morgenstunden eine frische Fuhre Wodkaflaschen auf unserem Tisch Platz gefunden hat, verlassen wir – die Wodkaflaschen natürlich noch fast voll – den Club, in dem immer noch mehr Feuerwerkskörper über den Dancefloor tanzen als Partygäste. Auf dem Weg zum 200 Meter entfernten Auto begleiten uns Türsteher, die uns vor Gaunern und Bettlern abschirmen. Im Auto angekommen schieben sich so viele bettlende Hände durchs Fenster, dass ich kurz die Assoziation einer Szene aus *The Walking Dead* habe – und mich im gleichen Moment furchtbar dafür schäme. Das Fenster schließt sich, nur widerspenstig ziehen die Bettelnden ihre Hände zurück.

Auch hier ist es wieder die Enormität der Stadt, diese emotionale Gewalt, die mir den Atem nimmt, mein Adrenalin immer ein bisschen über dem Normalstand hält und an jeder Ecke meine Moral und meinen Verstand vor Herausforderungen stellt. Für die Nigerianer ist all dies Alltag und sie haben sich daran gewöhnt, doch für mich, der als Europäer diese Extreme nicht kennt, ist beinahe jede Begegnung hier eine Begegnung mit der eigenen Schamgrenze, mit eigenen Abgründen.

SCHIFFSFRIEDHOF

Es ist die gleiche Gewalt und Enormität, die ich spüre, als ich einige Tage später mit meiner Kamera bewaffnet den Strand von Snake Island, wenige Meter von Tarkwa Bay entfernt, entlanglaufe. Es ist mein vorletzter Tag in Lagos, und John wollte mir diesen vielleicht seltsamsten Ort der Stadt noch unbedingt zeigen. Snake Island liegt etwas westlich von Victoria Island und ist eine richtige Insel im weitläufigen Fluss- und Lagunensystem, das zwischen Lagos und dem offenen Meer liegt. Wenige Hundert Meter vor dem Strand liegen unzählige alte Schiffe, viele davon ohne Motor und Crew. Ein schwimmender Friedhof der Containerschiffe. Toben Stürme vor der Küste, spülen immer wieder gigantische Tanker an den Strand, der bis zum Horizont mit Wracks übersät ist. So kann es passieren, dass man morgens ans Meer kommt und auf einer gestern noch leeren Sandbank plötzlich einen gestrandeten Riesen vorfindet – ein Paradebeispiel für die Dimensionen Lagos'.

Doch inmitten dieser Stadt, dieses Molochs, erblühen schillernde Persönlichkeiten, entsteht Kunst mit Durchschlagskraft und globalem Einfluss, er ist die Heimat der Yahoo Boys, die in ihren digitalen Jagdgründen Millionen erbeuten. Eine Stadt mit Skyline. Eine Stadt, in der Träume wahr werden, und das vor allem, weil sie voller selbstbewusster, ehrgeiziger Träumer ist. Eine Stadt, ein Slum mit goldenem Kern, in dem jeden Tag rund 2000 Menschen geboren werden und 1000 sterben. Eine 18-Millionen-Stadt mit mangelnder Leichenentsorgung, aber fließendem Champagner und einem Geist, den Mr. T in einer Anekdote aus seiner Kindheit auf den Punkt bringt:

Er lebte mit seiner Familie in Jos, einer Stadt in der Mitte des Landes. Eines Morgens sah er sich gezwungen, trotz religiöser Unruhen, Schüssen und Toten seinen Schulweg anzutreten. Er schlug sich durch die Seitengassen und Hinterhöfe. Die Stadt war in Rauch gehüllt, die Luft erfüllt vom Geruch von Blut und dem Stöhnen und Ächzen leidender Menschen. Vielleicht hörte man die Schreie auch nicht wirklich, aber man spürte sie. Als er im Klassenzimmer ankam, war es voll mit Kindern, die unter Einsatz ihres Lebens in den grauen Morgenstunden in die Schule geeilt waren, um einen Französischtest zu schreiben. »Einen Französischtest!«, hebt er hervor, um die Absurdität der Situation zu untermauern. Einen Französischtest, gefühlt also das Letzte, wofür ein Nigerianer sein Leben zu riskieren bereit sein sollte. Aber das Klassenzimmer war voll, und voller Stolz und Enthusiasmus beendet er seine Geschichte mit den Worten: »This happens only in Nigeria! I love this country … I love this country!«

Immer noch blicke ich auf die vor sich hin rostenden Schiffe am versmogten Strand von Snake Island, John neben mir. Ich habe einen Kater und kaum geschlafen. Der Teufel hat mich geritten, am gestrigen Abend noch einem Verkäufer selbstgebrauten Gins, der gerade vor der Haustür auf der Straße stand, einige Plastikbeutel abzukaufen. Kleine Mengen Schnaps werden in ganz Westafrika in solchen

Sachets verkauft, ähnlich wie das Ketchup bei McDonald's. Die Beutel füllte mein Schnapslieferant aus unzähligen wiederverwendeten Plastikwasserflaschen, die mit verschiedenen Kräutern und Gin gefüllt waren, kreierte einen minutiösen Mix, den ich in Form ungezählter Kurzer vernichtete.

»Hoffentlich ist der Schädel bis morgen weg«, überlege ich und massiere dabei meine pulsierenden Schläfen. Morgen muss es weitergehen, mein Visum für Angola hält nicht ewig – mein Wecker ist auf halb fünf Uhr morgens eingestellt. Denn Lagos verlässt man am besten, so früh es eben geht, um ja nicht im Verkehrskollaps stecken zu bleiben – was man in den meisten Fällen aber dann trotzdem tut. Vor Sonnenaufgang schon füllen sich die Highways, und sobald mit der Sonne auch die Hitze in die ungekühlten Autos dringt, beginnt auch das Hupkonzert.

Doch als am nächsten Tag die Sonne aufgeht und die rostigen Schiffe vor der Küste zu schimmern beginnen, als die letzten Gäste mit ihren Ferraris aus dem Innenhof des Escapes rollen und sich wieder der unberechenbaren Stadt anvertrauen, als in Lagos wie jeden Tag der Verkehr implodiert, bin ich schon auf der Landstraße am östlichen Stadtrand.

Von der Lekki Road, die über den Süden entlang des Meeres abkürzt, komme ich irgendwann auf den Highway, hier hat es, wie in jeder Nacht, viel geregnet. Doch was sich jetzt auf einmal vor mir auftut, ist schwarz, tiefhängend und beängstigend. Es schüttet, blitzt und donnert in biblischen Ausmaßen, und die Straßen füllen sich mit Wasser. Als ich etwa 100 Kilometer östlich von Lagos bin, also da, wo John lieber nicht mehr nach Wellen sucht, ist die Straße längst nicht mehr zu sehen, mein Kopf ist matschig, meine glasigen Augen sind angestrengt. So weit das Auge reicht, steht alles unter Wasser, und die Autokolonne vor mir sieht aus, als bestünde sie aus

Amphibienfahrzeugen, die links und rechts eine Bugwelle von sich wegschieben. Fahrzeuge bleiben liegen. Es gibt Unfälle. Ich bin voller Sorge, frage mich, ob ich umdrehen soll. Wenn der Regen nicht bald nachlässt, könnte die Situation ganz schnell sehr unangenehm werden.

Doch ich meistere auch diese Situation, der Sturm lässt nach, die Sonne reißt die dicken Wolken Stück für Stück auf, und ich fahre vorbei an Benin City, der ehemaligen Hauptstadt des Königreiches Benin, eines der mächtigsten afrikanischen Reiche der Präkolonialzeit. Ich komme einigermaßen gut voran. Einigermaßen gut deswegen, weil der Betrieb auf dem Highway nicht nur extrem hektisch ist und immer wieder badewannengroße Schlaglöcher darauf warten, das Auto aus der realweltlichen Mario-Kart-Partie zu werfen. Man überholt links und rechts, wie es gerade passt, alte Autowracks und frische Unfälle zieren den Straßenrand. Man stellt sich der Herausforderung, trifft Entscheidungen wie bei Annäherung an ein besonders großes Schlagloch zu beschleunigen, um im letzten Moment, kurz vor dem Aufprall, sich knapp vor einen auf der linken Spur fahrenden Lkw zu setzen, da die Gefahr, dass der Hintermann auf der rechten Spur keine Bremsen hat und mich bei einer Vollbremsung wegen eines Schlaglochs von hinten plattmacht, mir durchaus gegeben scheint. Mir erscheint es als sicherste Methode, so schnell zu fahren, wie es irgend geht, um möglichst wenig Zeit auf der Straße zu verbringen. Statistisch gesehen steigt dadurch, so überlege ich, meine Überlebenschance, und so fahre ich wie besessen, unterbrochen nur von Kontrollen an verschiedenen Checkpoints.

»Was machen Sie in Nigeria?«

»Surfen!«

»Nur Surfen?«

»Nur Surfen!« ...

Bei Onitsha passiert es dann. Ich komme gerade auf dem dreispurigen Highway um eine Kurve, da tobt vor mir der Mob: Die ganze Straße ist voll mit Männern, die panisch durcheinanderrennen. Ich habe fünf Sekunden, um zu entscheiden. Keine Polizei, kein Militär in Sicht. Ich entscheide mich, langsam durch den Mob zu fahren. Erst als ich ihn durchbreche, einige Männer haben die Initiative ergriffen und leiten den Verkehr, erkenne ich die Ursache: ein Autounfall. Ich weiß nicht, ob Menschen ums Leben gekommen sind, doch überall liegen Teile von Autos – oder gar von Menschen? Der Lkw, der den Unfall vermutlich verursacht hat, liegt mitten in der Stadt kopfüber im Graben zwischen den Spuren. Mir schlägt das Herz bis zum Hals, Adrenalin flutet meinen Körper, und der Stein, der mir nach dem Passieren des Tumults vom Herzen fällt, ist gigantisch. Ich fühle mich, als würde ich schweben, und eine Zigarette verschafft mir nur ein wenig Beruhigung. »Du schaffst das schon«, rede ich mir gut zu. »Lebend.«

Später, als ich am Stadtrand von Enugu im Osten des Landes auf dem Parkplatz eines riesigen Einkaufszentrums ausrolle und innehalte, komme ich langsam wieder zu mir. Vor mir marschieren unzählige bewaffnete Soldaten auf, die sich auf strategische Positionen verteilen. Vermutlich sichern sie das Einkaufszentrum gegen Übergriffe, weil sich gerade ein VIP darin aufhält. Das Gefühl, dass jederzeit etwas Schlimmes, Gravierendes passieren kann, ist weiter omnipräsent.

Das Leben ist hier etwas Kurzweiliges, das schnell zu Ende gehen kann, und jeder weiß das. Entsprechend lebt man. Ich steige aus und komme mit einem der Bewaffneten ins Gespräch. Der Mann beschreibt mich als »strongo«; es ist eine Eigenart des nigerianischen Pidgin, an Adjektive ein lang gezogenes »o« zu hängen. Ich weiß, dass er mich nicht in erster Linie für stark hält, weil ich es bis hierher geschafft habe, sondern weil ich der außerordentlichen psychischen

Belastung standhalte, der man gerade als Alleinreisender ausgesetzt ist. Ich hingegen bin mir da gar nicht so sicher. Ich fühle, wie sich in mir etwas verändert, etwas Hässliches, merke, wie der Mensch in mir nicht mehr der gleiche ist, mein moralischer Kompass langsam zerfällt und eine trübe Wolke des Sarkasmus sich über meinen Geist legt. Nigeria. Land der Extreme.

10
Mit Vollgas auf der Flucht vor mir selbst

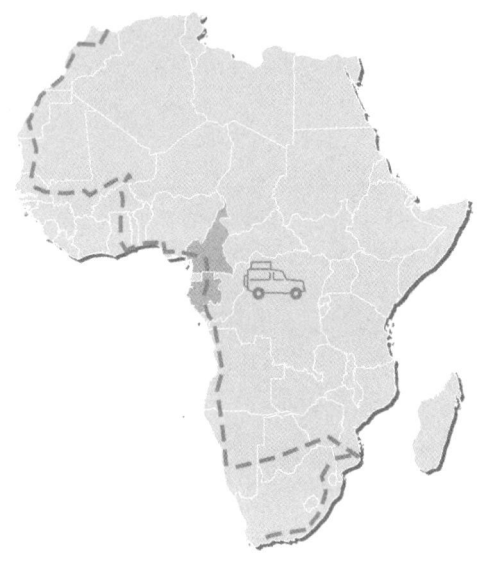

Kamerun

Hauptstadt: YAOUNDÉ
Einwohnerzahl: 24 995 000
Amtssprachen: FRANZÖSISCH
UND ENGLISCH
Währung: CFA-FRANC

Schätzungen besagen, dass in Kamerun über 230 Völker leben, die ebenso viele verschiedene Sprachen sprechen. Genaue Zahlen darüber gibt es aber nicht.

Gabun

Hauptstadt: LIBREVILLE
Einwohnerzahl: 2 025 000
Amtssprache: FRANZÖSISCH
Währung: CFA-FRANC

Immer wieder wird Gabun verspottet als französischer Bundesstaat, da der Einfluss Frankreichs so groß ist wie in kaum einem anderen Land. Nicht zufällig ist Gabun eines der erdölreichsten Länder.

Die Fahrt ins mitten im Dschungel am Fluss Manyu gelegene Mamfe war lang, ich hatte schon wieder einen Kater und musste mich mit den üblichen Straßenkontrollen entlang der nigerianisch-kamerunischen Grenze herumschlagen. Ich hatte wieder einmal Glück: Mal abgesehen davon, dass es keine Zwischenfälle gab, war der Streckenabschnitt bis vor einem Jahr zur Regenzeit fast unbefahrbar, die Bilder und Berichte von Reisenden, die man bei Google findet, sprechen für sich: mehrtägige Schlammschlachten, Bäche, die über die Straßen hinwegrauschen, Pfützen mit einer Tiefe von einem guten Meter. Wenn man überhaupt ankam. Erfahren hatte ich davon dummerweise erst in Lagos. »Allein! Mit dem Auto?«, hatte ich gedacht. »Ich habe noch nicht mal eine verdammte Schaufel dabei!«

Doch genau die Berichte, die mir Angst gemacht hatten, bargen auch Hoffnung. Seit einigen Jahren berichteten Reisende von Chinesen, die mit dem Bau einer Straße beschäftigt waren, und tatsächlich rollte ich hinter der kamerunischen Grenze über leise rieselnden Asphalt in den Dschungel hinein – chinesische Wertarbeit.

An der gut bewachten Grenze wurde ich auf beiden Seiten von jeweils einem Grenzer in Empfang genommen. Beide nahmen mich in eine Art Verhör, wollten wissen, wo ich gewesen sei und mit wem, bestanden darauf, Namen zu hören. Auf der nigerianischen Seite glaubte mir der Mann zuerst nicht. Ob ich Journalist sei, wollte er wissen. Der Anblick meines Autos mit den auf dem Dach gestapelten Surfbrettern, den Blümchenvorhängen und der Fahrerkabine voller Bilder, Ketten und sonstigem Kram besänftigte ihn schließlich. Wieder mal Glück gehabt, Carlo.

Jetzt stehe ich hoch oben über dem Regenwald auf einer »deutschen« Hängebrücke, Überbleibsel der ehemaligen Kolonialmacht, an der der Zahn der Zeit so sehr nagt, dass sie auf Google-Satellitenbildern im gleichen dunklen Grün erscheint wie der Urwald und gar nicht zu sehen wäre, führte sie nicht über das braune Flussbett. Kurz

zuvor habe ich einen Offizier des kamerunischen Militärs kennengelernt, der mir das hier unbedingt zeigen wollte. Zusammen blicken
wir von der Brücke hinunter in den Fluss und zu der sattgrünen Fläche, die überall dort ist, wo sich das Wasser nicht seinen Weg sucht.

Der Dschungel. Ein tiefgrünes Ungetüm, wie ich es kaum für
möglich gehalten hatte. Zwar gab es auch schon in Ghana, Togo und
Benin Regenwald wie hier, doch nicht in dieser Größe, nicht in dieser
Ausdehnung, nicht in diesem satten Grün. Standhaft und undurch-
dringlich, noch nicht mal mit Blicken, steht er zu allen Seiten wie eine
nicht endende Schallschutzmauer. Der Dschungel, Synonym für Chaos und Unordnung, ist von hier aus gesehen gleichmäßig und klar. Von
der Mitte der Brücke sieht man über Baumwipfel, die teils 60 Meter
über dem Boden thronen, saftig grün ergießt sich der Wald wie eine
weiche Decke bis zu den Regenschauern am Horizont. »Was dahinter
liegt?«, frage ich mich und versage an der Vorstellung, wie der Urwald
irgendwann weit oben im Norden zur Wüste wird. Die Luft ist sauber
und gesättigt mit Sauerstoff, nicht umsonst wird der Regenwald auch
als die »grüne Lunge« bezeichnet. Aus seinem Inneren dringen immerzu Geräusche an mein Ohr, von Tieren oder Pflanzen im Wind – und
vielleicht sogar von einem Menschen. Ich schließe meine Augen, hole
kräftig Luft und genieße die Geräuschkulisse, die ich bisher nur aus
dem CD-Player meiner Masseurin kannte.

Der Offizier, ein Mann mittleren Alters, ist freundlich und führt
mich über die Brücke, weiter in den Urwald, wo zwischen den vielen
wild wachsenden Pflanzen immer wieder kleine Beete Maniok und
andere Nutzpflanzen angelegt sind. Das saftige Dickicht, der etwas
andere Acker gewissermaßen, ist gut besucht. Ein gutes Dutzend Einwohner, bewaffnet mit Hacke und Schaufel, haben sich über die Brücke in den Wald begeben, genauer gesagt auf eine große Halbinsel im
Fluss, die vom braunen Wasser und somit der Welt der Monster umgeben ist.

Die dreiköpfigen Monster – auch ich, ein Weißer, könne sie auf dem Grunde des braunen Flussbetts sehen, meint mein kamerunischer Begleiter. Er selbst wisse über das Innenleben des Flusses Bescheid, er müsse nicht nachsehen, aber ein Weißer habe es einst getan. Ich habe keine Ahnung, wovon er spricht, schaue verständnislos.

»Ja und?«, frage ich. Mehr fällt mir nicht ein. Der Offizier führt die Finger zum Gesicht und formt sie zu etwas, das wohl eine Schwimmbrille symbolisieren soll. Mit dieser Brille, er formt abermals die Hände zu zwei Kreisen, die er aneinanderhält, wäre mal einer nachschauen gegangen. Ein Weißer. Ein Blick habe genügt, und er sei schreiend davongerannt. Der Mann lacht fröhlich bei der Erinnerung an die Blödheit und Naivität des Weißen.

»Es hat einen Grund, warum niemand in den Fluss geht. Nur die Fischer in ihren Kanus trauen sich hinaus. Aber auch sie sind vor den Monstern und Mythen des Flusses nicht sicher, immer wieder fallen sie ihnen zum Opfer, und dann sind sie weg.«

Er spricht den letzten Satz locker aus, fast belustigt. Diese Monster scheinen ein Teil des Landes hier zu sein, gefürchtet, aber akzeptiert. Und etwas, woran zu zweifeln töricht wäre.

»Keiner geht baden im Fluss«, wiederholt er noch ein paarmal, während wir zurück zu meinem Auto gehen, um die Bremsen zu wechseln.

Auf der Felge hinten rechts hätte ich am Vorabend ein Steak grillen können, so sehr glühte sie nach der Ankunft. Jeepo macht es mir nicht einfach. Die ersten Schweißarbeiten standen bereits in Marokko an, später im Senegal, wo ich auch Zahnriemen wechseln ließ und das Fahrzeuggestell an diversen Stellen neu geschweißt werden musste. In Mali gab dann das ABS auf. Im Pays Dogon verlor ich die Stoßstange. In Ghana musste erneut am Chassis geschweißt, mehrere Reifen geflickt und der dauerhafte Verlust von den Rückfahrleuchten hingenommen werden. Und jetzt klebt die Bremsbacke. Auf der anderen Seite muss ich meinem Jeep dankbar sein, ganz den Geist aufgegeben hat er bisher nie. Wenn ich ihn wirklich brauchte, war er da.

Kein Wunder also, dass ich ihm regelmäßig über das Armaturenbrett streichle und ihm liebevoll zurede. Ich teile mehr Erinnerungen mit ihm als mit den meisten Menschen, die ich kenne, und manchmal wünschte ich, er könnte reden und anderen davon erzählen, wer ich wirklich bin und was hier wirklich alles passiert.

BÖHMISCHE KNÖDEL TROPISCHER ART

Seit Stunden bin ich nun im Wald unterwegs, auf einer schlammigen, unbefestigten Landstraße. Mein Auto ist von oben bis unten in braunen Dreck gehüllt und die Felge wieder so heiß, dass der Strahl beim Dranpinkeln sofort verdunstet. Es hilft nichts – ich entschließe mich, einfach weiterzufahren. Ob das Auto steht, weil es kaputt ist oder weil ich mich nicht traue weiterzufahren, macht letztlich keinen Unterschied. Mein Tagesziel ist Duala, das ökonomische Zentrum Kameruns, an einer riesigen Flussmündung am Atlantik gelegen.

Kamerun. Die ehemals deutsche Kolonie, in der Achselhöhle Afrikas, wurde nach dem Ersten Weltkrieg vom Deutschen Reich abgetrennt und in den Besitz des Völkerbundes übergeben, der wiederum ein Mandat zur Verwaltung an Großbritannien und Frankreich gab. Was wiederum erklärt, dass die Bewohner des ersten zentralafrikanischen Lands auf meiner Reise nicht nur teilweise gebrochen Deutsch, sondern im Norden Englisch und im Süden Französisch sprechen. Kamerun, auch bekannt als »Afrika in Klein«, weil es sämtliche für Afrika typische Klimazonen beinhaltet, erstreckt sich vom tropischen Golf von Guinea bis zum fast 2000 Kilometer nördlich gelegenen Tschadsee.

Mit völlig überhitzter Felge brettere ich also durch den Westen des Landes, westlich von mir der Mount Cameroun, der mit 4000 Metern höchste Berg Kameruns und ein bis heute aktiver Vulkan, der immer wieder ausbricht. Auf seinem Gipfel glitzert es seltsam weiß, und zuerst denke ich an eine Sinnestäuschung, normalerweise sieht man hier in der Regenzeit keine 100 Meter weit. Aber nein: Ganz oben, wo sich das Massiv mit dem Himmel zu vermischen scheint, liegt Schnee. 500 Kilometer vom Äquator entfernt. »Die Natur macht schon manchmal Faxen«, überlege ich, während ich bei 33 Grad vor mich hin schwitze und mich ein riesiges Schlagloch aus den Gedanken reißt. Ich schwenke das Lenkrad zur Seite, die Reifen quietschen, und der Mount Cameroun verschwindet hinter grünem Gestrüpp am Straßenrand.

Es ist Nacht, als ich vor einem Restaurant für böhmische Spezialitäten halte. Ja, wirklich! Böhmische Knödel im Dschungel von Kamerun. Geführt wird der Laden von einem Tschechen, mit dem ich die letzten Tage über Facebook kommuniziert habe, wobei ich zuerst misstrauisch war. Ich hatte irgendwie den Eindruck, mit einer Maschine zu sprechen, weil seine Sätze so seltsam strukturiert waren. Dann wurde mir klar, dass er offensichtlich mit Google Translate arbeitete.

Das Restaurant ist leer, als ich es betrete. Im Schankraum rosten neben dem großen Sitzbereich eine Reihe verschiedener Glücksspielautomaten und ein runder, vollautomatischer Roulettetisch mit Hockern vor sich hin. Erster Eindruck: Alles ein bisschen abgefuckt. Wie in jeder Bar und jedem Restaurant, das sich nicht gerade im besten Hotel der Stadt befindet, ist die Luft feuchtwarm und geschwängert von einem seltsamen Gemisch aus Zigaretten, Alkohol und dem Essensdunst aus der Küche.

Mein Gastgeber Mátyás in versiffter Schürze betrit den Raum, lächelt undefinierbar und empfiehlt mir Knödel mit Gulasch, Spezialangebot heute. Er riecht nach Alkohol und leert auch noch eine weitere Flasche Bier, während er mein Essen zubereitet, wobei er sich in regelmäßigen Abständen sein braunes halblanges Haar aus dem Gesicht wischt. Das Gulasch aber ist würzig und schmeckt wie in Ungarn, ich spüle selbst zwei Bier hinterher und sitze nur wenig später in Mátyás' Auto auf dem Weg irgendwohin, ich habe den Namen nicht genau verstanden, es hörte sich nach einer Bar an. Mátyás mag mich irgendwie, vielleicht meint er, mit meinem Aussehen würde ich gut in das Ambiente seiner Bar passen?

Jedenfalls kommen wir bald in einer weiteren Bar voller Spielautomaten an, an denen ein paar gelangweilte Frauen vor sich hin zocken. Es ist die Zentrale der Firma, ein dreckiges Kabuff mit Kakerlaken und fehlender Klobrille auf der Toilette, für die mein Gastgeber arbeitet und die mir – aus diversen Gründen – seltsam unseriös vorkommt. Sein Vorgesetzter ist auch Tscheche. Klein und rundlich. Mit Schnauzbart. Nur blass sehen sie beide aus. Als würden sie nie an die Sonne kommen, selbst hier in unmittelbarer Äquatornähe.

»Prost!«, grinst Mátyás, der auf seine Art und Weise wirklich bemüht ist, ein guter Gastgeber zu sein, und sogar ein paar Fetzen Deutsch spricht. Mit schiefen Zähnen hält er mir eine Flasche Bier entgegen, die ich dankbar annehme.

»Mein Freund ... hat mich angerufen ... ich brauche Arbeit! Hier gutes Business!«, fasst Mátyás die Kausalkette, die ihn an das andere Ende der Welt mitten in eine afrikanische Großstadt verschlagen hat, zusammen. Mátyás, der aus dem französischen Wort ici immer izi werden lässt, scheint aufgrund seiner Sprach- und interkulturellen Kompetenz in diesem Land so absurd fehl am Platz, dass ich gar nicht weiter nachfrage. Izi scheint auch das einzige Wort zu sein, das er auf Französisch sagen kann. Neben dem üblichen Small Talk: »Willst du Bier!« oder »Was machst du?« packt er immer wieder sein Handy zum Übersetzen aus, wodurch sich unser Gespräch ohne wirklichen Tiefgang in die Länge zieht.

Ich erfahre dabei fast nichts, und während wir an der kurzen Bar sitzen, trinken und rauchen, gehen ominöse Gestalten ein und aus. Sie liefern die Einnahmen der Automaten der Firma ab, aus anderen Bars in der Umgebung vermutlich. Ich will gar nichts Genaues wissen von dem, was hier abläuft, und als ein weiterer Tscheche eintritt, der im Gegensatz zu den anderen beiden muskulös und gesund wirkt, bleibe ich wortkarg. Er hat Afrika als Söldner kennengelernt, wie er erzählt, hat in der Wüste und im Dschungel gekämpft und würde sich seinen Lebensunterhalt jetzt eben »hiermit« verdienen. Was er mit »hiermit« genau meint, sagt er nicht.

Später, zurück im Restaurant, liege ich in der Sitzecke, während im kleinen Schlafzimmer des Tschechen gleich neben der schmierigen Küche das Bett unaufhörlich knarzt und gegen die Wand scheppert und eine Frau, die vor wenigen Minuten noch gelangweilt am einarmigen Banditen saß, aus voller Kehle stöhnt.

»Was mache ich hier bloß?«, schießt es mir durch den Kopf, während das Scheppern durch die Wände geht, als würde die Bretterbude gleich zusammenbrechen. Der Boden klebt, die Sitzecke, die mir zum Schlafen angeboten wurde, strotzt vor eingetrockneten Essensresten, und in der Dunkelheit kann man keinen Schritt tun, ohne fürchten zu müssen, Ungeziefer zu zertreten. Mir fällt es schwer, Ruhe zu finden. In die Geräuschkulisse mischt sich das hohe Summen einiger Moskitos. »Warum schlafe ich eigentlich nicht im Wagen?«, denke ich laut und in Endlosschleife. Ich erinnere mich nicht mehr, fühle mich völlig erschöpft. »Ich muss hier weg, muss weiter.«

Ein heftiger Regen erlöst mich schließlich. Das unentwegte Prasseln auf dem metallenen Flachdach übertönt das Stöhnen im Nebenraum, in Wellen trifft das Wasser mit dem Wind auf das Wellblechdach des Flachbaus. Wie die Brandung. Dieses Bild und ein anderer

Gedanke lassen mich dann doch einschlafen: »Am nächsten Tag werde ich alles daransetzen, die Bremsen am Auto zu reparieren.«

Auch der Morgen riecht noch nach Regen. Mátyás hilft mir bei der Suche nach einem Mechaniker, weiträumig umkurven wir die Schlaglöcher und Pfützen beim Weg durch die Straßen Dualas.

»Als wollte ich nur Visa, Würmer und Mechaniker jagen. Wo sind die Wellen?«, frage ich mich und starre in eine riesige braune Pfütze, in der wir uns spiegeln, bis die Reifen beim Durchqueren das Wasser durcheinanderwirbeln und unser Bild verschwimmt.

Es ist einer dieser Tage, an denen alles seine Zeit braucht – und die vergeht langsam. Mátyás kennt keine anderen Gesprächsthemen als die Spielhölle, einen Stripclub, ein Casino und Knödel, stelle ich fest, und Stunden später, als wir wieder im Hotel ankommen, wartet eine neue Dame auf ihn, und es wiederholt sich das Szenario der Vornacht.

Mechaniker gibt es zwar viele in Duala, aber alle mit vollen Auftragsbüchern. Oder sie tun nur so, um dem Schiffbrüchigen möglichst viel Geld aus der Tasche zu ziehen. Ich würde ja weiterfahren, auch mit glühenden Felgen, aber Mátyás rät mir ab. Vor allem nicht bei Nacht. Die Strecke nach Yaoundé, wo ich wieder ein paar Visaprobleme abarbeiten will, ist zwar nur 230 Kilometer lang, hat aber eine der abschreckendsten und traurigsten Bilanzen der Welt. Ein jüngst erschienener Artikel meldet, die Verkehrstoten seien von 130 auf 80 im Monat gesunken. Es stehen die Zahl von 3000 Verkehrsunfällen pro Jahr und die erhöhte Gefahr bewaffneter Raubüberfälle im Raum. Es bleibt mir nichts anderes übrig: Ich werde noch eine Nacht auf den Polstern im Gulaschdunst verbringen müssen.

Ich nehme die Sitzecke also dankend an, betrinke mich mit seltsamen Gestalten, die gierig Automaten mit Geldstücken aus ihren Portemonnaies füttern und regelmäßig fluchen, weil sie nichts davon wiedersehen. Aus Frust trinke ich mehr, als gut für mich ist, mein tschechischer Gastgeber bringt tschechischen Schnaps, der mir dann völlig den Rest gibt ...

DER SCHLIMMSTE TAG

Es ist gerade hell geworden, vielleicht sechs Uhr morgens. Beim ersten müßigen Blinzeln fällt mir Zwielicht in die Augen, das mir dennoch grell erscheint. Mit der Sicht kommt das schlechte Gewissen, kommen so krasse Bilder, dass mir kotzübel und schwindlig wird und mir ein Schauer bis ins tiefste Rückenmark fährt. Ich war nur kurz eingenickt, nachdem ich die restlichen Stunden der Nacht wie das größte Elend auf der Welt in der Ecke gelegen habe. Ich habe einen Fehler gemacht, einen riesigen, das weiß ich.

Sie war irgendwann nach Mitternacht in der Bar erschienen, als sie mir schöne Augen machte, unablässig versuchte, mich rumzukriegen. Ich wusste sofort, dass sie mich nicht unwiderstehlich fand, sondern anderweitige Motive hatte. Um sie loszuwerden, sagte ich ihr, ich hätte weder Geld noch Interesse. Doch sie ließ nicht locker. Es ginge ihr nicht um Geld, flüsterte sie mir ins Ohr, sie wolle mit mir schlafen, und legte ihre Hand auf meinen Hosenschlitz. Im böhmischen Restaurant in Duala, der größten Stadt Kameruns, ist es dann passiert, nachdem alle Gäste gegangen waren. Beim Geschlechtsverkehr auf der Sitzecke, im Zigaretten-, Alkohol- und Gulaschdunst ist das Kondom gerissen ...

Ich sitze alleine im Restaurant, so tief erschüttert, dass mir die Tränen in den Augen stehen, ich mich aber zu taub fühle, um zu weinen. Plötzlich holt mich die Panik ein, mein Puls schnellt nach oben, ich stehe auf, und mit dem Schwindel kommt der Würgereiz. Ich entleere, was ich in mir habe, in die Toilette. Beim Händewaschen weiß ich wieder, was ich gewusst habe, bevor ich mich übergeben habe. Es ist, als würde die Wahrheit ein zweites Mal einschlagen. Was ich gestern gemacht habe, war falsch, ein Fehler in vielerlei Hinsicht, und das, was passiert ist, ist die Strafe dafür, dass ich dabei war, mich in ein Arschloch zu verwandeln, ein Arschloch, das ich in keiner Weise sein möchte. Ich werde die Konsequenzen tragen müssen. Welche es am Ende sein werden, weiß ich noch nicht, genauso wenig, wie ich weiß, ob ich sie werde tragen können.

Ich google: Kamerun liegt mit einer HIV-Infiziertenrate von knapp vier Prozent der Bevölkerung auf Platz vierzehn der Welt, zwar weit abgeschlagen hinter dem Spitzenreiter Swasiland, in dem fast 30 Prozent der Einwohner infiziert sind, aber immer noch erschreckend weit vorn. Ich lese mich weiter in die Thematik ein. Mein Fall ist ein Grenzfall, die Frau war aber durchaus Teil einer Risikogruppe. Im Chat mit einem Mitarbeiter von *Gib AIDS keine Chance* empfiehlt mir dieser, eine Postexpositionsprophylaxe, kurz PEP, also eine vorbeugende Behandlung nach vermutetem Kontakt mit Krankheitserregern einzuleiten.

Die HIV-PEP ist eine vierwöchige antiretrovirale Behandlung, um eine HIV-Infektion nach potenziellem Kontakt zu verhindern. Sie sollte so früh wie möglich begonnen werden, die besten Ergebnisse sind bei einem Prophylaxebeginn innerhalb von 24 Stunden, besser noch innerhalb von zwei Stunden zu erwarten. Liegen über 72 Stunden zwischen der Exposition und dem möglichen Prophylaxebeginn, so ist eine PEP nicht mehr wirksam. Als Standard dient zweimal täglich eine Tablette Raltegravir, ein Arzneistoff aus der Gruppe der Integraseinhibitoren, erklärt mir der Mann am anderen Ende des Chats. Plus das Virostatikum Tenofovir täglich über 30 Tage. Die Nebenwirkungen der antiretroviralen Medikamente sind bei gesunden Menschen gravierend, meistens aber reversibel: Verdauungsbeschwerden, Müdigkeit und Kopfschmerzen. Und noch eine ganze Menge mehr. Aber wo und wie soll ich diese Medikamente auftreiben – und selbst wenn es mir gelingt, wo soll ich binnen Stunden über 1000 Euro herbekommen? Denn so viel kostet die PEP.

Ich bin hoffnungslos verloren und fühle mich einsam und von allen, der ganzen Welt, dem ganzen Universum alleingelassen. Und da ist diese Scham, die nicht weggehen will, so sehr ich es auch versuche. Ich entschließe mich schließlich, ins Krankenhaus zu fahren, einfach nur, um irgendetwas gegen die Machtlosigkeit gegenüber meinem Schicksal zu tun, die ich empfinde.

Das Krankenhaus ist eine kleine Stadt für sich, in der ich hoffnungslos Verlorener hoffnungslos verloren bin. Überall laufen Menschen zwischen Stationen ohne erkenntliche Beschilderung umher, die Zeit rennt. Ich springe über meinen Schatten und frage die erste Person in weißem Kittel – offensichtlich eine Angestellte des Krankenhauses.

»Entschuldigen Sie«, holpert es in schlechtem Französisch aus mir heraus. »Ich habe eine Frage.«

»Ja?«

»Ich hatte einen Unfall ... ich ...« Ich zögere. »Mir ist ein Kondom gerissen.«

Zu meiner Überraschung nimmt die Frau es sehr gelassen zur Kenntnis und verweist mich auf eine Allee zwischen den Gebäuden. Insgesamt viermal stottere ich die Geschichte mit dem geplatzten Kondom aus mir heraus, bis ich vor einem Zimmer Platz nehmen soll. Als mich eine Ärztin hineinruft, schildere ich ihr meine Situation, woraufhin sie mich zunächst auf HIV testet. Negativ. Dann stellt sie mir ein Rezept aus, mit dem ich nun erneut durch das Labyrinth des Krankenhauses stolpere, bis ich in der Apotheke, in der sich antiretrovirale Medikamente in Kisten bis unter die Decke stapeln, kurz vor Ladenschluss zwei Dosen bekomme, und zwar ganz umsonst. Kann es sein, dass mich das Glück doch noch nicht ganz verlassen hat? Trotz des ganzen Wahnsinns? 1000 Euro hätte ich niemals auftreiben können, aber hier bekomme ich die Tablettenschachteln einfach so in die Hand gedrückt. Ich nehme sofort die ersten beiden Pillen aus jeweils einer der kleinen Plastikdosen ein, jede Minute zählt. Da man die Medikamente jeden Tag regelmäßig zur gleichen Uhrzeit nehmen muss, heißt das für die nächsten 30 Tage: meinen Tag auf die Minute genau um fünf Uhr morgens mit zwei Smarties zu beginnen, deren Nebenwirkungen möglicherweise drastisch sein werden. Denn bei einer PEP stellt sich lediglich die Frage, wie schlimm die Nebenwirkungen sein werden, und sie bedeutet immer eine extreme Schwächung des Immunsystems. Bereits am Abend ist mir schlecht, mein Kot riecht übel und ist schleimig, mein Kopf fährt weiter Achterbahn: »AIDS, AIDS, AIDS, AIDS, AIDS!« Wie konnte es so weit kommen? Zwar bin ich absolut kein Heiliger, aber gerade von solchen Situationen habe ich mich doch eigentlich immer ferngehalten. Das Gefühl des nahenden Todes, als ich vom Tod Denis' in Nigeria erfuhr, die Nahtoderlebnisse im Straßenverkehr, die Selbstverständlichkeit von Prostitution und Gewalt – ich bin verroht. Die dunkle Wolke des Sarkasmus ist viel dichter als zunächst gedacht – erschreckend.

Mátyás sieht das etwas anders, er lacht herzlich und kann meine Sorgen überhaupt nicht nachvollziehen, doch auch ihm tut es leid. Er war wirklich bemüht, ein guter Gastgeber zu sein, Alkohol und Stripclub inklusive. Dass ich mich auf die Frau letztlich eingelassen habe, lag nicht an ihm. Sondern nur an mir. Und am tschechischen Schnaps. Für mich bricht eine Phase der Rückbesinnung auf meine Werte und Motivation an, die mich hierherbefördert haben. Moralisch war ich auf den falschen Pfad abgerutscht, und das Schicksal hat mit aller Härte eine Strafe gefunden. Wie ich aber die nächsten Wochen mit dieser Übelkeit und weiteren Nebenwirkungen beim Leben in einer dreckigen Konservendose aka Auto durchstehen soll, das weiß ich noch nicht. Genauso wenig, wie ich mit dem schlechten Gewissen leben soll.

RENNEN GEGEN MICH SELBST

Zwei Tage später habe ich die Grenze zwischen Kamerun und Gabun erfolgreich passiert und eine 600 Kilometer lange Fahrt bis nach Libreville, der Hauptstadt Gabuns, vor mir, wo ich mir via Couchsurfing ein Bett organisiert habe. Von Duala führt die Straße Richtung Südosten, weg vom Meer hinein ins Landesinnere bis zur Staatsgrenze. Westlich von hier liegt Äquatorialguinea, ein kleiner Staat in Form eines Brotkastens, den ich quasi umrunde, um nicht hindurchfahren zu müssen. Malabo, die Hauptstadt von Äquatorialguinea, liegt auf einer Insel im Atlantik, und man soll dort angeblich prima surfen können. Doch meine Medikamente und meine Stimmung machen selbst einen Gedanken daran gerade unmöglich. Außerdem hat das Land den Ruf eines afrikanischen Nordkoreas, und die Visabeschaffung ist noch schwieriger als bei anderen Staaten der Region.

Die letzte Nacht habe ich in einem Dorf an der Grenze verbracht, das sich am nächsten Morgen in einen überdimensionalen Markt verwandelte. Ich rappelte mich auf und war sogar in der Lage, über den Markt zu laufen und mir ein paar Kleinigkeiten zu kaufen, darunter ein paar der farbenfrohen, traditionellen Hemden, die in Unmengen zur Auswahl standen. Mental bin ich jedoch am Ende, mir ist permanent schlecht, ich habe keinen Appetit, und mein Kopf macht mich weiterhin fertig. Neben dem »AIDS, AIDS, AIDS«, das sich ständig wiederholt und nicht aus meinem Kopf kommt, quält mich mein schlechtes Gewissen, ich fühle mich dreckig, verdorben und genauso alleingelassen wie am Vortag. Meine Gedanken laufen unaufhaltsam in Dauerschleife: Wie würde ich damit umgehen, Aids zu haben? Ich stelle Hochrechnungen an, wie wahrscheinlich es tatsächlich ist, dass ich mich angesteckt habe, und scheitere ein ums andere Mal an meiner Matheschwäche. Vier Prozent HIV-Infizierte im Land, die Wahrscheinlichkeit, dass sie dazugehörte, vermutlich höher, vielleicht zehn Prozent, eingerechnet die Wahrscheinlichkeit, sich mit geplatztem Kondom anzustecken? Keine Ahnung, wie man das ausrechnet ...

Werde ich bei meiner Ankunft in Kapstadt das Kap der Guten Hoffnung als HIV-Infizierter bestaunen? Wie soll ich das alles jemals jemandem erklären? Neben der Überlegung, mit HIV offen umzugehen, spiele ich tatsächlich mit dem Gedanken, einfach unterzutauchen. Irgendwo, vor einer schönen Welle, auch meine letzten gesellschaftlichen Pflichten an den Nagel zu hängen und zu surfen, solange ich es eben noch kann. Vielleicht ergibt sich auf der Reise ja noch was?

600 Kilometer sind es von hier aus noch bis zur nächsten Dusche, einem sauberen Apartment, Schlaf und Ruhe. Die Dusche kommt mir vor, als könnte sie die Sünde aus mir herauswaschen, so sehr steigt das Verlangen in mir. Ich brauche Ruhe und Schlaf, mein System ist im tiefsten aller Keller angekommen, im Seiten- und Rückspiegel schaue ich in die Augen eines Geistes. Seit Lagos habe ich nicht mehr richtig geschlafen, das ist inzwischen über eine Woche her. Die emotionale Achterbahn spiegelt sich auf den 600 Kilometern perfekt geteerter Landstraße durch dichtesten Urwald, 600 Kilometer ohne Verkehr, 600 Kilometer Kurven, Kurven und nochmals Kurven, in meinem Fahrstil wieder. Auf meinem Navi habe ich maximal eingezoomt, damit ich erkennen kann, ob und wie stark ich aus den Kurven heraus beschleunigen kann. Ich will weg, einfach nur weg, von da, wo ich gerade bin. Und dabei weiß ich, dass ich es selbst bin, vor dem ich eigentlich fliehe. Und dass jede Beschleunigung sinnlos ist. Und doch: Wann auch immer möglich, schneide ich die Haarnadelkurven mit quietschenden Reifen und beschleunige sofort wieder aus ihnen heraus. Neben konstanter Übelkeit und Schwindel überkommt mich in regelmäßigen Abschnitten das Verlangen zu kotzen, was ich mit tiefen Atemzügen zu unterdrücken versuche. Im Hintergrund rotiert die Paranoia – »AIDS, AIDS, AIDS«. Der Dschungel, der sich grün wie vielleicht nirgendwo sonst auf der Welt rechts und links von mir

über die Straße beugt, ist mir völlig gleichgültig geworden. Welten liegen zwischen dem Tag auf der Hängebrücke hinter der nigerianischen Grenze, als ich noch voller Staunen auf dieses grüne Meer hinunterschaute. Jetzt ist alles um mich bedrohlich geworden. Und wieder wird mir klar: Nicht meine Umgebung ist die Bedrohung. Ich selbst bin es. Und wieder quietschen die Reifen, wieder ziehe ich in der Kurve auf die Gegenfahrbahn, um maximal beschleunigen zu können. Nur weg.

Es grenzt an ein Wunder, dass mein good old Jeepo und ich es an einem Stück bis an die Stadtgrenze Librevilles schaffen, immer wieder ist mir das Heck ausgebrochen, und ich habe es wieder eingefangen – zehn Stunden lang. Nicht unbedingt eine Leistung, auf die man stolz sein kann, aber eine sportliche nichtsdestotrotz. Was weniger an ein Wunder grenzt, ist der Stau, in dem das Auto und ich jetzt auf den letzten Metern dann doch stecken bleiben. Zäh wie Kaugummi schiebt sich die Metalllawine, die sich scheinbar aus dem Urwald ergießt, in Richtung des strahlenden Zentrums Librevilles. Ich bin am Ende meiner Nerven, meines Verstandes und meiner Kräfte. Mein T-Shirt fühlt sich zu klebrig an, meine Haut zu dreckig, die Abgase sind zu stinkend, und der Lärm ist zu laut. Ich habe kaum Augen für die Stadt vor meinem Fenster, die sich nicht zu verstecken braucht: Mehrspurige, perfekt geteerte Hauptstraßen mit königlicher Beleuchtung, als hätte mir die Metropole einen roten Teppich ausgerollt.

All das wird finanziert durch den Reichtum an Bodenschätzen des Landes. Omar Bongo, Vater des derzeitigen gabunischen Präsidenten Ali-Ben Bongo – er heißt wirklich so –, beschrieb den Reichtum seines Landes in den 80er-Jahren so: »Gabun ohne Frankreich ist wie ein Auto ohne Fahrer. Frankreich ohne Gabun ist wie ein Auto ohne Treibstoff.« Kaum ein Land der Erde hat mehr Bodenschätze, vor allem pro Einwohner, als Gabun, und gleichzeitig hat Frankreich in keiner seiner Ex-Kolonien bis heute so starken Einfluss. Ein Schelm, wer Böses dabei denkt … So verwundert es auch nicht, dass die Strandpromenade von Libreville mit symmetrisch angeordneten Palmen flankiert ist und mehr an Nizza erinnert als an andere afrikanische Großstädte.

THE SHOW MUST GO ON

Königlich, um nicht zu sagen heilig, ist auch mein Empfang in einer schicken Kabarettbar direkt an der mit Palmen geschmückten Strandpromenade. Eigentlich wollte ich nur duschen und schlafen, aber mein Gastgeber, den ich vorab via Couchsurfing kontaktiert hatte, war bereits außer Haus, und um der Höflichkeit willen habe ich zugesagt, direkt zu der Bar zu fahren, wo er bereits einen Sitzplatz für mich reserviert hat. Er ist ein junger Franzose, der gerade ein Praktikum bei einem französischen Bauunternehmen macht. Und – wie scheinbar fast alle jungen Franzosen – ziemlich feierwütig.

Ich setze mich also auf den für mich reservierten Sitzplatz in der Bar – von gemütlich machen kann ich in meinem Outfit und Zustand nicht sprechen. Der Tisch ist gedeckt mit Flaschen und Gläsern, ich trinke eine Cola – Alkohol kann ich meinem Körper nicht mehr antun, so gerne ich es auch möchte. Die Bar ist überwiegend gefüllt mit schick angezogenen Gabunern, es flitzt reichlich Barpersonal herum. Unser Tisch ist hauptsächlich besetzt mit jungen Franzosen. Ich versuche, mich so unauffällig wie möglich zu verhalten, und hoffe, dass das Deo, das ich noch schnell aufgetragen habe, meinen grausigen Körpergeruch übertüncht – vermute aber das Gegenteil.

Und kaum habe ich mein »unbeteiligtstes« aller Gesichter aufgesetzt, geht die Kabarettshow ganz plötzlich mit einem gewaltigen Geschrei los: »Jesus.« In einer Lautstärke, die die Musikanlage an ihre

Grenzen bringt. Der Moderator, der jetzt auf der Bühne steht, ein kleiner Gabuner, zeigt in Richtung unseres Tisches.

»Jesus!« Tollpatschig wie ich bin und mit einem Gehirn, das sich anfühlt, als hätte es jemand den ganzen Tag durchgeknetet und mit dem Nudelholz verprügelt, merke ich erst als Letzter im Saal, dass er mich meint und das gesamte Publikum mich bereits anglotzt, als wäre ich vom Himmel gefallen. Ich quäle mir ein Lächeln ab und werfe es einmal winkend rings um mich herum in die Bar, die voll mit Leuten ist, die sich bereits kaputtlachen, als gäbe es kein Morgen. »Jesus!«, beginnt der rotzfreche Typ erneut, nachdem sich die erste Begeisterung gelegt hat, macht ein paar Witze über mich, die anscheinend auch superlustig sind, und stellt anschließend klar, dass Jesus später auf die Bühne kommt. »Alles, nur das nicht«, denke ich und lächle zwanghaft weiter, um schlimmere Schmach abzuwenden, bevor sie überhaupt entstehen kann. Nach dem Motto »Schlimmer geht immer« erinnert der Horst mich und das Publikum jedes Mal, wenn einer der jungen Komiker seine Nummer beendet hat und er wieder auf die Bühne steigt, an mein Schicksal, in Verbindung mit einem Witz über mich – meinen Bart, meine Haare oder meinen Körpergeruch. »Ob es dahinten komisch riecht?« oder »Wie man sich wohl neben Jesus fühlt?«, ruft er, was die schwarze Dame neben mir zu einer Tomate mutieren lässt, die sich hinter ihren Händen versteckt und jeden Moment zu platzen droht. Der Saal kocht, und ich koche auch, aber nicht vor Lachen. Ich bin sogar zu fertig, um das Ganze peinlich zu finden. Es ist einfach nur anstrengend.

Die einzelnen Komiker sprechen viel zu schnell, und die Witze beziehen sich auf Dinge, von denen ich keine Ahnung habe. Als mein Moment dann doch kommt, habe ich mich damit abgefunden, dass jetzt die Späße auf meine Kappe gehen, alle schön lachen und meine einzige Hoffnung darin besteht, dass das Ganze wieder schnell vorbei ist. Da stehe ich nun. Aus dem Busch auf die Bühne, direkt ins Scheinwerferlicht, sodass man auch die letzten Flecken auf meiner kurzen Hose und meinem T-Shirt sehen kann, dem absolut unangemessensten Outfit für diesen Anlass. Ich muss dann allerdings weder Französisch sprechen noch irgendwelche Fragen beantworten, Grimassen schneiden oder weiß der Geier, was so ein gabunischer Comedian auf der Bühne mit einem machen kann. Der Typ will ein Dancebattle mit mir!

Die Menge bricht vor Lachen und Begeisterung ab, und die, die noch nicht ihr Handy gezückt haben, tun es jetzt. Große Augen und Smartphones, so weit das Auge reicht, bis in die letzte Ecke des Saals, selbst die Bardamen ziehen nach, bereit, sich darüber kaputtzulachen, wie ein schwarzer Comedian einen Weißen, der aussieht wie aus der Gosse, blamiert. Morgen wird mein Auftritt viral gehen. Die einmalige Möglichkeit, sich für immer und ewig in die Reihe der Internet-Volltrottel einzuordnen. Was sie nicht ahnen, ist, dass ich seit zwei Tagen auf einer PEP bin, nicht weiß, ob ich HIV habe, gerade zehn Stunden lang Rallye gefahren bin, drei Stunden im Stau stand, seit einer Woche nicht mehr geschlafen habe und kurz davor bin, wahnsinnig oder psychotisch zu werden. Oder einfach zitternd zusammenzubrechen.

Es wird aber noch schlimmer. Der Horst, dem ich gebührend den Vorrang gelassen habe, gibt dem DJ das Zeichen. Der Song ist im besten Falle zum Hula-Hoop oder Limbotanzen zu gebrauchen, Samba ist steif dagegen. Aber ich scheiße drauf. Ich scheiße auf alles. »So kommt der Typ nicht aus der Nummer raus«, denke ich, während er mit weit aufgerissenen Augen coole Dancemoves abzieht und dabei keinen einzigen Schweißflecken hat.

Der Applaus ist groß, als er fertig wird, die Musik hat ihm natürlich in die Karten gespielt, und wäre er nicht eh ein verdammt guter Tänzer, würde er die ganze Nummer sowieso nicht abziehen.

All eyes on me motherfucking Jesus.

Es kommt der Moment, an dem ich begreife, dass ich alles kann, wenn ich nur möchte, sogar an einem Tag wie diesem ein fucking Dancebattle gewinnen. Am schlimmsten Tag meines Lebens. Ich eröffne mit einer Mischung aus Locking und Welle, ein Move, den ich seit meinen kindheitlichen Breakdance-Bemühungen aus dem Effeff beherrsche, shuffle mit weit aufgerissenen Augen in einen expressiven Part ähnlich einer Haka, bei dem ich angstfrei in die Menge starre, aus dem ich dann smooth mit ein paar Hüftschwüngen rausgleite. Nicht gerade John Travolta, aber genug, um die Menge zum Ausrasten zu bringen. Die Menge hat mit einigem gerechnet, aber nicht damit. Und auch mein Couchsurf-Host gibt mir später nochmals Zuspruch: »Ich hatte ja keine Ahnung, dass du so gut tanzen kannst. Damit hat wirklich keiner von uns gerechnet.« Auch die zweite Runde, bei der ich ausschließlich seinen Hüftschwung nachahmen soll, kann die Menge nicht auf die Seite meines Kontrahenten ziehen, die Herzen und der Applaus gehören mir, und der ganze Saal schreit: »Jesus, Jesus, Jesus, Jesus …!« Und für einen kurzen Moment hört die »AIDS, AIDS, AIDS«-Schleife in meinem Kopf auf, sich zu drehen.

11
Das vermeintliche Herz der Finsternis

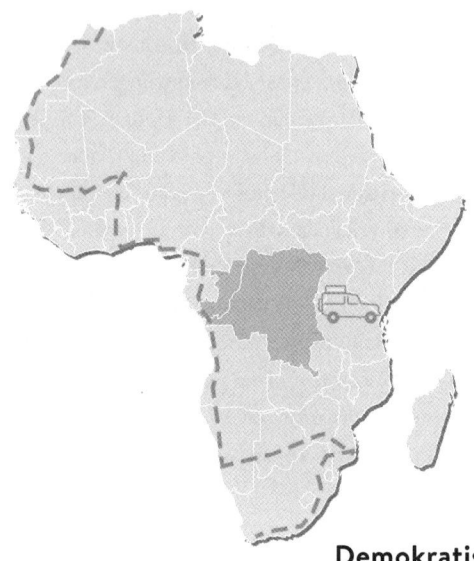

Republik Kongo

Hauptstadt: BRAZZAVILLE
Einwohnerzahl: 4 955 000
Amtssprache: FRANZÖSISCH
Währung: CFA-FRANC

Demokratische Republik Kongo

Hauptstadt: KINSHASA
Einwohnerzahl: 81 331 000
Amtssprache: FRANZÖSISCH
Währung: KONGO-FRANC

Die Erzählung *Heart of Darkness* von Joseph Conrad (1899) prägt das Bild des Kongo bis heute. Die Reise des Seemanns Marlow den Fluss Kongo stromaufwärts inspirierte Francis Ford Coppola zu seinem Film *Apocalypse Now*.

Forscher glauben, dass es in den unzugänglichen Regenwaldgebieten des Kongo bis heute Völker geben könnte, die bisher noch ohne Kontakt zur Zivilisation leben.

Es ist erstaunlich, den Äquator zu überqueren, dort, wo der Bauch der Erde am prallsten ist. Zu erleben, wie er die Welt in zwei Hälften teilt, den Winter vom Sommer trennt. Auch wenn sich natürlich erst mal nichts ändert, wenn man »auf der anderen Seite« der Welt ankommt. Es ist genauso heiß wie noch ein paar Meter weiter hinten, das Wetter ändert sich nicht, und nicht einmal ein verrostetes Schild weist darauf hin, dass man gerade über den Äquator rollt. Einen Unterschied aber gibt es: Während es bisher immer feuchter und regenreicher wurde, je weiter ich in den Süden kam, kehrt sich dieses Verhältnis von hier ab um – die Klimazonen der Erde spiegeln sich auf der Nord- und Südhalbkugel. Erkundeunterricht wird hier Realität. Wer hätte das jemals gedacht?

Trotzdem habe ich etwas mehr erwartet, denn die Überquerung erfolgt reichlich unspektakulär knapp eine Stunde südlich von Libreville. Würde mein Navi nicht »S 00.00.000« anzeigen, es gäbe gar kein Anzeichen dafür, dass hier und jetzt auf den Meter genau der Scheitelpunkt der Erde liegt. Ich halte kurz an, mache ein Selfie von mir mit GPS-Gerät und ein Foto vom Wald – dichter Urwald. Kein Picknick, kein Ritual, nichts, was ich geplant habe für den Tag, an dem ich über die Linie fahre. Es ist ein Tag und eine Fahrt wie jeder/jede andere, in meinem Jeep nach Osten, hinein in den Urwald des Kongo.

Das Land, das vor meiner Reise vielleicht am meisten Faszination auf mich ausübte. Der Kongo mit seinem gewaltigen Strom, der den gleichen Namen trägt wie das Land und sich seinen Weg bahnt, mitten durch das Herz des Kontinents. An manchen Stellen erreicht er eine Tiefe von über 200 Meter, womit er der mit Abstand tiefste Fluss der Erde ist.

Schon vor Jahrhunderten staunten die Kolonialherren über den gewaltigen Strom, wie van Reybrouck in seinem Bestseller *Kongo* schreibt: »1482, als die ersten Portugiesen sich dem Kongo näherten, trauten sie ihren Augen kaum. Tage bevor sie an der

Mündung des Kongos ankamen, färbte sich das Wasser bereits braun, und Baumstämme sowie größere Brocken Erde, ja sogar kleine Inseln, trieben weit abseits des Festlandes umher. Ozeanographen sprechen vom ›Kongo-Fächer‹, der sich während des Höhepunkts der Regenzeit bis zu 800 Kilometer westwärts in den Südatlantik ergießt. Damals war der Unterlauf des Kongos Teil des Königreichs Kongo, zu jener Zeit unter der Herrschaft des Mani-Kongo Nzinga à Nkuwu, der von M'banza-Kongo aus herrschte, der damaligen Hauptstadt des Reiches, die heute auf angolanischem Boden liegt. Es handelte sich um eines der größten und weitentwickeltsten afrikanischen Reiche seiner Zeit, das sich über das heutige Angola, die heutige Demokratische Republik Kongo und die Republik Kongo erstreckte.«

GEFLOGEN, NICHT GESCHÜTTELT

Während die letzten Wochen von täglichen monsunartigen Wolkenbrüchen dominiert waren, ist es jetzt urplötzlich warm und trocken. Die Grenze zwischen Gabun und der Republik Kongo liegt schon eine Weile hinter mir, und mit jedem Kilometer Richtung Süden wird der Wald mehr und mehr zum vertrockneten Busch. Es muss hier seit Wochen nicht geregnet haben. Eigentlich hatte ich im Kongo tiefsten Dschungel erwartet, doch hier – im äußersten Westen des Landes – ist die Landschaft stattdessen mit hüfthohem vertrocknetem Gras durchzogen, und auf der Fahrbahn liegt Staub. Sicher hätte mir meine Erdkundelehrerin dieses Phänomen erklären können, vielleicht irgendeine Auswirkung der Meeresströmungen vor der Küste oder so. Hier jedenfalls ist es so furztrocken und karg, dass Flammen nur wenige Meter neben der Piste in die Höhe schlagen. Die Grassteppe ist übersät mit wütenden Feuern, die Straße bedeckt mit einer dicken

Schicht feinsten braunen Staubs, den die Reifen aufwirbeln und der mir nicht nur im Rückspiegel komplett die Sicht nimmt, sondern auch durch sämtliche Ritzen seinen Weg ins Innere des Autos findet. Um besser atmen zu können, ziehe ich mir mein T-Shirt bis knapp unter die Augen übers Gesicht.

Zum Staub und den Bränden kommt die zu Wellblech deformierte Fahrbahn, die Schlaglöcher meist erst im allerletzten Moment erkennbar macht. Als Fahrer hat man bei welligen Pisten wie dieser genau zwei Möglichkeiten. Erstens: Man fährt langsam, also etwa 20–30 Stundenkilometer, und lässt sich durchschütteln wie einen Gummiball, bis die Bodenwellen nachlassen. Nachteil: Für eine Afrikadurchquerung bräuchte man Jahrzehnte. Zweitens: Man fährt 70–100 Stundenkilometer und fliegt praktisch über die Unebenheiten – durch die hohe Geschwindigkeit haben die Reifen nämlich nicht genug Zeit, um nachzugeben. Man sitzt weitgehend ruhig im Sattel. Der Nachteil hierbei ist, dass sich der Bremsweg beachtlich in die Länge zieht, sodass der Fahrer sich extrem konzentrieren und Schlaglöcher sowie Kurven und Hügel rechtzeitig gut einschätzen muss. Ansonsten: Hasta la Vista! Trotzdem kann man sich denken, für welche Alternative ich mich entschieden habe.

Doch wie man auch fährt, 50 Stundenkilometer bleiben ein guter Tagesschnitt, den man selten übersteigt. 300 Kilometer von einem Ort in den nächsten sind eine Tagesreise, dazwischen gilt das Gesetz der Natur und der Menschen, die in ihr leben. Das Gesetz von Bächen, die Brücken zerstören, von Regen, der tiefe Furchen durch Straßen zieht, von Pflanzen, die zurückerobern, was einst ihr fruchtbarer Boden war, von Straßen, die sich an Hügeln vorbei- oder über sie hinwegschlängeln, jedoch nie durch sie hindurch. Ich habe seit meiner Landung in Afrika nicht einen Tunnel durchfahren. Vor allem aber gilt das Gesetz der Sonne, die den Busch und die Straße so weit austrocknet, dass alles nur noch brennt und staubt. Sobald man anhält, aussteigt, sich Dorfgemeinschaften offenbart, gilt letztlich das Gesetz der Gesten und des Lächelns.

Zurück im Auto habe ich Musik, Ladegeräte und Navi zur Hand. Auf dem Armaturenbrett sind Bilder und Postkarten, vom Rückspiegel hängen Ketten, die ich im Laufe der Zeit geschenkt bekommen habe, auf dem Beifahrersitz und dahinter liegen Ess- und Trinkbares. Der Jeep ist Wohnzimmer und Küche zugleich, deren Hand- und Kunstwerk ich inzwischen perfekt beherrsche. Brötchen schmieren und gleichzeitig mit den Knien Schlaglöcher meiden? Kein Problem. SD- oder SIM-Kartenwechsel noch weniger. Die Stunden im Cockpit des Jeeps vergehen, Zeit zu reflektieren und auch Zeit, sich verrückt zu machen.

Die Panik der ersten Tage der PEP aber hat langsam nachgelassen, so auch das schlechte Gewissen und der Kater. Die Nebenwirkungen der Medikamente sind immer noch heftig, doch nicht mehr ganz so unerträglich wie anfangs. Meine Tage fangen um fünf Uhr morgens mit einem Ritual an, dessen Ende ich nicht erwarten kann. Ich habe mich entschlossen, dankbar zu sein für das, was passiert ist, für die Herausforderung, und die physischen und psychischen Qualen durchzustehen, die jeden Tag wie eine Ewigkeit erscheinen lassen. War es nicht auch das, was ich wollte, Entschleunigung, so wie damals mit zwölf Jahren mit dem Skateboard unter dem Arm? Ich bin dankbar dafür, dass dies der längste Monat meines Lebens sein wird und ich – hoffentlich – schon bald zurückschauen und mich fast mit einem Lächeln auf den Lippen daran erinnern werde, an die Zeit, an die Erfahrung, damals, als ich auf PEP von Kamerun bis Angola gefahren bin. Ich habe herausgefunden, dass ich das Loch in meinem Brustkorb mit etwas Gelbem, Warmem – einem Gefühl – füllen kann, das den Knoten in meinem Hals löst. Auch habe ich verstanden, dass mein Schicksal nicht in meiner Hand liegt, umso mehr aber, wie ich mit dieser Erkenntnis umgehe: Es ist meine Entscheidung, ob ich jetzt weine und depressiv werde. Oder ob ich die Reise genieße und sie zur besten Zeit meines Lebens mache.

Mitten im Kongo also. Die korrekte Bezeichnung übrigens lautet Republik Kongo, nicht zu verwechseln mit der Demokratischen Republik Kongo, denn so heißt das Nachbarland. Ich habe es mir anders vorgestellt, so wie meistens, wenn ich in den letzten Monaten eine Grenze überquert habe. Aber wie sollte es auch anders sein? Womöglich ist der Kongo das am meisten mit Mythen und Klischees beladene Land Afrikas. Allein schon aufgrund Joseph Conrads *Heart of Darkness,* einem Klassiker der englischen Literatur, wird das Land mit finsteren, todbringenden Abenteuern in Verbindung gebracht – das Epizentrum archaischer afrikanischer Legenden. Auch der vermeintlich größte Boxkampf aller Zeiten, Rumble in the Jungle, zwischen den US-amerikanischen Schwergewichtsboxern George Foreman und Muhammad Ali, hat auf kongolcsischem Gebiet stattgefunden, in Kinshasa, der Hauptstadt des Nachbarlands, dem »zweiten« Kongo. Dass es überhaupt mehrere Kongos gibt, geht auf die Kongokonferenz in Berlin 1884 zurück. Mit Otto von Bismarck als Gastgeber wurden nicht nur das große Ausschlachten und die Zerteilung Afrikas besiegelt, sondern das Gebiet der heutigen Demokratischen Republik Kongo König Leopold II. von Belgien sozusagen als »Privatkolonie« zugeteilt. Der westliche Kongo, die heutige Republik Kongo, wurde französisch. Dafür nahm man eine Karte von Afrika – die zur damaligen Zeit natürlich noch voller Fehler und Ungenauigkeiten war – sowie einen Stift und zog eine geschwungene Linie mitten durch den Urwald. Das war fortan die Grenze von Belgisch-Kongo. Dass zu diesem Zeitpunkt in einem Großteil des Gebiets noch nie ein Weißer gewesen war, interessierte niemanden. Seine Bewohner wurden also mit einem Handstreich Fremder, die nichts über das Land wussten und sich 6000 Kilometer weiter nördlich aufhielten, »kolonialisiert«. Und das Absurdeste daran: Die willkürlich gezogene Grenze besteht zum Großteil bis heute und grenzt die Demokratische Republik von seinen Nachbarstaaten ab.

Was für ein Irrsinn ...

ENTTARNTE KLISCHEES

Ich fahre eine weitere Runde durch den Außenbezirk Dolisies, der drittgrößten Stadt des Landes, und scanne auf der Suche nach einem geeigneten Platz zum Schlafen die Umgebung. Es ist ruhig, und viele der kleinen Häuser sind nur halb fertig oder scheinen leer zu stehen. Wie so oft ziehen sich tiefe Furchen durch die unasphaltierten Straßen, die mich ein zweites Mal vorbei an einem Haus führen, das mir schon beim ersten Mal aufgefallen ist. Es ist das Haus mit dem meisten Leben. Das spüre ich. Die Fenster sind hell erleuchtet, und aus dem einstöckigen, rudimentären Haus fallen Lichtbahnen auf die Terrasse. Hier sitzen Jung und Alt beisammen. Dazwischen spielen Kinder auf noch wackligen Beinen mit einem Ball. Es liegt eine positive Energie in der Luft, transportiert durch den Klang schöner, freudiger Stimmen und dem Geruch von Essen. Diesmal halte ich an.

Aus dem Schicksal von Denis, meines Reisebekannten, der in Onitsha in Nigeria getötet wurde, habe ich gelernt. Wenn ich nicht in der absoluten Wildnis, sondern in einem Dorf oder einer Stadt nächtigen will, frage ich zuerst nach dem Chef, dem Pastor oder einer respektierten Familie. Seit den Nomaden in der Wüste Mauretaniens hat mich niemand mehr fortgeschickt, ich habe immer sicher übernachtet, und in der Regel sind erfreuliche und lehrreiche Begegnungen entstanden.

Diesmal frage ich durch das Fenster meines Jeeps, ob es in Ordnung wäre, wenn ich mein Auto hier abstelle und darin schlafe. Ich sei ein Reisender, erschöpft von der Fahrt und wolle am nächsten Tag weiter. Die Reaktion ist nicht einmal besonders verwundert, die Körpersprache meines Gesprächspartners sagt: »Ja klar, warum nicht, ist mal was anderes.«

Man lädt mich auf die Terrasse ein, wo ich auf einem Plastikstuhl Platz nehme und durchatme. Nach einem langen Tag im Auto und der Suche nach einem Schlafplatz ist es immer schön, irgendwo anzukommen. So beiläufig wie hier die Nachbarschaft ein und aus geht, die Kinder herumtollen und eines von ihnen auf meinen Schoß steigt, mutig meinen Bart begutachtet und mit großen Augen daran zieht, so beiläufig füge ich mich in die Kulisse ein. Aus dem Inneren des Hauses dringt das Murmeln eines Fernsehers an mein Ohr, die Wände sind weiß gestrichen, die Fenster aus dünnem Glas, nach außen hin geschützt von einem Metallgitter, und die Metalltür auf die Terrasse steht weit offen. Nach und nach tauchen verschiedene Gesichter aus dem Inneren des Hauses auf, viele begrüßen mich, mal schüchtern, mal freudig. Ein Mann schlendert, kaum von mir Notiz nehmend, beiläufig vorbei, steigt in das rostige Taxi, das vor der Tür steht, zündet und fährt ab. Immer wieder findet die Frau des Hauses zwischen Küche, Fernsehen und Kindern die Zeit, gute Laune zu verbreiten.

»Die sieben Kinder sind alles meine«, erzählt sie mir später stolz und lässt sich erschöpft von Küche, Kindern und Hausarbeit auf den Stuhl neben mir fallen. Drei Kinder mehr hätte sie gerne noch, zehn Stück insgesamt. Sie wirft mir einen Blick zu, der nach Bestätigung sucht, den ich am Ende aber wohl eher halbherzig erwidere. »Viele Kinder sind gut«, da sind sich auch die drei Jugendlichen am anderen Ende der Terrasse, zwischen 15 und 19 Jahren alt, völlig einig.

»Typisch afrikanisch«, würden an dieser Stelle vermutlich viele Europäer behaupten und dann die ewige Leier der sich immerzu vermehrenden Afrikaner abspulen, deren rassistischer Unterton unüberhörbar ist. Um der Wahrheit die Ehre zu geben: Ich habe in keinem Land bisher »das« typisch Afrikanische gefunden, es existiert allenfalls als Mythos. Nichtsdestotrotz erscheint mir der Gedanke an Familien mit zehn Kindern gerade im urbanen Raum nicht mehr zeitgemäß, egal wo auf der Erde, und entsprechend diplomatisch zögere ich mit meiner Antwort.

Sekunden später ist das Gelächter groß, und ich bin erlöst. Sie haben das Klischee von der afrikanischen Großfamilie ausgegraben, um mich auf den Arm zu nehmen. Als hätten sie testen wollen, ob Weiße wirklich so doof sind und alles abnehmen, was man ihnen erzählt. Und schnell wird klar: Die meisten der kleinen Kinder stammen aus der Nachbarschaft, und lediglich einer der Jugendlichen ist der Sohn der Hausfrau, eines von drei Kindern. »Und mehr will ich auch gar nicht«, erklärt sie, in ihrem Stuhl vor und zurück wippend, immer noch sichtlich amüsiert.

»Kongo«, fährt es mir einmal mehr durch den Kopf. Nirgends auf der Welt ist die Kluft zwischen der Realität, dem Jetzt und Hier, und dem Konstrukt, wie ich es daheim »gelernt« habe, oder besser: wie man mich dort indoktriniert hat, so groß wie hier in diesem Land, das für immer und ewig als »Herz der Finsternis« gelten wird. Die Jugendlichen aus der bescheidenen Mittelschicht spielen Fußball, und das Mädchen ist Mitglied im Kirchenchor, wie sie später mit einer Gesangseinlage eindrucksvoll unter Beweis stellt. »Ich möchte nach der Schule gerne Jura studieren und Anwältin werden«, erklärt sie, »an der Universität in Pointe-Noire!« Ihr wesentlich jüngerer Cousin, der sich gerne den Kapuzenpullover ins Gesicht zieht und ein bisschen schüchtern wirkt, murmelt: »Pilot, ich möchte Flugzeuge fliegen.«

Da sitzen wir nun bis spät in den Abend, essen eine Süßspeise, die die Mutter aus dem Haus herbeigeholt hat, und unterhalten uns über das, worüber man sich ebenso unterhält, hier wie dort, ob zu Hause in Europa oder zu Gast im Kongo.

MIT KALASCHNIKOW DURCH DEN BUSCH

Der Luftfilter wird zum Sandkasten. Die Straße könnte härter nicht sein. Wieder Wellblechbelag, überzogen mit einer zentimeterdicken Staubschicht, unter der sich in regelmäßigen Abständen tiefe Schlaglöcher verstecken. Beim Einschlag in diesen Löchern kommt es zu einem echten Phänomen: Als würde man einen Fluss mit zu hoher Geschwindigkeit kreuzen, spritzt der Staub wie Wasser über die Motorhaube hinweg und läuft dann – als wären es Tropfen – an der Windschutzscheibe herab. Dazu kommt reger Verkehr. Es ist nicht irgendeine Straße, sondern die Hauptverkehrsader zwischen Brazzaville, Kinkala, Dolisie und der Hafenstadt Pointe-Noire, die im Süden der Republik Kongo von Ost nach West führt. Auf der sich durch den Busch windenden, selten mehr als fünf Meter breiten Piste kommt mir im Minutentakt ein Stahlkoloss mit einem einzelnen langen und mehrere Meter durchmessenden Baumstamm entgegen, von einer Rodung irgendwo im Inneren des Landes. Fenster hoch, tief Luft holen, abbremsen bis fast zum Stillstand, so weit rechts halten, wie es nur geht, und beten – Stunde um Stunde. Seit Kamerun schon habe ich mich an dieses seltsame Phänomen gewöhnt. Doch auch jetzt noch, im Kongo, tut es jedes Mal weh, wenn ich einen Hunderte Jahre alten Baum auf der Ladefläche eines Lkws sehe. Und so fühlt es sich im Minutentakt falsch an, wenn Baum um Baum seinen Weg Richtung Pointe-Noire, Duala oder Libreville findet, von dort aus in die Welt verschifft wird, um später als Klopapier oder Tropenholztisch einen Arsch oder eine Bonzenvilla zu zieren.

Irgendwann ist dann die Straße gesperrt. Eine mit einem Schild versehene Schnur hängt über die Straße, links und rechts sehe ich improvisierte Verschläge mit Militär. Der Checkpoint zieht Leben an, es brodelt, Tiere und Kinder laufen durch die Gegend, und aus irgendeiner Ecke wummert die obligatorische Popmusik. Angewiesen, mein Auto zu parken, suche ich gemächlich meine Papiere zusammen und schlendere mit der Mappe unter dem Arm dorthin, wo ich anscheinend hinsoll. Eine Gruppe aus Militär und Polizei schaut meine Unterlagen durch. Alles scheint in bester Ordnung, doch als ich wieder losfahren möchte, pfeift mich einer der Militärs energisch zurück. Ich darf nicht alleine weiterfahren. Ich befinde mich im Pool-Staat, dem Rückzugsgebiet der Ninja-Rebellen, die vereinzelt immer noch für Überfälle sorgen. Ehe ich mich versehe, habe ich einen Soldaten mit einer Kalaschnikow neben mir sitzen. »Bonjour!«, nicke ich ihm höflich zu und räume ein wenig den Sitzplatz und Fußraum frei. »Bonjour!«, murmelt der Soldat, während er einen Teil des Maschinengewehrs wegklappt und sich emotionslos neben mich setzt.

Überrascht von der Sicherheitsmaßnahme beobachte ich das Dickicht am Straßenrand von nun an mit anderen Augen. Ich stelle mir vor, wie ein vermummter, mit Palmblättern getarnter Rebell ganz plötzlich aus dem Unterholz poltert und mich mit einer Panzerfaust bedroht. »Ziemlich übertrieben«, überlege ich, »aber ein Maschinengewehr würde ja schon reichen.« Meine Begleitung scheint die Sache nicht ganz so ernst zu nehmen wie ich und hat jetzt die Augen geschlossen. Schläft er? Der Rebell mit der Panzerfaust würde kurzen Prozess mit einem schlafenden Soldaten machen … »Beste Lage für einen Hinterhalt«, überlege ich weiter, während meine Augen auf das Maschinengewehr stieren, das gesichert zwischen den Beinen des Soldaten klemmt. »Wie viel Kugeln hast du dabei?«, frage ich. Mehr um zu testen, ob er wirklich schläft als aus Interesse, ich weiß ja gar nicht, wie weit man mit zehn oder 50 Schuss kommt. Der Soldat regt sich nicht, und für einen kurzen Moment bin ich tatsächlich besorgt. »120«, murmelt er dann leise und gelangweilt, als wären 120 Schuss Munition nur eine Beiläufigkeit.

»Hoffentlich schießt der besser, als er smalltalkt, wenn es drauf ankommt«, überlege ich und reiche ihm die Zigarettenpackung. Und ich meine sogar, zwischen dem Klappern des Pajeros und der Musik aus den Lautsprechern ein »Merci!« zwischen seinen Lippen hervordringen zu hören.

Für die nächste Stunde jedenfalls wird er meine Zigaretten wegschmauchen und lieber nicht so viel reden. Mal etwas anderes. Und als später der Wald nicht mehr ganz so dicht, meine Zigarettenschachtel leer ist und wir die Rebellengegend langsam verlassen, steigt er bei einem Verschlag aus, an dem zwei weitere Soldaten herumhängen. »Kann er ab jetzt die anschweigen und deren Tabak wegrauchen.« Der Rebell mit der Panzerfaust hat wohl an einer anderen Straße gewartet ...

Ich winke zum Abschied, meine Begleitung winkt nicht, und kaum bin ich weitergefahren, geht die Strecke genauso übel weiter wie vorher – sie ist ein Abenteuer und verlangt mir wirklich alles ab. Offroading am Limit, der Jeep setzt an allen Ecken und Enden auf, Neigungen kurz vor dem Kipppunkt, Engpässe, die zu passieren nur mit knapper Not möglich ist, Steigungen, die man nur mit Differenzialsperre hochkommt, und Schlamm, jede Menge Schlamm. Ein Offroad-Highlight, seit Jahrzehnten nicht mehr gewartet, mitten durchs Niemandsland. Die schlechteste Straße, die ich in Afrika und in meinem ganzen Leben bisher gefahren bin. Straße, Piste, Weg – alles beschönigende Worte. Im unwegsamen Gelände neben der Straße herzufahren, ist manchmal einfacher. Bei so viel Schaukeln, Bremsen und Beschleunigen bekomme ich Kopfschmerzen.

Dann bin ich plötzlich an der Grenze zur Demokratischen Republik Kongo, am Ufer des Flusses Kongo, dem zweitgrößten Strom in Afrika. Was für ein Ungetüm. Da der Kongo durch beide Hemisphären fließt, den Äquator also überquert, wird er das ganze Jahr über durch eine Regenzeit gespeist. Wenn es südlich des Äquators trocken ist, ist es der Regen im Norden, der den Fluss anreichert, und umgekehrt.

Hier am Ufer aber ist er einigermaßen friedlich, es tuckert eine alte, gebrechliche Fähre von der einen zur anderen Seite, und der Fluss wirkt hier eher wie ein riesiger brauner See. Ganz anders an der Stromstelle zwischen den beiden Städten Brazzaville und Kinshasa, wo eine schier unbeschreibliche Menge an Wasser die felsige Stromenge entlangschießt, das Ende einer schiffbaren Passage und Grundstein für die Entstehung der beiden Metropolen. Obwohl das Flussbett an dieser Stelle zwischen den beiden Städten relativ schmal ist, sieht man die Skyline der 12-Millionen-Metropole Kinshasa kaum im Dunst am Horizont. Eine einmalige Situation, dass zwei Metropolen sich so nah und doch so fern sind, keine Brücke, kaum Boote.

Und drüben: geht es weiter mit einer desolaten Straße, mit abendlichem Verkehrschaos, und als ich noch am gleichen Tag – wieder einmal eine sportliche Leistung – an dem längst geschlossenen Grenzposten Demokratische Republik Kongo–Angola ankomme, begrüßen mich etliche Frauen, die in Holzverschlägen Essen verkaufen: »Jesus, Jesus, Jesus ...«

Ich habe es ja geahnt.

12
Angolas Küste südwärts – das Dubai Afrikas

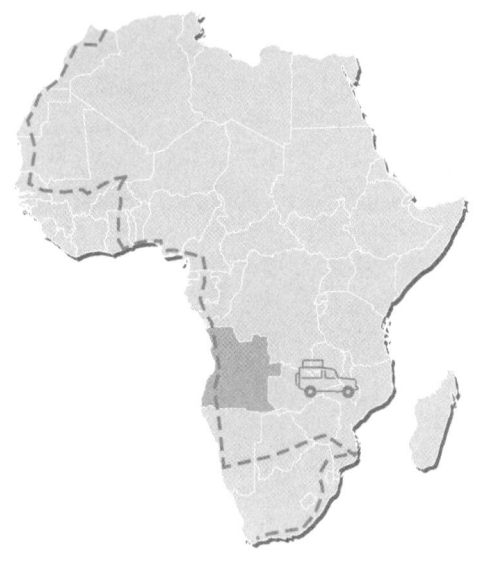

Angola

Hauptstadt: **LUANDA** · Einwohnerzahl: **25 790 000** ·
Amtssprache: **PORTUGIESISCH** · Währung: **KWANZA**

Luanda, die Hauptstadt Angolas, gilt als teuerste Stadt der Welt – zumindest, wenn man einen westlichen Lebensstil erwartet. Für eine Drei-Zimmer-Wohnung zahlt man hier umgerechnet 14.000 Euro Miete pro Monat.

Das Volk der Mwila in Angola hat die Dreadlocks erfunden. Sie pflegen diesen Haarstil schon seit Jahrhunderten.

Die Preise auf der Speisekarte sind so hoch, dass ich mir beim Schlucken beinahe den Kehlkopf auskugle. Während sich vor dem Fenster das Ausmaß der Megametropole Luanda, Hauptstadt Angolas und ursprünglich São Paulo da Assunção de Loanda genannt, offenbart und das schummrige Lichtermeer der informellen Stadtteile sich bis zum Horizont ausstreckt – Greater Luanda hat 2018 mehr als zehn Millionen Einwohner –, servieren Kellner Essen und Getränke. Das Zentrum entlang des Marginal – der Strandpromenade – ist drückend dicht bebaut, neben alten Kolonialgebäuden wie dem der angolanischen Zentralbank, die in makellosem Rosa und Weiß melancholisch imperialer Vergangenheit nachtrauert, schießen links und rechts düstere Hochhäuser in den Himmel. Ich bestelle Arroz de Polvo, ein typisch portugiesisches Gericht aus Reis und Tintenfisch, und Bier – ein portugiesisches Superbock – und stimme mich auf die Nacht ein.

Als das Dubai Afrikas bezeichnen deutsche Leitmedien wie die ZEIT und der Deutschlandfunk Luanda gern, und im Stadtkern erscheint dieses Bild auch beinahe zutreffend. Die Neonreklame des größten staatlichen Ölkonzerns Sonangol E. P., die hoch oben über den Dächern prangt, spiegelt sich in den Glasfassaden der breiten Straßen der Nachbarschaft. Blickwinkel wie diesen verwendet das staatliche Fernsehen gerne, während die Wettervorhersage läuft. Imperialer Glanz, vermischt mit moderner Architektur, das Antlitz einer sauberen, dynamischen Weltstadt. Was der staatliche Fernsehsender eher meidet, ist der Blickwinkel nicht mal eine halbe Kopfdrehung weiter. Brachiale Hochhausfassaden, aufgegeben, lange bevor die Fenster gesetzt wurden, weil sich Millionen in Luanda verlieren wie Kinder im Holidaypark und der Kurs der staatlichen Währung so instabil ist wie der Stuck der Fassade der Zentralbank geschwungen.

Angola, das in den Sprachen Kimbundu, Umbundu und Kikongo nur »Ngola« heißt, war bis vor einigen Jahren in einen Jahrzehnte andauernden Bürgerkrieg verwickelt und ist seitdem fest in der Hand der MPLA und seines Präsidenten José Eduardo Dos Santos beziehungsweise seit 2017 dessen Nachfolgers, João Lourenço. Touristen sind ungern gesehen, zumindest bisher, ganz im Gegensatz zu ausländischen Ölkonzernen und Investoren, die Angola mit einem Bruttoinlandsprodukt von 95,8 Milliarden US-Dollar zur nach Südafrika und Nigeria drittgrößten Volkswirtschaft von Subsahara-Afrika machen. Das Bruttoinlandsprodukt und der Außenhandel Angolas sind in den letzten Jahren aufgrund steigender Einkünfte durch die Erdölausfuhr massiv gewachsen. Damit steht Angola an 120. Stelle von rund 200 Ländern insgesamt. Gleichzeitig lebt ein Großteil der Bevölkerung in Armut. Der Strom an schwarzem Gold lockt Firmen und Expats aus der ganzen Welt an, alle und jeder wollen ein Stück vom großen Kuchen, von den Milliarden, die tagtäglich umgesetzt werden. Die Preise für den westlichen Lebensstandard gehen seit Jahren durch die Decke. Die Hauptstadt Luanda gilt als die teuerste Stadt der Welt.

Als würde all das, der Großstadtwahnsinn, die Mächte des Bösen und des Geldes, der Lärm und der Gestank, die Verdammnis und die Hoffnung, die Aufstiegschancen, die Liebe und die Drogen, nicht existieren, bläst ein Mädchen direkt vor meinem Fenster, draußen auf der Promenade, mit all seiner Ruhe und Liebe zum Detail eine Seifenblase auf, als wäre die Welt in Ordnung und die Zeit stünde still. Real aber ist sie nicht. Das Mädchen im schwarz gepunkteten weißen Kleid ist ein riesiges buntes Graffiti, das sich über die gesamte Fassade eines alten, renovierungsbedürftigen Kolonialgebäudes zieht, umgeben von engen, dunklen Gassen und direkt neben einem vierzigstöckigen Rohbau mit der erschlagenden Wirkung eines Aufwärtshakens. »Jawohl, auch hier! Auch hier hast du die Macht, dir deine Welt, deine Blase zu kreieren, in der du glücklich bist«, scheint der Künstler uns ermutigend zurufen zu wollen. Vielleicht fasst er aber auch nur zusammen, was das Gebäude, auf dem er sein Kunstwerk angebracht hat, für ihn bedeutet. »Peace«, »Love«, »No Violence«, »No Homophobia«, »No Sexism«, »No Racism«, »Art«, »Culture«, »Theatre« sind die Worte auf jeweils einer der Treppenstufen in den ersten Stock des ehemaligen Elinga-Theaters.

Das Elinga liegt in der Innenstadt Luandas im Stadtteil Mutamba an der Largo Tristão da Cunha. Das Gebäude gehört zu einer Gruppe von Stadthäusern aus der Kolonialzeit, die unter Denkmalschutz stehen. Leider hob die Provinzregierung 2012 den Denkmalschutz des Elinga auf und ordnete den Abriss an, weil hier ein Parkplatz gebaut werden soll. Mehrere Bürgerinitiativen, die sich großen Zuspruchs erfreuten, haben den Abriss des Elinga allerdings bisher verhindern können.

Aktivisten und Zecher gleichermaßen haben ihren Kampf gegen den drohenden Abriss an seinen Wänden verewigt. Der Protest ist zur Kunstform geworden – Texte, Gemälde, Graffiti und Zeichnungen fordern den Erhalt des Gebäudes.

Als würde die Außenwelt nicht existieren, lebt und gedeiht das Elinga, es explodiert förmlich vor Freiheitsdrang und Farbenfreude, und sein einzigartiger Klang schallt bei nächtlichen Partys bis weit über den Marginal hinaus in die Stadt. Auch wenn die Tage des Theaters gezählt scheinen, ist es unmöglich, die Seele dieses Ortes zu töten, die sich in seinem eklektischen, schwer zu beschreibenden Ambiente manifestiert. Hier treffen sich die verschiedenen urbanen Stämme Luandas, interagieren und geben ihrem Lebensgefühl Ausdruck. Dieses Aufeinandertreffen diverser Subkulturen kollidiert mit einem repressiven System in einer Form, die so überwältigend ist, dass es mir jedes Mal die Nackenhaare aufstellt, wenn ich nur darüber nachdenke. Als hätte man eine Linie gezogen: »Bis hierher und nicht weiter. Das ist unser Mikrokosmos. Hier nehmen wir uns die Freiheit. Hier raven wir bis in die frühen Morgenstunden zu den minimalistischen Rhythmen Berlins und Londons, so laut, dass uns auf der von Graffitis umgebenen Dachterrasse die Ohren wegfliegen. Hier spielen wir Heavy Metal und pogen so hart, dass uns die Gesichter bluten, hier rappen wir, und zwar ohne Kompromiss und Zensur. Hier küssen und leben wir, wie wir es möchten, ob weiß, braun oder schwarz, Mann oder Frau, schwul oder hetero, ob Punk oder Bankangestellter.«

Das Elinga unweit des Marginal, der palmengeschmückten Promenade, die sich im großen Bogen um die Lagune bis la Ilha erstreckt, wo die Reichen und Schönen logieren, ist einmalig und aufgrund seiner Durchschlagskraft und Willensstärke eine der besten Ausgehlocations weltweit. Morgen werden wieder Jogger und Passanten den Gehweg in Anspruch nehmen. Cafés werden typisch portugiesische Spezialitäten wie Pastéis de Nata mit Kaffee Galão oder einen Espresso Pingado servieren, und man wird hier aus einem Blickwinkel ein Idyll sehen, aus einem anderen hingegen eine Lagune, in der so viele Plastikflaschen und -tüten schwimmen, dass aus ihr eine riesengroße braun-bunte Lache wird.

An der ebenfalls braunen, weniger exotisch als toxisch aussehenden Lache in einer Seitenstraße des Bezirks, in dem meine Gastfamilie wohnt, ändert der Blickwinkel leider weniger. Er bestimmt lediglich, wie viele braune, fast schon ölige Lachen man entlang der Straße sieht. Der Lehmboden ist so ausgehärtet, dass nichts ins Erdreich versickert, und der Nachschub an Dreckwasser, der aus den Haushalten auf die Straße fließt, ist so groß, dass es niemals ganz verdunstet.

Es sind diese Wege, auf die ich mich nach meinem Ausflug zum Mittagessen an die Promenade mache. Ich werde das Essen auch diesmal bei mir behalten können, das weiß ich, schon seit einigen Tagen geht es aufwärts mit meiner Gesundheit – und mit meiner Stimmung. Ich kann ein ganzes Bier trinken, ohne dass mir schlecht wird, und mein Stuhlgang riecht mittlerweile nicht mehr so völlig abartig wie in den letzten Wochen.

In den Straßen, die ich durchquere, stinkt es. Die Wände zieren altes Graffiti, und Plakatfetzen bedecken ihre grobputzige Haut. Von Knotenpunkten aus verlaufen durchhängende Kabel zu den jeweiligen Einfamilienhäusern – so auch ins Haus der Nascimentos.

Das jüngste der Kinder, Defania, pflegt den Couchsurfing-Account ihrer Familie, was dazu führt, dass sich hier und da ein Fremder in die vier Wände der Familie verirrt. Señor Nascimento hat es gelassen genommen, als ich mit meinem Auto vor der Tür stand, wir haben die wichtigsten Sachen ins Haus getragen, das Auto steht jetzt in einer Seitenstraße der Stadt.

Als ich vor die Haustür trete, kommt mir Defania entgegen und winkt energisch, aber sichtlich freundlich. Ihr Vater braucht Hilfe. Ich fühle mich besser als in den letzten Tagen und daher – natürlich – stark wie ein Bär, weswegen ich ohne mit der Wimper zu zucken Señor Nascimento dabei helfe, einen großen Wasserbehälter auf das Vordach im Innenhof zu befördern. Der pensionierte Mann hat in einem Raum eine stolze Kollektion an Heimwerkerutensilien, das Haus hat er selbst gebaut. Obwohl er nicht mehr der Jüngste ist, packt er an, was geht, und verbringt viel Zeit auf seiner kleinen Farm nordöstlich von hier, erzählt Defania mir später stolz, und doch verdreht sie dabei die Augen, um den Altersstarrsinn ihres Vaters zu kommentieren. Seine Frau, Defanias Mutter, ist gerade für eine Augen-OP bei ihrem ältesten Sohn in Spanien. Im Haus sind nur wir drei, Señor Nascimento, Defania und ich. Manchmal kommt sein zweiter Sohn vorbei, der am anderen Ende der Stadt als Lehrer arbeitet.

Obwohl es eine miefende Seitenstraße Luandas ist, in die sich viele der Ölingenieure und Expats während ihrer Arbeitsaufenthalte niemals wagen würden, fühle ich mich wohl. Ich verstehe mich mit Defania, die fließend Englisch und Spanisch spricht, als würden wir uns schon seit Langem kennen. Señor Nascimento erinnert mich an meinen Vater, der auch gerne Hausarbeiten selbst in die Hand nimmt. Der Bruder, der manchmal vorbeikommt, ist so tiefenentspannt, dass er genau so viel nachfragt, wie es angenehm für mich ist und mich nicht löchert oder mir das Gefühl gibt, ein Alien zu sein. Was angesichts meiner Geschichte und meines Aussehens vielleicht nicht selbstverständlich ist. Und das letzte Mal, dass ich auf afrikanischem Boden eine Straße entlanggelaufen bin und mir niemand »Jesus!« nachgerufen hat, muss im Senegal gewesen sein …

Normal. Es ist alles irgendwie normal, was eigentlich total unnormal ist, aber auch irgendwie typisch. Immer wieder habe ich das Gefühl, dass die Menschen mich hier besser verstehen und vor allem besser lesen können. Nicht, weil ich ihnen ähnlicher bin, sondern weil die Menschen hier und vielerorts entlang meiner Reise nicht verlernt haben, Menschen in die Seele zu schauen. Auch hier fühle ich mich verstanden und akzeptiert und finde die Zeit und Aufmerksamkeit, die ich benötige, um mich zu sortieren, Papiere zu erledigen, die bald via DHL eintreffen sollten, und, wie sollte es anders sein, mein Auto zu reparieren.

Tock! Tock! Der Mechaniker ist entsetzt. Ungläubig schaut er abwechselnd auf den Boden, wo sich langsam, aber sicher ein Sandhaufen bildet, und in mein Gesicht, mit einem Blick, der mich an den eines Lehrers oder Erwachsenen erinnert, wenn man etwas Dummes, aber nicht unbedingt Verbotenes getan hat. Der Luftfilter ist randvoll mit Staub, so voll, dass mein treuer Jeepo die letzten zwei Tage garantiert keine Luft bekommen hat. Ich zucke die Achseln. »Was soll ich dir sagen? Die Straßen waren halt die letzten rund 3000 Kilometer relativ beschissen.« Erst einige Tage zuvor habe ich mich im Norden Angolas verfahren und statt der neuen Straße der Chinesen eine 200 Kilometer lange Dschungelpiste genommen, auf der kein einziges anderes Fahrzeug unterwegs war und wo Raketenmunition, wie sie für Bazookas eingesetzt wird, am Straßenrand vor sich hin rostete. Gefahren bin ich trotzdem wieder wie ein Irrer, da ich die Piste so schnell wie möglich hinter mich bringen wollte. Der Fahrstil der letzten Tage könnte vielleicht auch den erhöhten Bremsflüssigkeitsverlust und das Leck in der Leitung erklären. »Wo hast du diesen Jesustypen ausgegraben?«, fragt der junge Mechaniker halb lachend, halb verzweifelnd Senior Nascimento. Der zuckt die Achseln und lächelt. Wir lachen!

Das Auto ist trotz allem schnell repariert, und auch dieses Mal erweist sich der Mechaniker als großzügig und hilfsbereit. Ein weiteres Mal fällt mir ein Stein vom Herzen, dass Jeepo so glimpflich davongekommen ist. Über einen jungen Zuarbeiter stecke ich dem Team etwas Trinkgeld zu, und auf dem Weg zum Haus von Señor Nascimento schnurrt mein Auto wie ein zufriedenes Kätzchen. Ich habe ihm sogar einen Ritt durch die Waschanlage gegönnt, und niemand könnte jetzt noch ahnen, dass er die letzten Monate über 25.000 Kilometer weit gefahren ist. Guter Junge! Was wäre ich ohne dich?

ZURÜCK IM WASSER

Die Medikamente der letzten Wochen haben das Surfen fast vollständig aus meinem Gehirn verbannt, lediglich im Kongo kam ich für ein paar Tage ins Wasser. Umso erstaunter bin ich jetzt, dass es mir heiß und kalt in die Glieder fährt, als ich nach scheinbar ewig langer Zeit endlich wieder mit meinem Jeep auf Strand zum Stehen komme. Ich bin aufgeregt wie beim ersten Mal, und die Übelkeit, die mir noch vor ein paar Stunden die Fahrt im Auto vermieste, ist vollständig abgeklungen. Verliebt bleibe ich einen Augenblick stehen und schaue auf den lang gezogenen Strand, an dem sich bereits meterhohe Wellen in langen Linien brechen, eine nach der anderen. Close-out, so weit das Auge reicht. Die Sehnsucht nach etwas Feuchtem – guten Wellen, die ich bis hierher rieche – ist kaum zu ertragen.

Die Landschaft ist während der letzten Stunden im Auto trocken geworden und erinnert hier dank der unzähligen Affenbrotbäume an Mali und Burkina Faso. Am Strand wuchern ein paar verkrüppelte Palmen, doch fährt man nur ein paar Kilometer ins Landesinnere, fühlt man sich schon viel mehr an Wüste erinnert. Vom äußersten Punkt des Kaps links von mir an brechend, gerade noch in meinem Sichtfeld, seicht und perfekt dosiert, pealed die Welle wie mechanisch die Landzunge entlang. Als wäre das Kap die Handfläche und die langen Dünungslinien ihre Finger, schließen diese sich langsam um den brechenden Teil der Welle, als ergreife die Hand Finger um Finger den Hals einer Bierflasche. Die Welle von Caboledo, mitten in einem riesigen Naturschutzgebiet.

»Was ist das bitte für ein Set-up?« und »Oh my God« und »What the fuck« und »Fuuuck, yeah«, schreie ich lauthals auf den menschenleeren Strand und schüttle den Kopf, um das in mir aufkommende Adrenalin noch schneller zu verteilen.

Die letzten Meter, die Schotterpiste von einem Hügel hinab ins Tal, bin ich so schnell gefahren, wie es nur ging, und wann immer ich sie nicht zwingend am Lenkrad benötigte, rieb ich mir die Hände vor Aufregung. Am Boden der Tatsachen angekommen zerre ich jetzt mein Neopren aus der IKEA-Tüte und werfe mich in Schale. Durch den Sand, entlang an den Felsen und zwei Paddelzüge später am Peak. Ein Spanier würde es la puta leche nennen, so cremig schiebt die Welle vor sich hin, dass man eigentlich ein Longboard oder Twinfin unter den Füßen haben möchte. Weite Carves, geswoopte Carves und hier und da ein kleines Stück Lippe. Am Ende der Welle schmerzen die Beine, und es wartet ein von Mal zu Mal länger werdender Spaziergang zurück zum Peak.

Wie gerufen tauchen zwei Surfer auf. Der mit dem breiten Lächeln ist Bruno, ein Junge aus dem nahe liegenden Dorf, und der mit dem etwas weniger breiten ist Henrique, ein Brasilianer aus Rio. Wir kommen kaum dazu, einander rasch anzulächeln und kurz zu begrüßen, so gierig sind wir alle drei nach den Wellen. Wir stürmen wieder ins Wasser, Stunden vergehen, in denen wir entweder kurz nebeneinandersitzen oder der eine am anderen vorbeiflitzt.

Später verabschieden sich die beiden und fahren auf einem Motorrad davon. Ich bin allein.

Und zwar so allein, dass niemand zu sehen oder zu hören ist, und das über mehrere Stunden. Die Ruhe vor dem Sturm, wobei der wohl eher in mir tobt als anderswo. Mit jeder Minute, in der ich mich mehr zu entspannen versuche und die Erschöpfung des Surfs einsetzt, wächst die Unruhe. Um 17 Uhr zähle ich nach, auf dem Boden der Plastikdose sind noch zwei der überdimensionalen Pillen übrig. Es waren doch mal 30, oder? Ich gerate ins Grübeln und zähle nach. Zähle noch mal und noch mal. 28 Tage sind seit Kamerun vergangen, das sind, ich rechne nach, genau vier Wochen. Vier Wochen – so lange dauert eine PEP. Ich atme durch und werfe die beiden Dosen mit den jeweils letzten beiden Pillen in die Überreste eines Feuers, das unweit meines Autos vor sich hin qualmt. Ich habe es geschafft, ich habe den längsten und mit Abstand härtesten Monat meines Lebens überstanden – und, dämmert es mir langsam, bald auch alles andere.

Es ist alles vorbei, die Ungewissheit, der Wahnsinn, sämtliche Endgegner sind besiegt. Mali, Nigeria, Kamerun. Ich könnte einfach am nächsten Tag losfahren und würde in spätestens drei Tagen in Kapstadt aufschlagen. Ich wäre in Südafrika, einem entwickelten Land mit klaren Regeln und Gesetzen, wo ich nicht meinen guten alten Jeepo aus irgendeinem Zoll heraus freikaufen oder sonstige Schikanen erleiden muss. Ich hätte es geschafft: die Durchquerung

Afrikas entlang der Westküste, allein mit meinem Surfboard. Die Gewissheit schlägt über mir zusammen wie ein Tsunami. An das Ende meiner Reise hatte ich nie gedacht, warum auch? Bisher. Bisher war das Ende nicht absehbar gewesen, warum also einen Gedanken daran verschwenden? Jetzt aber ist alles auf einmal da. Unmittelbar. Was bedeutet es, am Ende der Reise zu sein, und wie soll es danach weitergehen? Es ist, als würden sich zum ersten Mal seit Beginn der Reise meine Vergangenheit und meine Zukunft brachial wieder in mein Bewusstsein rücken. Wie nach einem Bungee-Jump oder Drogenrausch.

Plötzlich bin ich aufgebracht, aufgekratzt, bin wie ein Junkie auf Entzug. Ich laufe auf und ab, hin und her, schaffe es nicht, einen klaren Gedanken zu fassen, es spukt unter meiner Hirnhaut, als würden sich Maden hineinfressen wollen – oder heraus? Ich könnte aufräumen, Holz ins Feuer nachlegen und etwas Leckeres kochen, schreiben oder lesen, könnte einfach nichts tun, atmen und genießen. Unruhe. Unwohlsein. »Was ist mit mir los?«, frage ich mich, und Panik macht sich in mir breit. »Kommt jetzt der schon lange überfällige Nervenzusammenbruch?«

Achtundzwanzig Tage – ein Monat im Schnelldurchlauf in meinem Kopf: Ein Mord. Straßentote. Ein Mob. Grauenhafte Angst vor Aids. Fette XXL-PEP-Pillen. Ein beschädigtes Auto. Die Angst zu scheitern, alles zu verlieren, wahnsinnig zu werden oder gar zu sterben. All die Eindrücke, der Wahnsinn der letzten Wochen, holen mich jetzt ein. Nein, nicht nur das. Sie prügeln auf mich ein, der Tunnel ist vorüber, aber das Licht am Ende blendet so grell, dass es mir wie Folter vorkommt. Ich möchte nicht mit mir alleine sein, möchte mich ablenken, doch die Unruhe lässt das nicht zu, hält mich fest in ihren Krallen. Ich kann den ganzen Abend und die Nacht nichts mit mir anfangen, raufe mir die Haare, kaue auf der Unterlippe, esse viel zu hastig und fühle mich unwohl, habe Magenschmerzen. Um 18 Uhr wird es dunkel, ich bin sieben Stunden lang allein, bis um ein Uhr nachts, in Angola, in Afrika, in Caboledo. Ich schleiche wie ein Geist herum, liege auf meinem Auto und sitze darin. Ich weine nicht, obwohl das vermutlich das Beste wäre – einfach ein paar Stunden lang alles herausheulen, die Last von den Schultern werfen. Doch ich habe die letzten Monate nicht geweint, und ich tue es auch in dieser Nacht nicht. Der Schlaf erlöst mich am Ende von mir selbst.

Gut schlafe ich nicht. Aber am nächsten Morgen sind die Wellen gut, und zum Glück kommen Bruno und Henrique aus dem Nachbardorf wieder vorbei, mit denen ich mich ablenken kann. Auch dieser Tag vergeht. Die Wellen und die Gesellschaft lindern den Schmerz, sind Methadon für die Blutbahn.

Die beiden Surfer wollen mich mitnehmen und ich willige dankbar ein. Ich kann nicht allein sein – die Einsamkeit frisst mich auf, droht, mich wieder in dieselbe Stimmung zu treiben wie am Vorabend. Also fahre ich ins Carpe Diem, ein Resort am Ende des Dorfs. Das kalte Bier, die Zigaretten und natürlich die Gesellschaft tun gut.

Henrique kommt aus Brasilien und war Fußballer, als ein Abend in Rio sein Leben schlagartig änderte. Zwar hat er die Schussverletzung in den Bauch überlebt, Fußball jedoch wird er nie wieder spielen können. Er war ein gebrochener Mann, der die Lust am Leben verloren hatte, bis er anfing, Kneeboard zu surfen. Das Surfen brachte ihm die Lebenslust zurück – und die Inspiration, diese Erfahrung zu teilen. Er gründete die Organisation AdaptSurf und ermöglicht in Rio de Janeiro seit 2007 körperlich Eingeschränkten, ins Wasser zu kommen und mit den Wellen zu spielen. Die Reise nach Angola ist ein Lebenstraum, sein Freund Bruno hilft ihm, ins Wasser zu kommen. Der Besitzer des Resorts gibt mir Essen und einen Platz zum Schlafen. Wellen, kaltes Bier und gute Gesellschaft werden mich die nächsten Tage vor mir selbst bewahren.

DER GEPLATZTE KNOTEN

Ich bin wieder allein, allein mit mir selbst, und immer noch fühle ich mich unwohl, und das, obwohl dies der beste Tag meines Lebens sein sollte, ich starre auf eine leere, perfekte Welle in einer gemalten Landschaft. Doch all das lässt mich kalt. Es rührt mich nicht, kann mich nicht begeistern. Der kalte Entzug hält an. So geht es mir auch in der ersten, zweiten, dritten und vierten Stunde auf dem Wasser ... »Halte durch, Carlo, halte durch, hör nicht auf mit der Therapie, lass dich heilen, lass das Gefühl der Liebe, das Gefühl des Surfs, des Meeres dich heilen ...«

Ich zwinge mich über mehrere Stunden, weiter zu surfen, und dann, ganz plötzlich, als würde jemand einen Hebel in meinem Gehirn umschalten, fließt es auf einmal, der Knoten ist geplatzt. Ich, so wie ich mich mag und liebe, kehre zurück, endlich. Es ist, als hätte ich mich wiedergefunden, als wäre ich plötzlich wieder mir selbst begegnet. Sechs, sieben und acht Stunden vergehen, in denen ich nur zum Trinken an Land gehe, und unter den Augen eines kleinen Jungen, der aus dem Fischerdorf herübergewandert kam und seit Stunden allein neben meinem Auto sitzt. Ich tue das, was ich tun sollte. Surfen. Surfen. Surfen. So wie damals, als Teenager: Ich surfte für mich allein, hatte keine Freunde, die surften, kannte keine Surffilme, niemanden interessierte es, was der Junge aus Deutschland irgendwo in Spanien im Wasser macht. So auch heute. Es ist endlich wieder dieses Gefühl: zu lieben. Zu leben.

Was folgt, ist tatsächlich die Zeit meines Lebens. Ein Point jagt den nächsten, und ich surfe, was mein Körper hergibt. Wie im Rausch bahne ich mir die nächsten Tage meinen Weg durch die Namib, die älteste Wüste der Welt, immer weiter in den Süden, am Atlantik entlang. Voller Geheimnisse und überwältigender Schönheit sind die Orte hier, ich bin entweder im Auto oder auf dem Wasser, alles ist, wie es sein sollte. Jeepos Reifen drehen durch tiefen

Sand, und mein Surfboard zerschneidet die Wellen. Immer wieder treffe ich auf Oasen voller Leben, Städte wie helle Lichter zwischen Meer und Wüste, an deren Rändern ich gerne schlafe und am Morgen beobachte, wie die Kühe mit ihren langen Hörnern bei Sonnenaufgang von den Hirten auf das weitläufige Grasland im Zentrum der Oase getrieben werden.

Zum Sonnenaufgang geht es dann ins Wasser. Sechs Stunden bin ich nun schon wieder dort, das Adrenalin lässt nur langsam nach, als es abrupt seinen Weg zurück in meine Venen findet, der Puls nach oben schießt, der Atem stillsteht. Mit aufgerissenen Augen starre ich die Rückenflosse an, die wie aus dem Nichts gleich neben mir auftaucht, als ich gerade dabei bin, hinter die Wellen zu paddeln. Doch auf den Schock folgt Erleichterung. Es ist ein Delfin, gefolgt von einer ganzen Schule, die plötzlich nur wenige Meter von mir entfernt anfängt, eine Welle zu surfen. Ich sprinte ihnen hinterher und schaffe es, die nächste Welle zu nehmen, mit mir drei weitere Delfine. Das Panorama, das sich mir präsentiert, ist kaum in Worte zu fassen. Während in meiner Welle die Delfine mit mir um die Wette surfen, schweift mein Blick zum Strand: Außer ein paar Flamingos, die einsam und alleine dort stehen, und meinem Auto, das nur wenige Meter entfernt von der Brandung geparkt ist, ist weit und breit nichts zu sehen. Nichts Menschengemachtes. Dahinter erhebt sich eine eindrucksvolle Wüstenlandschaft. Ich fahre kein Manöver, sondern genieße den Augenblick, einen Augenblick, in dem alles Sinn ergibt. Die letzten Zweifel, Ängste und Schmerzen verschwinden und ein Gefühl puren Glücks überkommt mich. Das Risiko, die Kosten, die Hürden und der lange, teils beschwerliche Weg sind vergessen. Nichts, aber auch wirklich nichts kann diesen Moment aufwiegen. Zehntausende Kilometer Straße. 14 Länder. Jahrelanges Träumen. Um letztlich allein am anderen Ende der Welt in atemberaubender Landschaft eine Welle zu surfen, wie sie besser gar nicht sein kann. Unbezahlbar.

13

Namibia –
Ankunft im »weißen« Afrika

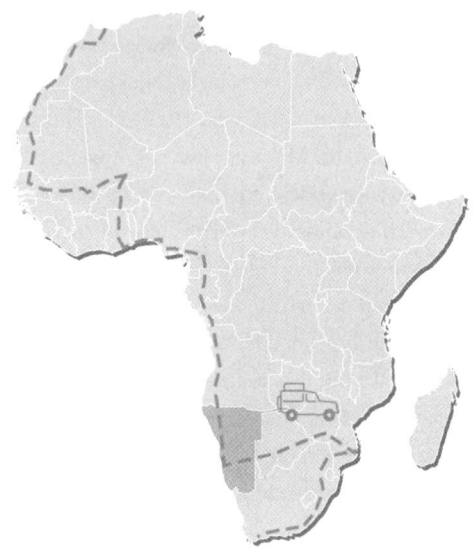

Namibia

Hauptstadt: **WINDHOEK** · Einwohnerzahl: **2 324 000** ·
Amtssprache: **ENGLISCH** · Währung: **NAMIBIA-DOLLAR**

Das Drachenhauchloch im Norden Namibias ist eine Höhle, die den größten unterirdischen See der Welt beherbergt. Ihr Name geht auf die austretenden Dämpfe am Höhleneingang zurück.

Bis zu 25.000 Menschen in Namibia sprechen Deutsch als Muttersprache.

Ich komme mir vor, als wäre ich aus allen Wolken mitten ins Wunderland gefallen: Straßen, geteert und so sauber, dass man von ihnen essen könnte. Polizisten in Streifenwagen, die nur selten kontrollieren und dabei regelgerecht und freundlich sind. Kentucky Fried Chicken und Spur Steak Ranches für den schnellen Hunger. Shoprite und Spar für erschwingliche Einkäufe. Leckereien an jeder Ecke: Meat Pies, Biltong – luftgetrocknetes Rind- und Wildfleisch –, Brötchen, die bei Spar auch wirklich so heißen, und – ich raste aus – Landjäger!

Die Stadt Oshikango gleich hinter der namibischen Grenze ist ein wahres Einkaufsparadies. Es gibt Supermärkte im XXL-Format, Baumärkte und Klamottenläden, so weit das Auge reicht. Na ja, zumindest annähernd so viele wie in einer US-amerikanischen Kleinstadt. Die Regalreihen sind mit allem gefüllt, was das Herz begehrt, ein Brötchen kostet gerade mal 2,5 Namibia-Dollar, das sind umgerechnet 16 Cents. Landjäger bekommt man schon für einen Euro. Hier stehen mehr Supermärkte als Hells Angels im Frankfurter Bahnhofsviertel, und mir läuft allein beim Anblick des Riesenangebots der Sabber im Mund zusammen.

Selbst Milchprodukte, bezahlbarer Käse und Joghurt, sind im Überfluss vorhanden. Seit Marokko habe ich keinen vernünftigen Käse mehr gesehen, nur in buntes Plastik eingepackte Schmelzkäseecken, die so sehr mit Chemie behandelt sind, dass man sie nicht mal kühlen muss – und genießbar sind sie auch nicht. Ich halte mich zurück, gönne mir aber natürlich Landjäger mit Brötchen und zum ersten Mal seit Monaten echten Saft und Meat Pie, fast so gut wie neuseeländische, zum Frühstück. Geil! Anders lässt es sich nicht beschreiben.

Ein Geschmacksfeuerwerk zündet auf meiner Zunge, während ich auf dem Fahrersitz meines Autos hocke und – wie immer – Richtung Süden brettere. In meinem Magen läuft »Krieg der Glutamate«, Pepper Steak Meat Pie tropft auf mein T-Shirt, und die Cadbury-Schokolade auf dem Beifahrersitz ist kurz vor der Verwandlung in eine Pfütze, als ich am nördlichen Rand des Etosha National Park eintreffe.

Der größte Nationalpark Namibias ist vor allem für die gleichnamige Salzpfanne berühmt, die man sogar auf Satellitenfotos sehen kann. Die Pfanne ist ein ausgetrockneter See, dessen Salz am Boden festgetrocknet ist, weswegen dort kaum Pflanzen wachsen und nur die nackte, grünlich-weiße Oberfläche in der Sonne schimmert. Daher ist es nicht verwunderlich, dass Etosha in der Sprache des Ovambo-Stammes »großer weißer Ort« bedeutet. An seiner breitesten Stelle ist die Pfanne sogar über 100 Kilometer breit und eine Durchquerung zu Fuß sicher lebensgefährlich. Fällt aber genug Regen, bilden sich kleine Teiche, die Tausende von Flamingos anlocken – pinke Tupfer in einer schier endlos weißen Landschaft.

Wenn man von Norden kommt, wirkt der Park zunächst trügerisch ruhig, wie ein Idyll. Der Zubringer ist staubig, das Nordtor wird nur sporadisch angefahren, dahinter öffnet sich eine weite Fläche, auf der ich Zebras und andere Huftiere, die ich nicht genau bestimmen kann, mit glänzendem Fell und scheuen Augen grasen sehe. Am Eingang werden meine Daten elektronisch erfasst und das Auto nach Tierprodukten durchsucht. Ich bekomme ein Ticket mit Barcode und muss durch ein mit Flüssigkeit gefülltes Becken fahren, um die Reifen zu desinfizieren. Die Gefahr der Maul- und Klauenseuche wird hier ganz offensichtlich extrem ernst genommen.

Meine erste Safari also. Wieder mal sieht man, wie wenig die gängigen Afrikaklischees doch der Realität entsprechen. Ich habe fast den ganzen Kontinent durchquert und habe keinen einzigen Löwen oder Elefanten gesehen. Auch kein Krokodil. Zwar gab es auf dem Weg Richtung Süden einige Nationalparks mit einer ganzen Reihe an Tieren, doch die habe ich links liegen lassen – die Sehnsucht nach Wellen war stärker. Und wenn ich doch mal einen gekreuzt habe, dann war außer Äffchen im Miniaturformat nichts zu sehen.

Mein erstes Mal also, ganz ohne geht nun auch nicht, und so fahre ich durch den weitläufigen Nationalpark in einen lichten Wald, der aus hohen Sträuchern und vereinzelten noch höheren Bäumen besteht. Die Vegetation ist so furztrocken, dass ich fast schon Angst habe, die letzten verschrumpelten Blätter an den Ästen in Flammen aufgehen zu lassen, allein dadurch, dass ich sie zu lange anstarre.

Und plötzlich ist er dann da, trotz seiner Größe habe ich ihn zuvor weder gehört noch gesehen. Gerade noch war kein Rascheln der Blätter zu vernehmen, kein Knacken im Unterholz. Und doch: Wie ein U-Boot gleitet ein Elefant durch das Wäldchen, kreuzt wenige Meter vor mir die Straße und lässt mich mit weit aufgerissenen Augen auf die Bremse treten. Ein Bulle, scheinbar uralt, definitiv stattlich, der trotz seiner unbändigen Kraft nahezu anmutig durch das Dickicht pflügt und dabei lediglich ein paar Zweige abbricht. Er hält auf das Geäst auf der anderen Straßenseite zu und verschmilzt als grauer Schatten wieder mit der Umgebung. Surreal. Ich fahre mir mit der Hand durch die Haare – die etwas zärtlichere Alternative zum Kneifen –, während meine Augen immer noch auf den Punkt gerichtet sind, wo der Elefant verschwunden ist. Ich bin wirklich baff, noch nie in meinem Leben hat mir ein wildes Tier so wenig Aufmerksamkeit geschenkt. Ob er mich überhaupt wahrgenommen hat? Ich höre ihn jetzt auch schon nicht mehr, so leise schleicht er offensichtlich durch das Unterholz, und nur ein abgeknickter kleiner Baum zeugt noch von dem, was gerade passiert ist. Und dann, fast genauso unvorhergesehen wie der Elefant, hupt hinter mir ein Auto.

Die Kombination aus Trockenzeit in Namibia und europäischen Sommerferien führt im Park regelmäßig zu einem Schauspiel der ganz besonderen Art: Sämtliche Lebewesen versammeln sich zu bestimmten Zeiten an den letzten Wasserlöchern. Während sich die einen erfrischen, trinken oder jagen, versuchen die anderen mit staunenden

Gesichtern und ihren 400-mm-Objektiven das perfekte Foto zu schießen. Und das in Horden, nein, Heerscharen. Abertausende Touristen hetzen in einem Gebiet, das mit seinen 22.000 Quadratkilometern ungefähr so groß ist wie Hessen, von Sonnenauf- bis Sonnenuntergang in kleinen bis riesigen Fahrzeugen den Tieren hinterher. Die meisten von ihnen haben einen Fahrer, der über Funk mitbekommt, wenn sich das Wildleben irgendwo regt. Sobald der Löwe auch nur eine Tatze aus dem Dickicht setzt, wird er von unzähligen Autos umzingelt und sieht erst mal nichts mehr außer Kameras, die teurer waren als mein gesamter Afrikatrip bis zu diesem Zeitpunkt.

Sie sind die wahren Affen aus dem Zoo, aus der Frankfurter Skyline, dem Schatten des Eiffelturms und natürlich aus Hintertupfingen, wo man auch nach hundert Jahren Kolonialabstinenz die Romantik des »Anderen« dank Schmonzetten wie *Für immer Afrika, Meine Heimat Afrika* oder *Im Brautkleid durch Afrika* noch nicht überwunden hat. Ein rassistisches Weltbild in Endlosschleife. So wie sich Touristen in der Dominikanischen Republik immer entweder zu viel oder gar nicht eincremen und mit Bauchtasche und schrecklichen Sommerschlappen zwischen Bars und Klamottengeschäften hin und her watscheln, tragen Afrikatouristen auf Safari in neun von zehn Fällen – na was wohl? – funktionale braune Safarihosen, runde Sonnenhüte und Wanderschuhe. Dass sie auch einen Tausender weniger für die Kamera hätten ausgeben können, erkennt man schon allein daran, wie sie ihr Jagdgerät halten.

»Was für Affen!«, stelle ich mit einem Blick in die Menge fest, während ein Elefant – es ist ein anderer als der, dem ich im Wald begegnet bin – am Wasserloch innerhalb von fünf Minuten 200 Liter Wasser in sich aufnimmt. »Die tun ja glatt so, als wären sie auf einer epischen Mission durch den Dschungel, obwohl der Fahrer gekühltes Bier und Gin Tonic serviert und sie später direkt am Mittagsbuffet, im Freizeitpark oder in luxuriösen Camps abliefert.« Ungefähr so, als würde man seine Polarausrüstung tragen, wenn man im Winter vor die Tür und zum Bäcker geht.

Ich bin vollkommen desillusioniert. Das ist sie also, die afrikanische Savanne, die ich in meiner Kindheit regelmäßig in den Dokumentarfilmen des Öffentlich-rechtlichen zu sehen bekam und mit großen Kinderaugen bestaunt habe? Das alljährliche Drama, wenn gigantische Büffelherden auf der Suche nach Wasser quer über den Kontinent wandern, um letztendlich fast alle im reißenden Strom zu verrecken oder mindestens die Hälfte der Viecher vor Hunger und Durst irgendwann nicht mehr weiterkann. Das arme Antilopenkind, das seine Mutter verloren hat und in der Dämmerung durch die Steppe wankt, während am Bildrand schon die ersten Hyänen auftauchen. Wird es noch gerettet werden? Das Löwenrudel, die Weite, die Farbe des Sonnenuntergangs, mit dem die einen den Tag überlebt haben und die anderen die Nacht noch überleben müssen. Die wilde Natur, Städte der Menschen scheinbar ganze Tagesreisen entfernt, in der das Gesetz des Fressens und Gefressenwerdens gelten sollte, ist in Wahrheit so überlaufen wie Disneyland, überrannt von Affenmenschen. Ich hingegen, mit meinen Flip-Flops, der Bierdose, dem Tanktop und dem immer schrottreiferen Auto, fühle mich irgendwie fehl am Platz, so als wäre mir der Eintritt in diese Welt versperrt – die Abenteurer bleiben unter sich. Und als ich nach meiner Ankunft an einem weiteren kleinen Wasserloch sofort von einer Dame auf Deutsch angefaucht werde, weil ich nicht sofort den Motor abstelle, gelange ich zu der Erkenntnis, dass mir Zoos besser gefallen als dieses Affentheater.

Uncool ist allerdings der komplett belegte Campingplatz, den ich mir zum Glück sowieso nicht leisten kann. Dafür finde ich außerhalb des Osttors in einem abgelegenen Wildgehege einen Schlafplatz bei den Pförtnern. Die beiden schwarzen Jungs sind nett, wir essen gemeinsam zu Abend und unterhalten uns. So verbringe ich also den Abend, anstatt mich wie die anderen Profifotografen in Indiana-

Jones-Montur mit den anderen Weißen an der Bar den ganzen Abend über die total authentische Erfahrung zu unterhalten.

Das hatte ich mir echt alles anders vorgestellt.

ZWISCHEN KARNEVAL UND APARTHEID

Swakopmund, an der Mündung des Flusses Swakop in den Atlantik gelegen, im Osten umschlossen von der großen Namib-Wüste, einem der trockensten Orte der Welt, ist ein verschlafenes Städtchen. Das Meer im Westen ist grau und dank des Benguelastroms eiskalt, genau wie die Luft. Die Meeresströmung verläuft hier vor der Küste von Süden nach Norden und transportiert eiskaltes Wasser aus antarktischen Gewässern, vorbei an der namibischen Küste, Richtung Tropen. Baden ist hier also meist kein Spaß. Während nur wenige Kilometer tiefer im Land die Sonne brutzelt und die Temperaturen kaum auszuhalten sind, ist es hier diesig, kalt, und es regnet feinsten Wasserstaub, der sich in meinen Kleidern und letztlich auch in meinem Bett im Auto festsetzt. Das hat seit den Fahrten durch den Kongo zusätzlich einen Braunstich und ist jetzt auch noch klamm. Na, dankeschön.

Der Stadtkern Swakopmunds wirkt wie ein Hybrid aus amerikanischer und deutscher Kleinstadt. Breite Straßen mit Bürgersteigen, unterbrochen durch Stop-Roads, an deren Seiten sich einstöckige Supermarktbauten mit Jugendstilgebäuden abwechseln. Viele Straßen tragen deutsche Namen wie Richthofen- oder Schlachterstraße.

In keiner anderen deutschen Ex-Kolonie sind Deutschland und die Deutschen so präsent wie hier, und das, obwohl das ehemalige Mutterland nirgendwo in Afrika Gräueltaten wie hier verübt hat. Von 1894 bis 1915 war Deutsch-Südwestafrika, das Gebiet des heutigen Namibias, eine Kolonie des Deutschen Kaiserreichs. Es war zudem die einzige deutsche Kolonie, in der sich auch eine nennenswerte Anzahl deutscher Auswanderer niederließ – was sehr schnell zu sehr großen Spannungen mit der lokalen Bevölkerung führte.

Die Genozide schließlich begannen im Jahr 1904. »Die Herero sind nicht mehr deutsche Untertanen. [...] Innerhalb der deutschen Grenze wird jeder Herero mit oder ohne Gewehr, mit oder ohne Vieh erschossen, ich nehme keine Weiber und keine Kinder mehr auf, treibe sie zu ihrem Volke zurück oder lasse auch auf sie schießen«, ließ der deutsche Generalleutnant Lothar von Trotha verlauten, nachdem er einen Aufstand des Volkes der Herero erfolgreich niedergeschlagen hatte. Daraufhin erhoben sich auch Angehörige vom Volk der Nama und kämpften tapfer, jedoch vergebens einen Guerillakrieg, der 1908 mit einer Niederlage endete. Bereits 1904 errichteten die Deutschen Konzentrationslager, in denen Herero und Nama eingesperrt und als Zwangsarbeiter ausgebeutet wurden. Jeder Zweite kam ums Leben. 1911 waren Schätzungen zufolge gerade noch 20.000 von einst 80.000 Herero am Leben, jeder vierte war den Deutschen zum Opfer gefallen. Während die Verbrechen an der einheimischen Bevölkerung von der deutschen Bundesregierung erst 2016 als Völkermord anerkannt wurden, ist dies nach über hundert Jahren im namibischen Alltag kaum noch zu spüren. Ganz im Gegensatz zu dem, was nach den Deutschen ins Land kam: die Apartheid. Die Rassentrennung zwischen schwarzen und weißen Menschen wirkt bis heute nach, obwohl sie 1989 offiziell abgeschafft wurde.

Erkennbar ist das im Alltag fast überall. Die meisten Weißen, darunter viele Deutsche, oder besser Deutschnamibier, wohnen in großzügigen Häusern umgeben von Sicherheitszäunen und hohen Mauern. Viele der Coloureds, wie man die Menschen mit europäischen und nichteuropäischstämmigen Vorfahren hier bezeichnet, leben in einem eigenen Viertel, das wesentlich einfacher ist als das der Deutschen und ein wenig an die Vororte in amerikanischen Rapvideos erinnert. Die Schwarzen schließlich leben zumeist in den richtig her-untergekommenen, abgelegenen Stadtteilen, die sich von den Armen-vierteln anderer afrikanischer Großstädte kaum unterscheiden. Sie trotten morgens in die Stadt, wo sie auch heute noch oft einen Colou-red als Vorarbeiter und einen Weißen als Chef haben. So ist es auch bei dem Mechaniker und Reifenhändler, bei dem ich Preise einhole – Jeepo will ja gepflegt werden.

Swakopmund, so beliebt es bei deutschen Rentnern auch sein mag – man könnte es fast als das afrikanische Mallorca bezeichnen –, fasst mich nicht an. Die Menschen sind verschlossen, die gesell-schaftlichen Strukturen nach Jahrhunderten der Rassentrennung schlicht deprimierend. Eine graue Wolke hängt über mir, und selbst die Landjäger und Cappuccinos aus der lokalen Rösterei kommen dagegen nicht an. Die unheilvolle Geschichte steckt noch immer in den Knochen, ein nie ganz aufgearbeitetes Dilemma, das bis heute die Strukturen der Gesellschaft bestimmt.

ZWISCHEN HAIEN UND HAKENKREUZEN

Ich greife zum ersten Mal in meinem Leben auf Neoprenhandschuhe zurück und vermumme mich so gut es geht, um möglichst viel Zeit im Wasser verbringen zu können. Es ist das Einzige, was ich hier tun kann: Umgeben von Walen, Delfinen, Robben, Pinguinen, Flamingos und irgendwo sicher auch Haien verbringe ich Stunde um Stunde im Wasser, auf meinem Surfbrett, und in manchen Momenten kommt sogar für eine Weile die Sonne heraus und der Wind steht besser. Das Wasser ist natürlich trotzdem noch arschkalt.

Hinter mir liegen die beeindruckenden Dünen, die sich zwischen Walvis Bay und Swakopmund die Küste entlangschieben. Die Wüste glänzt in ihrer ganzen Pracht golden in den Abend hinein. Ich bin bereits seit drei Stunden im Wasser und habe mich in den langen Pausen zwischen den Wellen von Delfinen und Robben unterhalten lassen, als es plötzlich hinter mir laut platscht. Überzeugt davon, einen Delfin springen zu sehen, drehe ich mich um und erblicke die Silhouette eines gut zwei Meter langen Hais, der sich auf der Jagd nach etwas Essbarem weit in die Luft geschleudert hat – so als wollte er sich eine der großen Möwen im Flug schnappen. Ohne sich auch nur im Geringsten Mühe zu geben, dabei elegant auszusehen, knallt er mit voller Wucht wieder ins Wasser, Bauchplatscher, und die Spritzer landen nur eine Handbreit von mir entfernt auf der abwechselnd gräulich und golden schimmernden Oberfläche des Meeres. Es ist das zweite Mal in Namibia, dass mir ein wildes Tier überhaupt keine Beachtung schenkt, und auch diesmal bleibt meine Kinnlade offen. Mein Herz steht still, bevor es plötzlich wieder nach oben schnellt und mein Körper in den Luxus einer ordentlichen Dosis Adrenalin kommt, welche die aufkommende Angst unterdrückt. Nachdem ich die Kinnlade wieder zugeklappt habe, schaue ich links und rechts über die Schulter, suche jemanden, dem ich meinen Hast-du-das-gesehen-Blick zuwerfen kann. Er bleibt unerwidert. Auch der Strand hält keine Zeugen parat, weil weit und breit keine Menschenseele in Sicht ist. Mit erhöhtem Puls versuche ich mich zu beherrschen und kämpfe gegen die aufkommende Panik an. Ja nicht diesem Hai zeigen, dass ich Beute bin oder werden könnte. Irgendwo habe ich einmal gehört, dass es in so einem Fall das Beste ist, sich auf das Brett zu setzen und die Beine im Wasser baumeln zu lassen. Angeblich passt man dabei – von unten aus Haiperspektive gesehen – nicht in das übliche Beutemuster des Raubtiers. Die Beine komplett auf dem Surfbrett zu lassen soll aber keine so gute Idee sein, weil man damit von unten viel mehr einem Beutefisch ähnelt. Mit ungutem Gefühl setze ich mich also hin und tauche die Beine ins Wasser. Das fühlt sich seltsam an, wenn man irgendwo unter sich einen Hai weiß. Vielleicht erinnere ich mich auch falsch und habe gleich einen Fuß weniger, weil er von unten aussieht wie eine leckere Makrele, die der Hai gerne snacken möchte?

Ich wäge die Situation ab. Die Wellen sind so lala, ich schwebe in der Gefahr, der vermutlich erste Surfer Namibias zu werden, der von einem Hai vernascht wird. Wären die Wellen besser, würde ich vielleicht noch mal darüber nachdenken, aber so drehe ich lieber vorsichtig das Brett und paddle langsam, nur mit den Fingerspitzen, um ja nicht zu tief mit den Armen einzutauchen, als würde ich durch ekligen Schlick kriechen, Richtung Strand. Erst als von hinten eine Welle kommt, die groß genug ist, um mit mir zu brechen, gebe ich Gas und reite sie, soweit ich kann, bis das Wasser nur noch knietief auf dem Riff steht.

Abends liege ich meist dank Nieselregens alleine in meinem klammen und braunen Bett. Auf der einen Seite ist es ganz angenehm, dass ich nachts nicht mehr schwitze, und auf der anderen ist es trotzdem klamm – kaltklamm statt warmklamm – gewissermaßen. Swakopmund macht es mir wirklich nicht einfach, die Leute scheinen mürrisch und zugeknöpft, und als mich nach gut einer Woche doch noch jemand anspricht und mit mir ein Bier trinken gehen will, sage ich nicht nein – schon allein aus Langeweile. Wenigstens einer, der etwas mit mir zu tun haben möchte.

Rüdiger ist Deutschnamibier und sein Freund Sam Kanadier mit deutschen Wurzeln, auf die er mächtig stolz ist. Das wird spätestens dann klar, als er der gesamten Bar sein auf die Brust tätowiertes Hakenkreuz präsentiert. Sein Freund lacht laut auf, ich muss mich bei dem Anblick fast übergeben und balle meine Faust. In meiner Kreuzberger Stammkneipe würden die beiden sofort verprügelt werden und auch hier bin ich nicht abgeneigt, dem Typen eine zu ballern. »In meinem Viertel würde ich dir eine klatschen!« Als Antwort kommt nur ein verständnisloses Grinsen. Ich setze also anders an und versuche stattdessen, den beiden ganz sachlich zu erklären, was ich von einem auf die Brust tätowierten Hakenkreuz halte, nämlich weniger als gar nichts. Aber mein Missionseifer kommt sehr bald zum Stillstand, die Jungs sind einfach zu ignorant und besoffen. Gehen möchte ich aber nicht. Nicht etwa, weil mein Bier noch voll ist, sondern weil es mich interessiert, wie hier gedacht wird. Irgendwie müssen die Menschen hier ja zu ihrer Meinung kommen. Wer sind diese Deutschen, die hier leben, und ist es wahr, dass hier vielerorts noch Hitlers Geburtstag gefeiert wird?

Meine beiden neuen Bekanntschaften sind in Trinklaune und bestellen Jägermeister. Der Kanadier ist offenbar auf der Flucht, wie er erzählt, gerade so der Polizei in Südafrika entwischt und hat sich über die Grenze nach Namibia abgesetzt. Wie es weitergehen soll, weiß er nicht. Sowohl das Hakenkreuz als auch die fieseste Fäkalsprache enthaltende Hasstirade auf Nelson Mandela wenig später erschüttern die Skat spielenden Herren in der Tischnachbarschaft nicht im Geringsten, lediglich der schwarze Barmann erbost sich neben mir, und das auch eher halbherzig.

»This is Namibia«, fährt es mir durch den Kopf, und die Legenden über die Geburtstagsfeiern für Hitler kommen mir gar nicht mehr so unwahrscheinlich vor. Und dass Jungs wie die beiden sich hier so geben können, spricht a) nicht für das Establishment, b) nicht für die Stadt, c) vor allem nicht für die deutsche Community, und d) ist es für mich Zeit, nicht nur die beiden Wichser alleine zu lassen, sondern noch radikalere Maßnahmen zu ergreifen. Angeekelt von so viel Rassismus und Dummheit fasse ich abrupt den Entschluss weiterzureisen. So habe ich mir das Ende meiner Reise nicht vorgestellt, und so will ich den Trip meines Lebens ganz bestimmt nicht ausklingen lassen. Da meine ersten Tage im »weiß« geprägten Afrika so mies ausgefallen sind, entschließe ich mich kurzerhand, über Botswana und Simbabwe nach Mosambik zu fahren, das 2000 Kilometer entfernt auf der anderen Seite Afrikas liegt, am Indischen Ozean. »Vielleicht habe ich dort mehr Glück«, überlege ich, und immer nur der Atlantik ist ja auch langweilig. Meine Stimmung hier in Namibia ist schlecht, aber das Schicksal hat es dieses Mal für mich so gewollt. Es lässt sich nicht leugnen, dass mein Besuch hier rein gar nicht so verlaufen ist, wie ich mir es vorgestellt habe. Ich habe einfach nicht gewusst, dass das ach so beliebte Namibia nicht für seine Menschen und Kultur, sondern für Löwenbilder und deutsche Brötchen und Standards gefeiert wird. Vielleicht hätte ich es besser wissen sollen. Vielleicht hätte ich ahnen sollen, dass so mancher Deutscher nach seinem Urlaub von Dingen schwärmt, die mir nicht im Traum positiv aufgefallen wären. Und dass man sich als Tourist von einem Post-Apartheid-Zustand überhaupt nicht stören lassen kann. Auch die bekannteste Welle des Landes und vermeintlich beste der Welt, auf die ich seit Jahren brannte, wollte partout nicht laufen. Ein Reinfall, der größte Kulturschock meines Lebens nach Monaten Schwarzafrika, auch wenn ich in den kommenden Jahren Namibia noch besser kennen- und auch lieben lernen werde. Aber nicht wegen Landjägern, amerikanischen Supermärkten und braunen Weißen, die mir am Strand erzählen wollen, dass früher alles besser war – fickt euch.

14

Eben mal auf die andere Seite des Kontinents

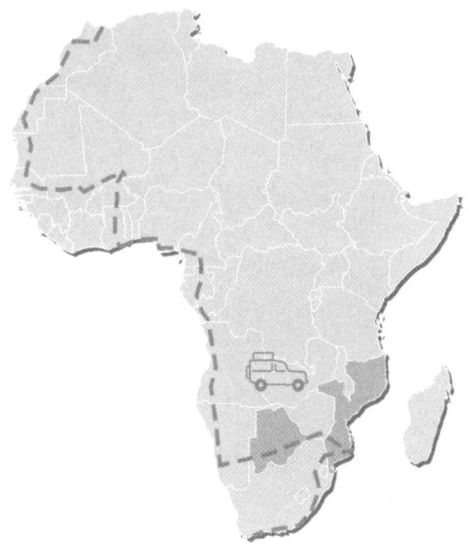

Botswana

Hauptstadt: GABORONE
Einwohnerzahl: 2 215 000
Amtssprachen: SETSWANA, ENGLISCH
Währung: PULA

In Botswana leben über 130.000 Elefanten, das ist die größte Population weltweit. Es ist das einzige Land Afrikas, in dem die Elefantenpopulation nicht sinkt, sondern ansteigt.

Mosambik

Hauptstadt: MAPUTO
Einwohnerzahl: 28 861 500
Amtssprache: PORTUGIESISCH
Währung: METICAL

»Mozambique«, die englische Schreibweise des Landes, würde im Brettspiel Scrabble mehr Punkte bringen als jeder andere Ländername/Begriff, der sich nicht aus mehreren Wörtern zusammensetzt.

Es ist vorbei! Meine Motorhaube steckt tief im Flussbett, das Wasser schwappt bis an die Windschutzscheibe. Mir bleibt beinahe das Herz stehen. That's it.

Von oben sah der Fluss alles andere als tief aus, ich bin sogar ausgestiegen, um mit einem Ast zu prüfen, wie tief es hier wirklich hineingeht. Alles im grünen Bereich, schien es, Jeepo würde das schon schaffen ...

Jetzt bin ich nur Sekunden davon entfernt, den Motor meines Wagens irgendwo abseits des sowieso schon spärlich befahrenen sandigen Tracks des Moremi-Wildreservats im Norden Botswanas für immer abzuwürgen. Jeepo versinkt immer tiefer im Schlamm, das Wasser spritzt gegen meine Seitenspiegel, hektisch kurble ich die Fenster hoch, um nicht tropfnass zu werden. Wo kam dieses riesige Loch im Flussbett auf einmal her? Während ich mit letzter Hoffnung das Gaspedal durchtrete, um das Auto doch noch irgendwie auf die andere Seite zu hieven, während Jeepos Motor verzweifelt gurgelnd aufheult, zieht das scheinbar unumgängliche Szenario der nächsten Stunden und Tage an meinem geistigen Auge vorbei.

Ich bin weit ab vom Schuss, umgeben von so ziemlich allem, was die Natur hierzulande Tödliches zu bieten hat: Löwen, Leoparden, Schlangen, Krokodile und ohne Ende Nilpferde, die gefährlichsten aller Wildtiere. Verzweifelt erinnere ich mich an eine Tierdoku, die ich – entspannt Chips und Schokolade in mich hineinschaufelnd – vor einigen Jahren im Fernsehen gesehen habe. Wenn man dem Nilpferdnachwuchs zu nahekommt, drehen die Eltern völlig durch und greifen an. Nilpferde töten mit nur einem Biss, als Mensch hat man keine Chance. Über 100 Opfer gibt es jedes Jahr in Afrika, ich wahrscheinlich das nächste. Panisch schaue ich mich um, ob nicht irgendwo so ein Nilpferdferkel im Schilf herumtollt. Bisher Fehlanzeige.

Aber selbst ohne Nilpferd, Elefant oder Löwe: Mein Handy hat keinen Empfang, ich kann keine Hilfe holen. »Vielleicht wird der hintere Teil des Autos nicht ganz volllaufen?«, überlege ich, »und ich kann mich dort ein paar Tage verstecken, bis mich jemand findet? Vielleicht überlebe ich, wenn das rechtzeitig geschieht?«

Der Motor heult laut auf. Die Drehzahl schießt nach oben. Ich bin im ersten Gang, mit niedriger Übersetzung, das Differenzial ist gesperrt. Jeepo hört sich an wie im Todesröcheln, als hätte man ihm den entscheidenden Schlag versetzt, nach all den Monaten. Die Reifen drehen durch, finden im Schlamm keinen Halt, hinter dem Auto spritzt ein Gemisch aus nasser Erde und Wasser meterweit in die Luft. Es wird immer ungemütlicher, das Geräusch unter der Motorhaube hört sich mehr und mehr nach Motorversagen an.

Da – ganz plötzlich – macht das Auto einen Satz nach vorne und springt auf die andere Seite des Flussbetts wie ein Wal an den Strand.

Sofort drehe ich den Motor ab, steige mit zitternden Beinen aus und begutachte den Schaden bei aufgeklappter Motorhaube. Mein Puls schlägt mir bis zum Hals, und von meinem Herzen fällt eine Gerölllawine. Was war das gerade? Bin ich da eben wirklich noch mal heil rausgekommen? Nach Handbuch, das verschrumpelt und zerfetzt im Handschuhfach liegt – und in das ich im Übrigen noch nie einen Blick geworfen habe –, sollte der Pajero keine Flüsse tiefer als 40 Zentimeter durchqueren. Das war ein guter Meter ohne Schnorchel. Immer noch fassungslos starre ich auf Jeepo, aus dessen Motorhaube weiter reichlich Wasser tropft. Eine Flussquerung mit Auto hat immer etwas Aufregendes, vor allem beim ersten Mal. Kein Scheiß! Aber das war ein ganz besonderer Nervenkitzel, mir ist wirklich dieser Alles-ist-vorbei-Zug am Auge vorbeigedüst. Gerade noch mal die Kurve gekriegt, wie es aussieht.

Zwei Tage bin ich nun schon im Moremi-Nationalpark im Norden Botswanas, der 1963 von der Witwe von Chief Moremi III. proklamiert wurde, um den wildreichen Teil des Okavangodeltas zu schützen. Über die namibische Hauptstadt Windhuk bin ich der Straße nach Osten gefolgt und habe vor einigen Tagen die Grenze zu Botswana überquert. Der Okavangofluss – eine Legende, gefühlt die Hälfte aller Afrikadoks spielen genau hier, wo der Fluss auf die Wüste trifft. Von Angola kommend fließt er von Norden nach Botswana, mitten hinein in die große Kalahari-Wüste, wo er sich in mehrere kleine Wasserarme aufteilt, die ein riesiges Delta bilden und weiter südlich fast vollständig im Sandboden der Wüste versickern. Der Okavango ist somit einer der wenigen großen Flüsse der Erde, die sich nicht in einen See, einen anderen Fluss oder ins Meer ergießen. Er versickert einfach, ein Teil verdunstet auch und hinterlässt in seinem sogenannten Binnendelta eine atemberaubende Landschaft, einzigartig auf der Erde und Heimat einer ganzen Reihe von spektakulären Tierarten. Zäune und Siedlungen konnten hier die Natur nie wirklich bändigen. Das Geflecht der Flussarme ist so groß und weitläufig, dass viele Regionen nur per Boot oder mit dem Flugzeug zu erreichen sind. Leoparden, Elefanten und Giraffen durchstreifen die Region unabhängig der Parkgrenzen und geben dem Besucher das Gefühl purer Wildnis. Obwohl das Gebiet touristisch erschlossen ist, verbringe ich Stunden dort, ohne andere Autos zu sehen.

Alles hier steht im krassen Gegensatz zu meinem Besuch im Etosha-Park in Namibia, wo man selbst mit einem VW Polo über die gut ausgebauten Pisten schießen kann und nur in teuren Campingburgen übernachten darf. Hier gibt es kleine Plätze mitten im Busch, und wenn man einen Führer dabeihat, darf man sein Lager fast nach Belieben aufschlagen, um nachts am Lagerfeuer den Löwen beim Brüllen lauschen zu können. Morgens habe ich regelmäßig unzählige Pfoten- und Hufabdrücke um das Auto herum, und einmal muss sogar ein Elefant in unmittelbarer Nähe an mir vorbeigestapft sein. Ein Problem hat man allerdings, wenn man hier allein und ab vom Schuss eine Autopanne hat. Keine Siedlungen, kein Internet- oder Handynetz, nur Busch, Busch und noch ein paar Büsche mehr. Woran ich aber in diesem Moment um Haaresbreite vorbeigeschrammt bin ...

Um meine Nerven zu beruhigen und das Zittern aus den Beinen zu bekommen, mache ich eine kurze Rast und lasse Jeepo in der Sonne trocknen, was ihm sichtlich guttut. Meine Nervosität steigt wieder, als ich mich kurz darauf hinters Steuer setze, um probehalber den Motor anzumachen. Hat mein Auto auch das überstanden? Wird es wieder anspringen nach diesem unvorhergesehenen Bad in der braunen Pfütze? Mein Herz klopft wie wild, als der Wagen – wider allen Erwartungen – tatsächlich völlig problemlos anspringt und schnurrt wie eine zufriedene Katze. Gut gemacht, alter Junge. Wieder einmal.

Ich frage mich einmal mehr, wie es sein kann, dass mein Auto in Europa schon für nicht mehr reparaturfähig erklärt worden ist und trotzdem den ganzen afrikanischen Kontinent durchqueren konnte? Und ob die Standards, die in Europa von vielen Dingen erwartet werden, nicht vielleicht einfach völlig überzogen sind? Luxusprobleme reicher Länder – first world problems? Überhaupt kommt es mir völlig absurd vor, wie sehr ich mir zu Beginn meiner Reise den Kopf zerbrochen habe. Welche Impfungen sind sinnvoll? Wo in Afrika gibt es welche Krankheiten? Sollte ich mir die Fenster vergittern lassen? Was muss ich in Europa einkaufen, weil es das in Afrika nicht gibt? Am Ende gab es alles, vom Luftdruckkompressor über Sandbleche, Medikamente bis hin zum Garmin-Ladegerät. Mein Lenkradschloss, das ich mir extra in Spanien gekauft habe, war kein einziges Mal in Verwendung. Aber locker durch die Hose atmen in der Ersten Welt, das fällt vielen schwer, alles muss immer sicher und noch sicherer sein, so sicher, dass man für alle Lebenslagen Versicherungen abschließt. Dass man sich aber weder gegen Tod oder Pech noch sein Glück oder seine Freiheit versichern kann, das scheinen viele vergessen zu haben. Ihre Devise lautet: erst die Sicherheit, dann das Leben. Alles ist so sehr durchgeplant, dass man ja kein Airbnb während der Reise nachbuchen muss und man die Tage vorher schon auf Tripadvisor nach den besten Restaurants guckt, um dem Zufall überhaupt keine Chance mehr zu geben. Resultat: »Göttliche Interventionen« werden immer seltener, ja unmöglich, und so ist es auch kein Wunder, dass viele ihn gar nicht mehr kennenlernen – den Gott der Reisenden.

Fast schon sentimental tätschele ich Jeepo die Motorhaube, und keine halbe Stunde später bin ich wieder in der Spur Richtung Osten auf einer endlosen Sandpiste nach Kasane, der Grenzstadt von Botswana und Simbabwe, an kleinen Flussarmen entlang durch eine gigantisch grüne Welt, gespeist von einem der wasserreichsten Flüsse der Welt, der hier einfach im Boden versickert wie das Wasser aus einer Gießkanne.

DIE VERMEINTLICHE LIEBE MEINES LEBENS

Als ich im Surfhotspot Tofo an der Ostküste Afrikas einrolle, prangt in meinem Pass das Visum für Mosambik, das ich an der Grenze ohne Probleme bekommen habe. Es zeigt ein Foto eines uralten, verquollenen Carlos. Die linke Hälfte meiner Stoßstange ist mittlerweile weg, stelle ich fest, während ich in die Büsche pinkle. »Das muss wohl bei der Flugprobe passiert sein«, sinniere ich. Kopfschütteln. Auf einer Wellblechstraße im Osten des Landes habe ich eine Bodenwelle falsch eingeschätzt und bin Hals über Kopf fliegen gegangen, so weit und so hoch, dass das Heck des Autos Cobra-11-mäßig anfing, das Vorderteil einzuholen, und die Stoßstange zuerst einschlug. Das zweite Mal, dass mich Jeepo binnen weniger Tage daran erinnerte, dass er ein echter Gladiator ist. Von Botswana kommend habe ich Simbabwe fast ohne Halt durchquert, ich nenne es das Ghana-Syndrom. Wie damals in Burkina Faso war die Sehnsucht nach Wellen so groß, dass ich mein Bedürfnis nach Schlaf, Essen und Gesellschaft weit hinten anstellte, um in möglichst kurzer Zeit möglichst viel Strecke zu machen.

Ich schaue mich um. Es ist Nacht in dem Ort, der zu meinem Erstaunen eine kleine Touristenhochburg zu sein scheint. Lichter funkeln am Hang mit Meerblick. Leises Gelächter schallt aus Vorgärten mit Swimmingpools. Gläser klirren. Steaks brutzeln. Ich cruise die schmalen Straßen entlang, die den Hang durchziehen. Die Nacht ist mild. Meer und Wind rauschen. Da ist Musik, da ist ein Flair, ein Geschmack. Etwas anderes. Etwas Neues und doch Altes. Beim Erkunden kreuzt ein Auto meinen Weg. Surfbretter stapeln sich darauf. Ich nehme die Verfolgung auf – direkt ins Schlaraffenland.

Nach einer kurzen Fahrt nämlich steigen Thomas Traversa und Jules Denel aus dem Auto, beide unter den Top Ten der Windsurfer weltweit – die besten Franzosen on tour. Thomas ist Ex-Weltmeister und schon leicht angetrunken, und er lädt mich kurzerhand auf die Party ein, die heute Abend steigen wird, genau in dem Haus, vor dem wir gerade angekommen sind. Ein bewundernder Blick der beiden Surfer auf meinen verwegen aussehenden Jeepo, und schon machen wir uns auf den Weg durch den Vorgarten Richtung Pool, dessen blaues Schimmern sich schon an der Hauswand abzeichnet und von wo ein buntes Gemisch aus Stimmen zu uns herüberdröhnt.

Den Pool zieren Jungs und Mädels aus der ganzen Welt, aus Mexiko, Australien, Portugal und Angola, von den Kapverden, aus Holland, Deutschland und Kolumbien – you name it.

Ahhh ... durchatmen! Erst mal Zigarettenrauch in die Lunge ziehen und ein kaltes Bier in den Magen, das sich beim Herunterschlucken anfühlt, als würde es eine ganze Ketten von Knoten lösen. Das waren mal wieder 48 Stunden fast ununterbrochen am Steuer. Es folgt sofort Zigarette Nummer zwei. Vor die dritte schiebe ich ein zweites Bier ein, und sobald ich auch damit durch bin, ist die Autofahrt vergessen, und ich bin bereit für den Abend. Carlo, wie ich ihn kenne. Zugegeben: Eigentlich hatte ich ein entlegenes Fischerdorf erwartet. Die Szenerie, in der ich gerade sitze, macht mich daher etwas perplex.

Internationales Flair liegt in der Luft. Ich fühle mich zurückversetzt in die Tage in Marokko. Gemütlich trinken, essen und surfen, stets in Gesellschaft Gleichgesinnter. Der ganz normale Surftrip. Nur besser.

Die Stimmung ist magisch! Hier und jetzt finden sich Freunde fürs Leben. Vom Balkon aus kann man hinter ein paar vereinzelten Bäumen und Häusern das Meer sehen, das im Tiefblau der Nacht so voller Wale ist, dass ihre Fontänen im Mondlicht an einen Springbrunnen erinnern. Auf dem Grill brutzeln riesige Langusten, wir begießen die Nacht mit Rum, und ich springe mindestens siebenmal vom kleinen Vordach des Hauses in den Pool.

Später in der Nacht tanzen wir, bis unsere Hemden im Schweiß ertrinken, und ich sinniere bei Weed und Bier über alles und nichts, um ja keinen Sinn zu erzeugen. So etwas Profanes wie Sinn wäre hier einfach fehl am Platz, scheint mir. Alles ist so leicht, so schwebend, der Morgen ist so weit, dass er eigentlich gar nicht existiert. Wir sind wie eine große Familie, obwohl sich die meisten erst heute Abend kennengelernt haben, von der mir eine junge Südafrikanerin ganz besonders gut gefällt.

Seit Stunden geraten wir immer wieder aneinander, und ihr wunderschönes Lachen bei fast jedem meiner Witze macht mich verrückt – es knistert! Als ich mit ihr und den wenigen Überlebenden zu später Stunde in ein Strandhaus weiterziehe, scheint alles klar, und doch bin ich trotz Alkohol nervös. Ich mag sie mehr als gewöhnlich, und ihr Lächeln hat mir bereits jetzt schon den Verstand geraubt. In ihrem südafrikanischen Englisch rollt sie das R unnatürlich lange, und dass ich mich dabei an den Sänger von Rammstein erinnert fühle, macht sie nicht weniger attraktiv. Vielmehr interessanter.

Irgendwie kommt es dann aber doch anders, und umso schmerzhafter setzt es mir zu, als meine Liebe unmittelbar nach Ankunft im Strandhaus mit einem Oh-look-how-much-money-I-got-Amerikaner auf seinem Zimmer verschwindet. Das kam dann doch unerwartet.

Kurzerhand klaue ich mir einen Sixpack Bier aus dem Kühlschrank und schütte mir auf dem Weg zu meinem Auto eins nach dem anderen in den Hals. Hier hält mich jetzt nichts mehr. Betrunkenes Selbstmitleid mit Meerblick ist mit Sicherheit die Basis vieler erfolgreicher Bücher und Songs, aber nicht, wenn die Liebe deines Lebens gerade mit einem amerikanischen Proll zugange ist.

Beim Auto angekommen merke ich schnell, dass es mir viel zu stickig im Inneren ist und ich viel zu betrunken bin, und so steige ich wieder aus, in Unterhose und T-Shirt, und klettere im Rausch auf den Baum, an den ich kurz zuvor noch gepinkelt habe. Leicht erhöht, auf drei Metern etwa, finde ich eine Verzweigung, auf der ich es mir doch tatsächlich gemütlich machen kann, und schlafe in der Baumkrone mit der aufgehenden Sonne ein – mit Blick aufs Meer natürlich. »Wie leicht man sich doch verliebt in solchen Situationen«, schießt es mir kurz vor dem Einschlafen durch den Kopf. Und: »Ist morgen hoffentlich schon wieder vorbei ...«

BLOODY MARYS UND EIN SPONTANER ENTSCHLUSS

Tatsächlich ist das Aufwachen weniger trüb als erwartet. Zurück am Pool löschen einige Übernachtungsgäste und ich den Brand mit Bloody Marys, meine südafrikanische Fastaffäre taucht nicht wieder auf. Ich bin frei! Wir sind frei! Ich bin im Time-of-my-life-Modus. Eine frische Brise kommt auf, eine willkommene Abwechslung auf meiner Reise, aber das Meer an diesem Tag ist flat – dead flat. Ein bisschen bestürzt bin ich darüber schon, als ich mit einer weiteren Bloody Mary und einem Kaffee wieder auf dem Balkon stehe und die Augen vor der Helligkeit zukneife. Keine Wellen weit und breit, und wenn, dann herrscht so viel Wind, dass sich nur die Windsurfer freuen. Kurzerhand beschließen der Australier Adam, der Neuseeländer Tim und ich, weiterzufahren.

Mosambik. Die Sonne steht am Himmel. Die Straße zieht sich durch die karge Landschaft wie mit dem Lineal gezogen. Ein Auto. Surfbretter stapeln sich meterhoch, als wollten sie der Aerodynamik spotten. Jeepos Innenraum lässt gerade noch genug Kubikzentimeter Luft, dass wir drei Insassen Platz zum Atmen haben. Wir dünsten aus. Wir haben einen Kater. Die Musik spielt. Ziel ist Maputo, mit etwas über einer Million Einwohnern die Hauptstadt des Landes. Voraussichtliche Ankunft bei Einbruch der Nacht. Six hours to go! Wir sind guten Mutes, bis einer der beiden Zugestiegenen sein Smartphone – das Teufelsteil – zieht.

»Durban is looking pretty good for surf tomorrow!«

Unsere Blicke kreuzen sich. Party in Maputo oder Barrels in Durban? Der Beifahrer dreht die Musik leiser. Echt jetzt? »Das sind über 1000 Kilometer über die südafrikanische Grenze ...«, gebe ich zu bedenken. Die schnellste Route führt über die Ostküste, am Indischen Ozean entlang nach Süden – eine schlecht ausgebaute, viel befahrene Straße. Die Grenze nach Südafrika schließt außerdem bereits um 18 Uhr, das würden wir nicht schaffen. Die zweite mögliche Route durch das Landesinnere dauert 15 Stunden und ist 1100 Kilometer lang. Allerdings würden wir hier die Grenze nach Südafrika zu einem Zeitpunkt erreichen, an dem diese auch geöffnet ist. Allerdings – das wissen wir, nicht aber Google Maps – ist die Straße beschissen! Route plus zwei Stunden wegen Schlaglöchern plus eine Stunde Grenze plus Faktor x, sagen wir eine weitere Stunde, macht 19 Stunden – Ankunftszeit: sieben Uhr morgens, pünktlich zum Sonnenaufgang.

»Let's do it!«, stimmen meine beiden Mitfahrer zu, und so biegen wir schon bald nach Westen auf eine Wellblechpiste ins Landesinnere ab. Das Gaspedal ist durchgetreten, der Staub wirbelt Hunderte Meter weit – Schubrakete.

Die Sonne sinkt im Westen. Aus dem Osten erklimmen Schatten den Himmel. Als die Nacht anbricht, spüren die Reifen des Autos Asphalt und beschleunigen, bremsen und meiden ein Schlagloch – beschleunigen, bremsen, meiden. Die ewige Trinität der Straße. Ich lasse das Lenkrad beim Beschleunigen aus der Bodenwelle heraus zurückgleiten, bevor der Grip wieder zunimmt, lenke und manövriere gerade so zwischen Schlaglöchern hindurch oder an ihnen vorbei, als plötzlich die Bremse ins Leere tritt …

Es ist Sonntag, kurz vor 18 Uhr, und wir drei stehen ums Auto, aus dessen Bremsleitung der letzte Rest Bremsflüssigkeit tropft. Ein Verbindungsstück ist komplett weggerostet, da hilft auch kein Panzertape mehr.

»Carlo, du bist seit einer gefühlten Ewigkeit in Afrika unterwegs, du musst wissen, was wir jetzt am besten machen.« Alles klar! Über die Grenze nach Südafrika nur mit Handbremse? Kein Problem. Bis nach Durban besser nicht. Am Sonntagabend bekommt man in Südafrika aber keinen Mechaniker aus dem Bett geklingelt, im letzten mosambikanischen Dorf jedoch bestimmt. Also nur mit Handbremse zurück ins letzte Dorf. Delikate Angelegenheit! Es ist Nationalfeiertag, und jeder Mann, der einigermaßen bei Verstand ist, hat sich denselben längst weggesoffen. Auf die Frage in die Runde in einer Bar am Dorfeingang heben sich drei Hände. Drei Mechaniker.

Also los. Ich öffne meine Werkzeugkiste. Die Mechaniker machen sich unter dem Fahrzeug an die Arbeit, doch mit den Handytaschenlampen ist unter dem Auto kaum etwas zu sehen. »Carlo, wo ist deine Taschenlampe?« Ich schaue irritiert und zögere. »Erzähl mir nicht, du bist ohne Taschenlampe gereist? Ein fucking Deutscher, der ohne fucking Taschenlampe durch Afrika fährt!« Tim aus Neuseeland kommt überhaupt nicht drauf klar. »Dass Kiwis immer so fluchen müssen«, denke ich – und so sehr ich mich auch über klaren Urin freue, scheine ich den Menschen nie deutsch genug zu sein. Frechheit!

»Tim, ...« Ich verstumme, Tim möchte gar nichts mehr wissen. Der Mechaniker kriecht unter das Auto, und als er kurze Zeit später wieder hervorkommt, bestätigen sich meine Befürchtungen, ich sehe es in seinem Blick. Die Bremsen sind am Arsch. Doch das Gute: Ein afrikanischer Mechaniker hat immer eine Lösung parat, ein Auto ist hier nie »kaputt«. Es geht nur darum, wie beschädigt es ist. Ein bisschen Holz, ein Nagel, und das Leck ist gestopft.

»Das soll halten?« Der Mechaniker schaut mich verdutzt, fast verletzt mit großen Augen an. »Na klar! Die Vorderbremsen ja, die hinteren nicht.« Ich bin skeptisch: »Wie viele Bier hast du getrunken?« Was folgt, ist eine der Antworten, die man in solch einer Situation hören möchte. »I can't count!«, gibt er in gebrochenem Englisch zurück. Eine so vollkommen ehrliche Antwort, dass man ihm einfach vertrauen muss. Wenn ein so ehrlicher Mensch behauptet, dass dieses Auto bis nach Durban kommt, dann tut es das auch.

Und natürlich versuchen wir es. Dann: Grenze! Südafrika! Ein Bier! Zeit im Verzug! Der Pajero in Angriffsstimmung. Let the night begin!

»Don't Stop – Crime Alert!«, warnen die Schilder auf der Landstraße hier im Grenzgebiet zu Swasiland. Ich schaue mich um. Die Jungs schlafen tief und fest. Besser so. Ich habe das Lenkrad gut im Griff, hefte meinen Blick auf die Straßenränder. Mental stelle ich mich auf einen Hinterhalt ein. Das heißt: bereit sein, draufzuhalten und davonzurasen. Tief in der Nacht der erste echte Bremstest: eine rote Ampel. Als würde ein Lkw von hinten nachschieben, bleibt Jeepo partout nicht stehen und schlittert quer über die Kreuzung der Kleinstadt, die um diese Uhrzeit zum Glück so tot ist, dass uns niemand platt walzt. Später in der Nacht wird die Müdigkeit zur Trance, und auf der

Straße verwandeln sich die Schatten der Bäume in Gesichter. Wie große Fratzen fallen sie auf die Straße und huschen mir entgegen, so real, dass ich immer wieder zusammenzucke. Ich beginne nach 18 Stunden am Steuer zu halluzinieren.

Tim ist wach und übernimmt das Steuer. Ich habe keine Versicherung und keine Bremsen, das Auto ist alles, was ich besitze – mein Leben. Entsprechend nervös beobachte ich aus dem Augenwinkel, wie Tim im Rhythmus der Musik hektisch nickt und die Fahrbahn im Auge zu behalten versucht. Als ich erneut die Augen öffne, dämmert es schon. Ich muss etwa eine Stunde gedöst haben. Aus dem Augenwinkel beobachte ich wieder den neuen Fahrer. Er klatscht sich mit der flachen Hand ins Gesicht, um nicht einzuschlafen. Vergiss Espresso! Vergiss Koks! Tim kann auch ganz ohne auskommen – indem er sich verprügelt. Doch ich nehme das Steuer besser wieder selbst in die Hand – Jeepo ist schließlich an mich gewöhnt und könnte Faxen machen, wenn er bemerkt, dass da jemand anderes am Steuer sitzt.

Unglaublich, aber wahr: Trotz kaputter Bremsen und einer Grenze haben wir auf afrikanischem Boden um ein Haar Google Maps geschlagen. Ein Ritterschlag! Acht Uhr morgens, knapp eine Stunde nach Sonnenaufgang, und wir sind in Durban. Verrückt! Aber um zu verstehen, was das heißt, fehlt noch etwas: Spannung!

Die Wellen sind beschissen. Im Ernst!

Surfen und Surfer. Nichts fasst den Wahnsinn, die Leidenschaft und Liebe zum Meer und seinen Wellen so gut zusammen wie diese Geschichte, unsere Fahrt von Mosambik nach Südafrika, nachts, verkatert, mit kaputten Bremsen, und wie so oft war all die Mühe umsonst. In der Hoffnung auf Wellen Leib und Leben riskiert, um am Ende Wurst mit Rührei, Bohnen, Tomaten und Toast – English Breakfast – zu essen.

Dass kurz nach der Ankunft in Durban auf einmal meine Radaufhängung blockiert und anscheinend auch kaputt ist, scheint mir dann auch nicht weiter erwähnenswert. Jeepo hat erstmals keinen Bock mehr und muss auf eine mehrtägige Mechanikertour, von der ich nicht weiß, ob er davon je wieder zurückkehren wird. Aber was weiß man überhaupt auf so einer Reise?

THE ENDLESS SUMMER

»Bumm, bumm ...«! Wild Coast, Südafrika. Jeepo steht am Fuße eines purpurgrünen Hügels, dessen Gras so saftig leuchtet, dass es fast unnatürlich erscheint, sehr zur Freude vereinzelter Rinder. Am Hang des Hügels liegt ein kleines Dorf aus für die Region typischen traditionellen Rundhäusern mit spitzen Strohdächern. Die kleinen bläulichen Behausungen sind unregelmäßig rechts und links der Straße verteilt und werden weniger, je weiter sich das Tal landeinwärts erstreckt. Da es leicht regnet, scheinen sich die meisten Bewohner in ihren eigenen vier Wänden aufzuhalten. »Bumm, bumm«, hallt es aus der Ferne.

Das nasse Gras unter meinen nackten Füßen fühlt sich an wie ein weiches Fell, der Nieselregen fällt angenehm auf meine Wangen. Im Wetsuit und mit Board unter dem Arm folgen Tim und ich den flinken Schritten eines kleinen Jungen. Er hat uns mit ein paar seiner Freunde am Ende der matschigen Straße empfangen. Wir sind spät dran, kurz nach Ebbe, es bleibt nur wenig Zeit, um die sagenumwobene Welle zu surfen. Der Junge weist uns den Weg, rast über die ersten beiden grünen Anhöhen entlang der Steilklippe an unserer rechten Seite. Zu unserer Linken erstreckt sich eine in Wolken gehüllte Hügellandschaft, in der sich jeder Hobbit pudelwohl gefühlt hätte. Plötzlich findet der Weg ein abruptes Ende, und vor unseren Augen liegt in der

Tiefe die Landzunge, an der sich in pursten Blautönen eine perfekte Welle nach der anderen hereinwälzt. Der Junge führt uns weiter, der Abstieg erfolgt entlang eines kleinen Wasserfalls gut 50 Höhenmeter in die Tiefe, bis wir auf einer ins Meer ragenden Felsplatte stehen, von der wir uns direkt in die Brandung stürzen.

»Bumm, bumm.« Handflächen treffen auf Trommelfelle, weiß geschminkte Gesichter, Körper in bunten Gewändern, behangen mit Schmuck. Die einheimischen Männer und Frauen des Dorfes tanzen und singen hier zu den morgendlichen Rhythmen – im Zentrum des Rituals ein junger Mann, wie es scheint. Vielleicht eine Art Volljährigkeitsritual? Die Gruppe befindet sich direkt am Strand, das Meer ist hier in Ufernähe glatt wie ein Spiegel und schimmert gräulich. »Bumm, bumm«, hallt es vom Strand zu uns herüber, während wir weiter draußen die spärlichen Wellen abreiten, ein Blick auf die weiße Gischt gerichtet, ein anderer auf den Strand zu der seltsam archaischen, fremdartigen Zusammenkunft. Dahinter stapeln sich die grünen Hügel. »Dodgy« oder »sketchy« nennt Tim die Atmosphäre hier draußen, eine Mischung aus gefährlich und unheimlich – im Deutschen fehlen uns dafür die Worte.

Tim, der verrückte Kiwi, der seit Tofo an meiner Seite ist, und ich paddeln zur Spitze der Landzunge. Fast nirgends auf der Erde ist es wahrscheinlicher als hier, von einem Hai gefressen zu werden, das Wasser ist glasklar und der Morgen immer noch grau – Frühstückszeit für den Großen Weißen. Wir sind nicht allein. Man spürt es. Weder an Land noch im Wasser. Plötzlich Schatten. Schatten überall. Links und rechts. Unter uns, als ich durch eine Welle tauche, über mir. Die ganze Bucht füllt sich mit einer schier unendlichen Schar von Delfinen, die mit uns gemeinsam surfen.

Eine kopfhohe Welle, gefüllt mit den flinken Schatten der Säuger, rollt auf mich zu, ich drehe mich um, die Delfine lassen mir gerade genug Platz dazu, ich stehe auf, und sie springen links und rechts an mir vorbei. Beim Zurückpaddeln sausen sie weiter um mich herum, vor dem Durchtauchen der nächsten Welle schaue ich tief in den Schlund einer Tube, in deren Inneren zwei Delfine Luft holen.

»Bumm, bumm« schlägt mein Herz vor lauter Begeisterung.

»Bumm, bumm« schallen die Trommeln vom Strand.

Unglaublich, aber wahr: Es ist inzwischen September, und damit bin ich nicht nur seit bald einem Jahr auf Reisen, sondern es ist auch das Ende der Hauptwellensaison für die Südhalbkugel. Zu Tims und meiner Freude drückt es in den nächsten drei Wochen trotzdem einen Swell nach dem anderen die Küste entlang, sie zeigt sich von ihrer Schokoladenseite.

Ich habe Freunde im Wasser und zu Land, und mit jedem Tag auf der Welle lerne ich sie besser verstehen. Die Belohnung für den langen Weg, den ich auf mich genommen habe, durch sämtliche Klimazonen Afrikas, sind brutale Wellen direkt vom Peak und neugierige Einheimische, die den bärtigen Mann machen lassen.

Und trotzdem: Vielleicht bin ich einfach zu sensibel, aber die Stimmung im südlichen Afrika setzt mir auch hier wieder zu. Immer schwingt die Hautfarbe mit, ohne dass man es ausspricht. Man weiß immer sofort, wann hier ein Schwarzer von einem Weißen spricht und umgekehrt. Kein Gang zum Supermarkt, der mich nicht an die Ungerechtigkeit des Systems erinnert, das brachiale Missverhältnis zwischen bettelarm und wohlhabend. Südafrika, ein Land, gespalten in Erste und Dritte Welt. Ein Land, aufgeteilt in Rassen. Weißenviertel, Schwarzenviertel, Farbigenviertel und im Osten des Landes viele Inder.

Wer es sich leisten kann, zieht beim Mauernwettrüsten mit. Immer höher, mehr Stacheldraht, Elektrozäune und Kameras. Gewalt und Kriminalität sind allgegenwärtig und die Zukunftschancen in dem armen Land für viele gering. In den Siebzigern und Achtzigern gab es mehr Surfer in der Region um Durban als heute. »Jeder lebte ein gutes Leben, hatte Bedienstete und Arbeiter und daher viel Zeit«, erzählt einer der Surfer an der South Coast. Entsprechend klein ist die weiße Surfcommunity heute: »Die sind alle in Sidney!«, stellt er dramaturgisch leicht überzeichnet fest. Doch er hat recht, gerade die jungen Weißen verlassen das Land vor allem in Richtung Australien, aber auch nach Kanada, in die USA und nach England. Die Ursachen sind vielseitig. Angst vor der Rache und Repression der schwarzen Mehrheitsbevölkerung, geringe Zukunftschancen – und steigende Kriminalität.

Nur langsam gewöhne ich mich an die Atmosphäre dieses südlichen Teils des Kontinents, der so viel kühler und auf einer persönlichen Ebene so unzugänglich scheint. So traurig es ist, aber man gewöhnt sich auch an Städte, deren Viertel nach Hautfarbe aufgeteilt sind. Auch macht jeder Schritt vor die Tür deutlich, was diesem Land auf der Seele liegt, sei es eine Gruppe weißer Surfer, in deren Freundeskreis nicht ein Schwarzer auftaucht, oder ein Kellner im Restaurant, der sich über die Niederlage Südafrikas bei der Rugby-WM aufregt. An der natürlich die Schwarzen schuld sind, da ist er sich sicher – denn auch im Rugby gibt es die sogenannte »Affirmative Action«, eine verpflichtende Quote für schwarze Spieler im Nationalteam.

Die Tage und Wochen hier an der Südküste Afrikas jedenfalls verfliegen, und nachdem ich Tim am Flughafen in Port Elisabeth abgeliefert habe – er fliegt heim nach Neuseeland –, verspüre ich einmal mehr das Gefühl eines Neubeginns. Es ist Ende Oktober, der Wind hat sich gedreht, und die Wellen lassen nach. Sogar J-Bay, die wohl legendärste Welle Afrikas, ist bereit für den Winterschlaf, bevor der Surfzirkus im kommenden Jahr wieder Turns zieht und die Besten der Welt sich tief in ihren Tubes verstecken werden.

Auch für mich heißt es ein letztes Mal aufbrechen. Auf ein Neues: Kapstadt steht vor der Tür, das einst so ferne Ziel so nah. Ich wünschte, es wäre weiter weg. Für mich heißt das auch, wieder einmal mit mir allein zu sein. Während der Adrenalinentzug in Angola und die dortige Konfrontation mit mir selbst eher vorübergehend war, ist das Gefühl jetzt permanenter, hat etwas Endgültiges. Wer bin ich? Was tue ich? Was ist der nächste, was der richtige Schritt?

Ernsthaft? All das, und alles in allem nichts. Mir fehlen immer noch die Antworten auf die großen Fragen, von denen ich gehofft habe, sie mir wenigstens teilweise beantworten zu können – oder sie mir zumindest weniger zu stellen. Wo werde ich auf dieser Welt glücklich? Wo gehöre ich hin? Was ist mein Zuhause? Meine Zukunft?

Insgeheim habe ich daran geglaubt, dass man nur einmal richtig loslassen muss, um dorthin getrieben zu werden, wo man hingehört. Einmal nicht zu wissen, was man am nächsten Tag, dem danach und dem danach tun wird, wirklich und ernsthaft keinen Plan zu haben. Vielleicht habe ich nicht genug losgelassen? War mein Plan, Kapstadt zu erreichen, zu dominant gewesen? Hat mich das vom eigentlichen Ziel abgehalten? Von »dem« Ziel – was auch immer das sein mag? Oder von »der« Frau? Ich habe so viele Orte besucht und dabei auch die ein oder andere Frau kennengelernt, die es in sich hatte, aber – ich grübele.

Nein. Eigentlich nicht ... Die richtige war nicht dabei. Ebenso wenig wie »der Ort«. Und eigentlich war Kapstadt auch nie wirklich »das« Ziel, sondern nur ein Vorwand, das zu tun, was ich tun wollte. Ohne Zeit zu sein! Frei zu sein! Zu sehen, was am tiefsten verborgen ist und, so banal das klingt, ohne Spanier, Franzosen oder sonst wen zu surfen, da diese mich auch in hundert Jahren im Wasser nicht wirklich akzeptieren werden. Ein Deutscher im Wasser! Ein Deutscher auf einem Surfbrett! Wer soll den schon ernst nehmen? Das Surfen bleibt wie kein anderes Element in meinem Leben Fluch und Segen zugleich. Ablehnung und Freundschaft liegen immer irgendwie nah beieinander.

»Wenn du das durchziehst, bist du ein gemachter Mann!«, hat mein Bruder Ruben aus dem Viertel einst gemeint, und heute, Ruben, kann ich dir nur sagen: »Bullshit! Ich bin immer noch ich, so wie immer, nur eben, na ja, ein bisschen anders.« Aber warum denke ich überhaupt darüber nach? Hat ein gemachter Mann noch solche Gedanken? So habe ich das nicht bestellt. Schlimmer noch: »Warum lachst du nie?«, sagte gestern die wunderschöne Chilenin, mit der ich auf eine kleine Wanderung aufgebrochen war, als wir einen Wasserfall hinab in die atemberaubende Landschaft hinunterschauten. Ernsthaft? Vielleicht ist das letzte Jahr doch nicht so spurlos an mir vorübergegangen. Unter Entwicklungshelfern und anderen Expats in Afrika kursiert der Begriff des »Verbuschens«, ein Phänomen, das eintritt, wenn die Veteranen unter ihnen zu viel Zeit in Afrika verbringen und nicht mehr hundert Prozent zurechnungsfähig sind, weil Frustration, Sarkasmus und Rassismus sich bei vielen wie eine Wolke um den Kopf gelegt haben. Oder habe ich vom extremen Alleinsein, dem Fehlen jeglicher Konstanten und dem einen oder anderen eher unschönen Erlebnis doch psychische Schäden davongetragen? Ich erinnere mich an Mali, Benin, Nigeria und Kamerun, an die HIV-Geschichte.

Solche und ähnliche Gedanken kreisen in meinem Kopf, verhallen und verlieren sich wieder, doch es wäre nicht meine Reise, wenn nicht kurzerhand aus dem Nichts etwas geschehen würde und meine Gedanken verstummen ließe.

Manchmal kann es der simple Einkauf von Falafel sein.

Als ich den Falafelstand am Straßenrand in der Küstenstadt Wilderness sehe, bekomme ich so große Lust auf eine Portion der frittierten Bällchen, dass ich eine halbe Stunde auf die Öffnung des kleinen Ladens warte. An der Außenseite des Ladens kleben Zeitungsartikel über den Besitzer. Msi, der junge Mann, der in nur wenigen Minuten aufkreuzen wird, joggt gerne und ist begeisterter Marathonläufer. Das war aber nicht immer so, denn früher war er ein schwerkranker Junge. Seine Füße waren über Jahre so sehr entzündet, dass er kaum laufen konnte. Aus diesem Grund zog er irgendwann nach Wilderness, da er dort besseren Zugang zu Ärzten hatte. Vergebens. Niemand konnte dem Jungen helfen, bis dieser eines Tages erkannte, dass die Entzündungen abheilten, wenn er auf tierische Produkte verzichtete. Er wurde Veganer und irgendwann auch Falafelverkäufer, verdiente Geld mit dem ultimativen Vegan-Fast-Food, nachdem ein Israeli ihm beigebracht hatte, wie man die frittierten Bällchen herstellt.

Als Msi auftaucht, bin ich natürlich schon ein wenig voreingenommen, immerhin habe ich bereits die Artikel über ihn gelesen, doch man spürt, ihn umgibt eine ganz besondere Aura, und seine Worte haben etwas Heilendes und Beruhigendes. Während er mit sanfter Stimme seine Lebensgeschichte erzählt, fühle ich mich wohl und höre zu. Ein facettenreiches Leben, aufgewachsen in einem der für Südafrika typischen Townships, das Leben einer Person, die so viel Leid hat ertragen müssen, dass man nur dankbar sein kann, nicht ihr Schicksal zu teilen. In Msis Worten spiegeln sich die Kontroverse, die tiefen Wunden seiner Heimat, einer Gesellschaft, die so viel Hass und Schmerz in sich trägt wie kaum eine andere auf der Welt. Und seine eigene Vergangenheit. So schmerzhaft seine Erzählung auch ist, er lächelt warm, frei von Hass und Argwohn, so als gebe es zu jeder Geschichte nur ein logisches Ende – ein positives.

»Weißt du«, sagt er, »ich verstehe nicht, warum Menschen so viel Hass aufeinander empfinden, nur weil sie eine andere Hautfarbe haben oder aus einem anderen Land kommen. Niemand von denen hat mir je wirklich etwas getan. Und das, was sie mir angetan haben, ist nichts im Vergleich zu dem, was meine eigene Familie, meine Leute mir angetan haben. Was ist das Leid, das dir ein Fremder zufügt, verglichen mit dem, was deine eigenen Eltern, deine engsten Vertrauten dir antun – und umgekehrt? Wir suchen die Fehler am falschen Ort, säen Hass, wo er am wenigsten hingehört, und geben die Schuld an unserer Misere Menschen, die am wenigsten dafürkönnen.«

15
Endstation am Kap der Guten Hoffnung

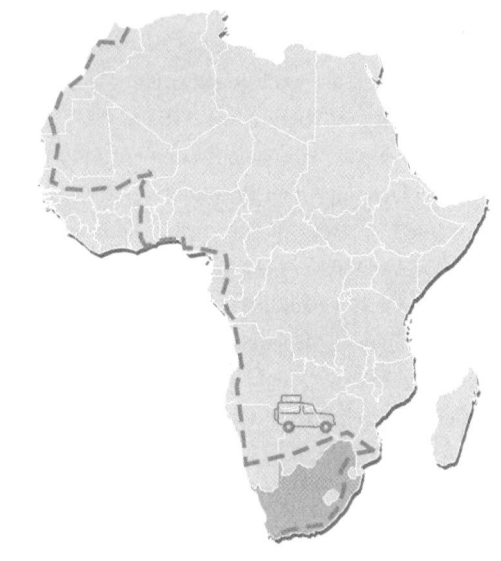

Südafrika

Hauptstadt: **PRETORIA** · Einwohnerzahl: **56 522 000** ·
Amtssprachen: **AFRIKAANS, ENGLISCH (UND ACHT WEITERE)** ·
Währung: **RAND**

In Südafrika befindet sich der größte bekannte Einschlagkrater eines Meteoriten auf der Erde. Er riss beim Einschlag vor etwa zwei Milliarden Jahren ein Loch von über 40 Kilometern Tiefe in den Erdboden. Ein ähnlich großer Meteorit ließ vermutlich die Dinosaurier aussterben.

Unter den Augen dreier bärtiger Männer, alle wie bestellt sportlich und mittleren Alters, steige ich auf eine Holzkiste. Ich gebe mir Mühe, angestrengt zu wirken, so als ginge ich den letzten Schritt eines tagelangen Marsches. Auf der knapp 40 Zentimeter hohen Kiste angekommen verschnaufe ich kurz, schirme meine Augen ab, als würde mich die Sonne blenden, und schaue in die Weite. Ich konzentriere mich, warte und scanne den Horizont. Dann geht es mit zusammengezogenen Schultern wieder von der Kiste herab, nach dem Motto: »Na ja, wird schon werden!«

Nun widme ich mich den Pflanzen, drei an der Zahl, die in weißen, runden Keramiktöpfen stehen. Während ich sie inspiziere oder wenigstens so tue, mache ich mir mit meinem imaginären Stift auf dem imaginären Zettel in meiner Hand Notizen. Dieser Beschäftigung gehe ich für eine halbe Minute nach. Danach gebe ich mir Mühe, freudig überrascht zu wirken, und laufe rasch auf einen Luftballon zu, der knapp über Kopfhöhe in der Luft schwebt. Er soll eine Drohne darstellen, die mir lang ersehnte, wichtige Informationen in Form eines an ihm klebenden Post-it-Zettels überbringt. Dieser beschissene Haftzettel. Dreimal probiere ich, das Post-it locker-lässig abzuziehen, doch bei jedem Versuch weicht der Ballon, der an einer langen Schnur hängt, die mit Panzertape am Boden befestigt ist, zurück. Scheißluftballon! Ich denke kurz nach, dann greife ich mit beiden Händen nach der vermeintlichen Drohne, fixiere sie und reiße das Post-it ab. So! Auf dem Zettel steht natürlich nichts. Ich tue aber so, als stünde da etwas, und laufe zurück in Richtung der Holzkiste. Die drei sportlichen bärtigen, jungen Männer lächeln, sie freuen sich, denn ich werde ganz bestimmt nicht in dem Werbespot für elektrische Zigaretten landen, für den ich mich gerade beim Casting zum Deppen mache – Gott weiß, was Zigaretten mit Gärtnern und Drohnen zu tun haben.

Der Scout bedankt sich und weist mich zur Tür, der Kameramann zuckt noch nicht mal mehr die Achseln, schaut mir aber sehnsüchtig hinterher, als könne ihn der Gang durch die Tür erlösen. Draußen warten die nächsten bärtigen sportlichen Männer mittleren Alters und ein Haufen junger Mütter mit Babys auf dem Arm, die entweder nichts zu tun, kein Geld haben oder eine große Schauspielkarriere für ihr Kind wittern. Im Nachbarzimmer der Agentur scheint es nicht um elektrische Zigaretten, sondern um Babyshampoos zu gehen ...

Es war die Idee von Michael, meinem Gastgeber in Kapstadt, mich als Model bei diversen Agenturen vorzustellen. Beim letzten Casting hatte ich auf einem Holzstuhl Rennfahrer gespielt – das Lenkrad musste ich mir vorstellen – und mich vollkommen enthusiastisch in die Kurven gelegt. Die sich fremdschämende Frau aus der Casting-Jury, kurz davor, bei meinem Anblick Augenkrebs zu bekommen, schlug ihren Arm halb verzweifelnd, halb resigniert vors Gesicht: »Bitte nicht so in die Kurven legen!« Irgendwie gefiel ihr meine Performance scheinbar nicht so, weder das Autofahren auf dem Holzstuhl noch das vermeintliche Jubeln auf dem Podest danach, in einem Raum so groß wie die Küche meiner ehemaligen Studenten-WG – in die nicht einmal ein Tisch passte.

Aber ich brauche Geld, und zwar dringend, und dafür bin ich inzwischen bereit, alles zu tun, und wenn ich als der größte Affe in die Geschichte eingehen soll. Meine Zeit in Afrika ist fast vorüber, in Europa ist Winter, und ein Winter ohne Geld, ohne Auto, ohne Surfboards und vor allem ohne Klamotten – ist unangenehm.

Immerhin fühlte ich mich am Fuße des Tafelbergs verstanden, denn niemand war dazu besser in der Lage als Michael, auch unter dem Namen Stony bekannt.

An einem einsamen Strand in Angola, so gut wie nie von Surfern besucht, war er auf einmal vor mir gestanden.

»Ist das dein Jeep drüben an der Straße?«

»Ja.«

»Du bist den ganzen Weg damit von Europa gefahren?«

»Ja.«

»Alter! Ich habe vor ein paar Jahren dasselbe gemacht. Nur die andere Richtung!«

In dem Augenblick war mir klar, um wen es sich handelte. Die einzigen Surfer, die jemals am Stück die afrikanische Westküste entlanggefahren waren, waren drei Südafrikaner, die zu kontaktieren und um Hilfe zu bitten ich seit Nigeria versuchte, die mir aber niemals geantwortet hatten.

»Ihr wart drei Jungs«, reagierte ich trocken, um ihn ein bisschen zu schocken.

»Woher weißt du das?«, erwiderte er verdutzt, und ich fing an, ihn wüst zu beschimpfen. Er hätte sich ja wirklich mal melden können, oder? Letztlich aber verstand er meine Schimpftiraden als das, was sie waren – Spaß. Und keine zehn Minuten später hatte er mich schon eingeladen, ihn in Kapstadt zu besuchen, wenn ich in der Gegend war.

Und hier bin ich jetzt! Kapstadt ist inzwischen längst Alltag und ich auf dem besten Weg, die männliche Kate Moss zu werden – ein Supermodel. Oder, wie eine Bekannte Michaels bei einem abendlichen Bier fest überzeugt sagte, der »Rent-a-Viking«, der Miet-Wikinger der Stadt. Sie wollte mich managen, denn Junggesellinnenabschiede würden mich hier reihenweise buchen. Meinte sie. So oder so, da ist etwas Großes im Busch – ich weiß es, und alle anderen wissen es auch. Nur was genau, das muss sich noch zeigen. Immerhin habe ich schon mal einen Vertrag mit einer renommierten Modelagentur – auch wenn dieser Baum bisher noch keine Früchte trägt.

Bis dahin vertreibe ich mir die Zeit mit Cappuccinos, deren Milchschaum so perfekt gegossen ist, dass es einem schon fast leidtut, die Tasse an den Mund zusetzen, mit Craft Beer und veganen Biosnacks auf den etlichen Bauernmärkten, deren Hipster-Antlitz dem San Franciscos oder Londons mit links das Wasser reichen kann. Ich sehe das erste Elektroauto meines Lebens und bin total fasziniert, dass man hier mit dem Telefon bezahlen kann. Alles Dinge, mit denen ein Supermodel eben so seine Zeit verbringt ...

VORBEIFLUG

Eigentlich sollte ich heute Geschichte schreiben. Zumindest im Rahmen meiner ganz persönlichen Historie. In wenigen Minuten werde ich an einen Ort gelangen, den zu erreichen ich mir irgendwann mal als Ziel gesetzt hatte – wobei es natürlich nicht darum ging, dort anzukommen, wie bei einem Rennen oder Wettkampf, sondern vielmehr um den Weg dorthin. Der große Tag ist jetzt da – fast beiläufig.

Ein wunderschöner Morgen von der Sorte, an dem zu Hause in Europa die Hausfrauen die Wäsche nach draußen an die Leinen hängen. Der Himmel ist geschmückt mit dem pursten aller Blautöne, der von der hoch oben im Norden stehenden Sonne ausgehend immer dunkler wird. Auf dem Weg Richtung Süden rieselt der Asphalt unter meinen Reifen, die Straße ist sauber und die Umgebung karg, vereinzelt fahren Autos in die Gegenrichtung. Beim Blick durch die Windschutzscheibe stelle ich überrascht fest, dass diese nicht einen Steinschlag abbekommen hat und wohl das letzte heile Teil an dieser Kiste ist. Ich möchte die Stunden nicht zählen, die ich genau hier verbracht habe, in diesem Sitz. Bis auf wenige Ausnahmen habe ich jeden Meter von Deutschland bis Südafrika, einmal durch den ganzen Kontinent, genau hier gesessen, bin selbst gefahren. Die Bilder, die Stationen der Reise ziehen wie in einem Kaleidoskop an meinem geistigen Auge vorbei:

Von der Fähre in Ceuta direkt in den Hamam nach Kenitra. Aus dem Darkroom in den siebten Himmel von Rabat und von dort direkt durch die größte Wüste der Welt ins tosende Stadion von Dakar, wo vor meinen Augen große, starke Männer nachts unter wilden Rhythmen kämpften und wo ich später betrunken vor den Spiegeln der Diskotheken richtig tanzen lernte.

Im Senegal fiel dann der Groschen. Sämtliche Ängste und Sorgen verpufften, und wir, Jeepo und ich, brachen auf in das vom Krieg geplagte Mali. Dort feierte ich nicht nur, sondern flog auch zum ersten Mal – wobei ich fast abgestürzt wäre – und verbrachte den vielleicht schönsten Tag meines Lebens, die epische Wanderung mit Mohamed und Issa in eines der entlegenen Dörfer des Pays Dogon.

In Burkina Faso offenbarte sich das Universum als mein bester Freund und erfüllte mir den Wunsch in einem Ausmaß, wie ich es mir selbst nicht hätte träumen lassen, mehr über das Land und seine jüngere politische Vergangenheit zu erfahren.

Ghana war nicht nur der Ort, an dem ich zum ersten Mal seit Dakar klaren Urin in die Büsche setzte, sondern auch eine erfrischende Abwechslung zu den vorherigen Ländern des Sahel, ich feierte, surfte und fand binnen kürzester Zeit einen Freundeskreis, der das Land zu meiner neuen Heimat machte.

Die Nachricht von Denis' Tod, die mich in Benin erreichte, gab dem Point of No Return, als der sich Nigeria entpuppt hatte, einen bitterernsten, tödlichen Beigeschmack. Nigeria war verrückt, intensiv, Gott sei Dank weniger tödlich, aber dafür die Surfüberraschung meines Lebens: Die Wedge Lagos T-Bay war nicht die beste Welle meines Lebens, aber – Hand aufs Herz – die skurrilste und »echteste«, die ich je gesurft bin.

An Kamerun will ich nicht denken. Noch heute bekomme ich einen Würgereiz, jedes Mal, wenn ich mir das Bild des Abendessens kurz nach der ersten Ladung PEP-Pillen in Erinnerung rufe. Seit diesem Augenblick auf einer Bühne in Libreville weiß ich, dass man tatsächlich erst in Zeiten größter Not seine Stärke wirklich ausloten kann.

Auf der Reise durch die Kongos tickte die Zeit schmerzhaft langsam, bis ich in Angola endlich von der Routine mit den beiden Mons-
terpillen zum Frühstück um fünf Uhr morgens erlöst wurde. Während
mich Namibia enttäuschte, war Angola Gold wert, übertraf all meine
Erwartungen und Hoffnungen, und ich surfte zurück in meine Jugend
und verliebte mich zum zweiten Mal in meinem Leben in die Wellen.

In Botswana erlebte ich die zweite Safari meines Lebens, für die
ich in einem Flussbett fast einen hohen Preis bezahlte, und in Mosambik fand ich einen Partyurlaub-Vibe mit einer Authentizität, dass
ich Lust auf Bloody Marys bekomme, wenn ich nur drüber nachdenke. Nach dem Umweg über Botswana und Mosambik landete ich
dann leider – oder doch endlich – in Südafrika.

Knapp 60.000 Kilometer Asphalt, Schlamm, Staub, Sand und
Wasser zermahlten meine Reifen und schmirgelten jedes Profil von
ihnen ab, so dass sie nun nur noch Slicks sind. Jeepos Gehäuse ist ein
löchriger Käse, auf dessen Dach die Transportkiste langsam zu Staub
zerfällt, und die jeweils mehrfach komplett durchgebrochenen und
wieder zusammengeflickten Boards sind so vergilbt, als trügen sie die
Tarnfarben der Wüste. Das Innere meines Autos ist abgelebter als
eine Langzeitstudenten-WG, überall hängen oder liegen Erinne-
rungsstücke vergangener Nächte und verkaterter Morgen, Hinterlassenschaften von Besuchern und Freunden. Im CD-Player läuft seit
nunmehr einem Jahr ein MP3-Mix mit den afrikanischen Hits des
Jahres, den der DJ aus meiner Lieblingsbar im Senegal mir mit auf die
Reise gab, hoch und runter. Am Rückspiegel hängen diverse Ketten,
die mir unter anderem Moussa aus Mali und Rosine aus Burkina
geschenkt haben, gleich unter ihnen Fotos und Polaroids aus der Heimat, von meinen Eltern und Freunden, die sich inzwischen mit Karten von der Reise vermischt haben. Ich selbst habe einen an den Spitzen gelb werdenden Vollbart, der mir fast bis an die Brust reicht und
vermutlich auf die eine oder andere Art und Weise manches einfacher

gemacht hat – er lässt mich ein wenig wie ein unberechenbarer Freak aussehen. Meine Haare sind so ausgebleicht, dass sie fast schon weiß sind und von den Stunden im Meer zeugen, den Turns, den Wellen und vor allem den Hunderten Stunden, in denen ich oftmals alleine im Wasser saß und auf die nächste Welle wartete.

Das Kap der Guten Hoffnung. Ich lasse mir den Namen auf der Zunge zergehen. Ein Name wie ein Wechselbad der Gefühle, verbindet er doch das Ferne, Wilde, Beängstigende und vor allem Endliche mit dem Guten, Friedlichen und der unsterblichen Hoffnung.

Nachdem ich mein Auto geparkt habe, sind es nur noch ein paar Schritte, ein paar Schritte, und ich bin da. Der Anblick holt mich aus meinem Tagtraum, aus dem Revue-passieren-Lassen der Reise, in die Wirklichkeit zurück: Das Kap der Stürme, wie es auch heißt, liegt mir zu Füßen wie die weite Welt einem großen Entdecker, einem Abenteurer, wie ich es bin. So hätte ich mich zumindest gesehen, wenn mir als Kind jemand von mir erzählt und mir meine Geschichte zum Einschlafen vorgelesen hätte. Ich habe es geschafft: Hier und jetzt, wenige Meter vor diesem sagenumwobenen Ort, fühle ich mich wie einst die großen Seefahrer, die sich den Legenden folgend ins Ungewisse bis auf die andere Seite der Welt aufmachten. Ein echtes analoges Abenteuer!

Plötzlich habe ich Schmetterlinge im Bauch, ein intensives Gefühl überkommt mich, wie ich es zuletzt auf der Fähre nach Marokko verspürt habe. Es sind einmal mehr gemischte Gefühle, die ich angesichts der Tragweite dieses Momentes verspüre, irgendwo zwischen Ohnmacht, Freude und Trauer. All diese Emotionen fallen jetzt scheinbar in einem großen, seltsamen Gefühl zusammen. Die Crux ist nämlich, dass am Kap der Guten Hoffnung für mich mehr als nur ein Traum in Erfüllung geht. Ich empfinde ein Hochgefühl, weil ein von Kindesbeinen an gehegtes Verlangen gestillt wird, und gleichzeitig kommt die andere Seite des Gefühlsspektrums zum Tragen, denn heute, hier, am Kap der Stürme, mit der weißen Gischt und den hohen Wellen, endet ein gelebter Traum.

Gleißende Hitze, apokalyptische Regenfälle, tropische Krankheiten, starke Passatwinde und inkonstante Dünung aus dem südlichen Atlantik – ja, Surfen in Afrika hört sich nicht so verlockend an wie der übliche Surftrip nach Indonesien oder Sri Lanka mit Schönwetter- und Wellengarantie. Mit dem richtigen Timing jedoch warten als Belohnung auf den geduldigen und mutigen Reisenden perfekte Wellen, und das ohne eine Menschenseele weit und breit. Meine Reise wurde vom ersten Tag diktiert von der Dünung. Dem Südwind entgegen und mit der nördlichen Winterdünung war ich im November Richtung Süden aufgebrochen. Im März war ich pünktlich zum langsamen Saisonwechsel im Senegal gewesen, einem der wenigen kontinentalen Länder der Welt, das Dünungen aus beiden Hemisphären bezieht – perfekt für die Zwischenphase. Als die südliche Hemisphäre die Saison im Mai endgültig eröffnete, hatte ich mir bereits meinen Weg durch Mali und Burkina nach Ghana gebahnt. Den Rhythmus meines Reisens gaben ebenfalls die Wellen vor, ich reiste während der Lulls und surfte, wann auch immer eine Dünung die Küste traf. Und wenn es auch manchmal frustrierend war, es war das beste Surfjahr meines Lebens. Tausende Kilometer Küste, Tausende Kilometer Wellen, und kaum ein einziges Mal traf ich jemanden, der nicht gastfreundlich und hilfsbereit gewesen wäre – was gerade unter Surfern nicht selbstverständlich ist.

Doch zurück in die Realität am Kap. Die vielleicht längsten fünf Minuten meines Lebens habe ich gestern in einer Apotheke im Zentrum Kapstadts verbracht – und dann: erlöst von einem Wort. HIV-negativ.

Abenteuer und Entschleunigung waren, was ich suchte. Jedoch möchte ich nie wieder so schmerzhaft entschleunigen wie in diesen fünf Minuten in der Apotheke. Im Großen und Ganzen aber ist auf meiner Reise genau das eingetreten, was ich mir so sehr gewünscht habe: Ich habe das Verhältnis zwischen der realen und der gefühlten Zeit wieder auf das Maß meiner Kindheitstage zurückgedreht, mich wieder wie mein zwölfjähriges Ich daheim im Viertel gefühlt, für das jeder Tag in der Spielwiese Stadt ein endloses Abenteuer war. Während das Ticken der Uhr in den letzten Jahren immer schneller geworden war, ist es im Verlauf der Reise fast verstummt. Ich habe mich im Jasagen geübt. Ja zum Hamam, ja zu Partys, ja zu Einladungen, ja zu Umwegen, ja zum Unbekannten, ja zu fast allem und immer, wenn sich die Möglichkeit bot, mit dem Resultat, dass jeder Tag ein Abenteuer wurde und mich aus meiner Komfortzone hievte. Wenn ich heute auf dieses Jahr zurückblicke, sehe ich eine fast endlose Anzahl an Eindrücken, die so intensiv sind, dass mein Leben vor der Reise wie verschwommen, ja fast surreal am Horizont wabert. Zwischen heute und damals ist ein Jahr vergangen, aber gefühlt waren es fünf oder vielleicht mehr. So lange war ich allein auf dieser Traumreise, die mir die höchsten Hochgefühle und die tiefsten Tiefs meines Lebens beschert hat. Eine Reise, auf der ich mich verloren und wiedergefunden habe und die mich unendlich bereichert hat. Mehr als einmal bin ich über mich hinausgewachsen, weil ich es musste. Mein Glaube an mich selbst und die Träume, die ich in mir trage, stehen heute in einem anderen Verhältnis zueinander, nichts scheint mehr unmöglich.

Während ich auf der einen Seite enttäuscht bin von vielen, die mir diese Reise nicht zutrauten oder die nicht glaubten, dass man in Afrika ein eigentlich so banales Unterfangen, nämlich von A nach B zu fahren, vollziehen kann, bin ich auf der anderen Seite zutiefst dankbar für andere, die es taten. Manchmal reichte ein Blick oder ein Satz, zum Beispiel die Aussicht darauf, dass ich bald vom Dach meines Autos an einem einsamen Strand Afrikas einen wundervollen Sonnenuntergang erleben werde.

Afrika offenbarte sich mir als alles andere als das Herz der Finsternis. Der Blick über den Tellerrand oder besser: der Sprung hinein ins Unbekannte führte dazu, dass das Konstrukt Afrika, das ich mir über Jahre gebastelt hatte, mit jedem Tag demontiert und korrigiert wurde, und gleichzeitig veränderte sich mein Gefühl für den Kontinent. Aus Misstrauen und Angst wurden Zuversicht und Wohlgefühl. Der Schleier der Mythen, Sagen und Schlagzeilen scheint sich erst dann endgültig zu lichten, wenn man ihn durchbricht und auf dem Boden der Tatsachen landet. So erlebte ich in Mali, einem Land, vor dem viele fast Todesangst haben, eine der schönsten und lehrreichsten Zeiten meines Lebens. Afrika ist ein so vielfältiger und komplexer Kontinent wie kein anderer, und doch wird es wie kein anderer pauschalisiert.

»Afrika hungert« – dieses Plakat prangte dank einer Kampagne der Aktion »Deutschland hilft« vor einigen Jahren an gefühlt sämtlichen Pissoirs der deutschen Autobahnraststätten. Das Motiv: ein schwarzes mageres Kind, das dem Betrachter in die Augen schaut. Ein weiteres Plakat derselben Kampagne trägt den Slogan: »Hunger Afrika & Jemen«. Obwohl die meisten unterernährten Menschen in Asien und nicht in Afrika leben, differenziert man zwischen asiatischen Ländern eher als zwischen afrikanischen. Afrika bleibt ein schwammiges Ganzes, das hungert, leidet und Hilfe braucht. Die Kampagne ist nur eines von etlichen Beispielen, in denen sich unsere Wahrnehmung des »schwarzen« Kontinents manifestiert. Die Marketingabteilung der Hilfsorganisation wird ihre Entscheidung damit begründen, dass man durch Bilder wie diese mehr Spenden sammeln kann. Doch auf der anderen Seite bedienen solche Kampagnen ein Bild der Armut, Gewalt und Gefahr, das auf der anderen Seite Menschen davon abhält zu reisen, Geldgeber davon abhält zu investieren, Arbeitskräfte sich gegen den Einsatz in Afrika entscheiden oder exorbitante Gehälter und Sicherheitsvorkehrungen fordern lässt. Vor allem aber bedienen sie einen Mythos und sind einmal mehr ein

Angriff auf »die Afrikaner«, die als arme, kleine, unmündige, hilfsbe-
dürftige Kinder dargestellt werden.

Dabei gestaltet sich die Reise durch Afrika gerade wegen seiner
Diversität so aufregend und spannend. Über 50 Länder mit über 1000
Sprachen, deren Landschaft, Kultur, Entwicklung und Gesellschafts-
bild sich stetig wandeln und oft unterschiedlicher nicht sein könnten.
Während aus der Wüste Steppe und aus der Steppe Regenwald wurde,
traf ich immer wieder auf wundervolle Menschen aller Altersklassen.
Was mich jedoch am meisten faszinierte, erfreute und mit Hoffnung
erfüllte, waren die unzähligen Begegnungen mit Menschen meiner
Generation, die sich selbst und ihrer Heimat selbstbewusst und erfri-
schend positiv gegenüberstehen. Für mich fühlte es sich immer wieder an, als wären wir auf beiden Seiten die erste Generation, die sich
unvoreingenommen auf Augenhöhe begegnen kann und nicht oder
zumindest weniger in vergangene, über Jahrhunderte indoktrinierte
Verhaltensmuster zurückfällt. Wir befinden uns in einem Heilungs-
prozess, der mit jeder sich schließenden Wunde eine Tür für ein
freundschaftliches, gleichberechtigtes und konstruktives Verhältnis
öffnet. Die größte Gefahr liegt darin, dass wir diese Chance jetzt
nicht nutzen und es nicht schaffen, uns von den Mythen und Sagen
unserer Vorfahren zu lösen und einander die Hände zu reichen.

EIN SCHLUSSPUNKT?

Es ist so weit! Der Moment ist da! Ich bin tatsächlich am Ziel angekommen, beeindruckt schaue ich auf das Meer, wo irgendwo, weit,
weit hinten die Antarktis liegt. Das Kap ist ein harscher Ort, kaum
Vegetation und dafür viel Geröll, Felsen, die sich auftürmen und dann
jäh abbrechen, hinunter zum Meer, wo sie sich im Dunst mit dem
Meer vermischen.

Aber machen wir uns nichts vor, so sehr der Name »Kap der Guten Hoffnung« Melancholikern wie auf Knopfdruck Fernweh einhaucht, am Ende des Tages ist es eine Klippe am Ozean. Und nicht mal der südlichste Punkt Afrikas. Der liegt weiter östlich am Kap Agulhas, ebenfalls in Südafrika. Kennt aber kein Mensch. Jedes x-beliebige Wahrzeichen der Welt macht sich besser auf einem Instagram-Account als das Kap der Guten Hoffnung, mal abgesehen davon, dass es windig und ungemütlich ist – wäre da nicht das große Schild aus Holz, auf dem »CAPE OF GOOD HOPE – the most south-western point of the African continent« steht. Und auch die Annahme, dass sich hier Atlantik und Indischer Ozean kreuzen, treffen, mischen oder trennen – was auch immer –, ist falsch, denn das geschieht ebenfalls am Kap Agulhas, wo auch ein Schild steht, nur dass sich dafür keiner interessiert. Das Schild hier aber finden alle toll, und weil es außer dem Schild nichts, aber auch wirklich nichts Interessantes zu sehen gibt, wollen alle ein Foto von sich mit Schild, einmal von Weitem, einmal als Selfie, einmal in der Gruppe und dann am besten noch mal in einer Yogapose. Ich habe keine Ahnung, warum.

Kann ich jetzt wirklich ein Foto von mir vor dem Schild machen und meinen Stolz und mein Ego an den Nagel hängen? Klar – es führt kein Weg daran vorbei! Ich muss über meinen Schatten springen und an 60 Indern, 40 Chinesen, 25 Deutschen, 20 Japanern, 15 Italienern, zehn Spaniern und allen anderen vorbei. Unterwegs führe ich Small Talk mit einem Südafrikaner, der ein paar Freunde hierhergebracht hat und selbst von dem Anblick dieses IKEA-Kinderparadieses leicht genervt scheint. Ich lasse durchsickern, wie ich hierhergekommen bin und echt gerne ein Bild haben würde, ob er ...?

»No worries«, meint er, aber ich solle mich beeilen, da hinten stiegen die nächsten 40 Inder aus einem Reisebus aus. Ich zögere nicht lange und quetsche mich in die leicht ausgedünnte Tinder-Fotoschlange.

Auf dieser Mission verstehe ich keinen Spaß. Als ich endlich dran bin, versuchen die ersten Inder bereits, sich vorzudrängeln. Um mich herum hat sich eine Traube von mindestens 60 Touristen gebildet, die wie die Hyänen darauf warten, sich vor dem Holzschild zu postieren. »10 Tage pauschal in Afrika, was willst du tun, Nationalpark, Party, Robben Island, Bungee Jumping, essen gehen, Wild Coast?«, und die Antwort lautet: »Holzschild«.

Ich stehe kaum, da drängen die Hyänen links und rechts ins Bild. Ich werde laut, und während ich den Leuten unmissverständlich zu verstehen gebe, dass sie von dem Holzschild weggehen sollen, wächst die Menschentraube auf 100 Personen an. Sobald das erste Mal der Auslöser klickt – ich war kaum in der Lage, ein Lächeln auf meine Lippen zu zaubern –, springen auch schon die Ersten aus der Traube auf mich zu, als wäre der Startschuss zu einem Hundertmeterlauf gefallen. Meine Stimme wird noch lauter, leicht aggressiv weise ich die Meute zurück.

»I came here all the way from fucking Germany, and I want a picture!«, worauf es mit starkem indischem Akzent aus der Menge zurückhallt: »And we came all the way from India.«

»But you didn't drive!«, antworte ich und beiße währenddessen bereits die Zähne zu einem Lächeln zusammen, da sich die Hyänen links und rechts für kurze Zeit zurückgezogen haben.

Was war das denn bitte? Das absolut erniedrigendste Wahrzeichenfoto, das ich je im Leben auf einer Reise gemacht, und das falscheste Lächeln, zu dem ich meinen Mund jemals verzogen habe. Das Ende von 60.000 Kilometern und 20 Ländern – und das war's. Was ist aus dem Moment geworden, den ich vor meinem geistigen Auge etliche Male durchgespielt und mir ausgemalt habe? In keiner der Varianten war er je so beschissen und ja, so unromantisch oder unmelancholisch. Stundenlanger Trommelwirbel, und dann den Zonk gezogen. So sieht es aus.

Zurück auf der Landstraße sickert das just Erlebte weiter ein. Mein Blick schweift in den Norden, durch die immer noch tadellose Windschutzscheibe, vorbei an den Ketten und Bildern, den Flecken auf den Sitzen und dem allgegenwärtigen Staub auf dem Armaturenbrett. Liebevoll das Lenkrad streichelnd fälle ich einen Entschluss. So kann es nicht enden. Nicht mit diesem Foto. Ich werde weder die nächste männliche Kate Moss mit Vollbart noch Kapstadts Miet-Wikinger. Die Reise wird weitergehen. Wohin? Bis ich den Ort oder die Frau finde, für den oder die ich bestimmt bin – und wenn nicht, dann eben zurück nach Berlin. Basta!

Wie alles anfing ...

Ich hatte das Abi, meine sogenannte Reifeprüfung, mehr schlecht als recht bestanden. Meine Freunde und ich waren jung und wild, und anders als die meisten buchten wir keine RUF-Jugendreise und jetteten auch nicht nach Malle oder sonst wohin, um unser Abi zu begießen. Wir, die Jungs aus der letzten Reihe, kauften uns einen VW LT, Baujahr 78, rissen die Dusche, die Blümchenvorhänge und den sonstigen Scheiß raus, den wir nicht brauchten, verpassten dem Ding eine ordentliche Musikanlage, Graffiti und einen roten Teppich, packten eine alte Vespa auf den Fahrradträger und ein halbes Kilo Gras ein – fertig. Fast wäre sogar der Rottweilermischling mit dem breitesten Kiefer der Stadt mitgekommen. Aber dann meldete sich mein Kollege, damals wegen einer vorgetäuschten Kokainsucht auf Alibientzug, um zwei Jahre Knast zu umgehen, einen Tag vor der Abreise, um mir mitzuteilen, dass ich nicht mehr länger für ihn den Hundesitter spielen musste. Der Hund blieb daheim.

Wir waren jung, und ab der Grenze zu Frankreich waren wir high. Schon allein wegen der Kombination aus dem Giganten von einem Oldtimer-Wohnmobil und städtischen Proleten in Jogginghosen: Die Atlantikküste von Frankreich bis zum spanischen Tarifa wurde Zeuge eines Roadtrips, wie sie ihn nicht allzu oft erleben sollte. Kiffend, saufend, raufend und klauend flogen wir von einem Campingplatz nach dem anderen. In Nordspanien zerschellte unsere Vespa in einer durchzechten Nacht, woraufhin wir den zitternden, blutüberströmten und unter Schock stehenden Fahrer abtasteten, für überlebensfähig befanden und ihm einen Riesenjoint samt Meerblick als Medizin verpassten. Einer schob Wache, der Rest ging mit der aufgehenden Sonne surfen. Wir trampten zu Partys und joggten morgens besoffen zurück. Wir feierten Stadtfeste im Baskenland, ich küsste die schönste Schottin dieser Erde – ja, die gibt es –, wir wunderten uns über polnisches Radio in Portugal, stellten fest, dass sich Portugiesisch wie Polnisch anhört, und bekamen Gänsehaut, als wir das Lichtermeer Portos vor uns sahen, während BigCityBeats aus den Boxen dröhnte. Einer von uns fand am Stadtstrand von Lissabon die kapverdische Liebe seines Lebens, die er nie wiedersah, ein anderer brach – ohne Scheiß! – die Reise frühzeitig für ein Vorstellungsgespräch bei McDonald's ab, und das Wohnmobil sprang irgendwann nur noch mit Starthilfe an, und zwar unter Ausstoß von schwarzem Qualm. Die Zeit verlor an Bedeutung und der Weg wurde das Ziel. Wir ließen uns einfach treiben, und Pläne waren dazu da, um über den Haufen geworfen zu werden. Das erste Mal bekam ich eine Ahnung davon, was Reisen wirklich bedeutet – bis wir in Tarifa ankamen, am südlichsten Punkt Spaniens und des europäischen Festlands, und auf der Hafenmauer mit Blick auf die Berge Marokkos unseren letzten Joint rauchten. Das Königreich Marokko, der nordwestlichste Staat Afrikas, war von hier aus Luftlinie nur 14 Kilometer entfernt. Sein nördlichster Gebirgszug lag direkt vor uns, auf der anderen Seite der Straße von Gibraltar. »Ob ich es mit dem Surfboard bis da rüber schaffe?«, kam mir in den Sinn, was aber wohl am Marihuana lag.

Das halbe Kilo Gras war fast verschwunden, die anderen hatten nach den Wochen des Wahnsinns und des Reisens genug, es zog sie nach Hause. Ich jedoch verspürte die magische Anziehung der Ferne, der Berge und all dessen, was dahinterlag.

Sagen. Kinderbücher. Romane. Die Heimat epischer Abenteuer Sven Hedins und des Vaters von Pippi Langstrumpf. Die Klänge exotischer Namen – Timbuktu und Sansibar. Die Sahara, in der Paulo Coelhos Alchemisten aus Scheiße Gold machen, der tiefe, dunkle Urwald des Kongos, das Herz der Finsternis, in dem sich vor Kurtz' Haustür die Totenköpfe der Eingeborenen stapeln. Ein Ort, so greifbar hier auf der Hafenmauer von Tarifa, und doch unbegreifbar. Alles, was ich verstand, kannte und einzuschätzen wusste, endete genau hier, und das Ungewisse begann genau dort drüben, bei diesen Bergen, der andere Kontinent, von dem ich nichts wusste und der mich gerade deshalb wie magisch anzog, damals wie heute – Afrika.

Ich habe damals den Sprung nicht gewagt.

Zu Schulzeiten war ich ein weitgehend gescheiterter Typ, abgeschrieben von Lehrern, angeschrieben von der Polizei. Graffiti und Drogen waren neben schlechten Noten und Fehlstunden die größten Konstanten meiner Jugend. Daran änderte sich auch nach der Rückkehr von der Abireise aus Spanien nichts – zurück im Viertel suchte ich mir meine erste eigene Wohnung, denn meine Eltern hielten es mit mir nicht mehr aus. Den Zivildienst – auf rechte Vollpfosten beim Bund hatte ich keinen Bock – hakte ich ähnlich nachlässig ab wie die Schule, der Rottweilermischling Tequila zierte den Wohnungsflur, und in meinem Geheimfach wuchs neben der Digitalwaage ein Geldbündel. Der Alltag im Viertel holte mich wieder ein, und mit jedem Tag erinnerte ich mich weniger daran zurück, wie frei und glücklich ich on the road gewesen war.

Fast ein Jahr verging, ohne dass ich surfte, und das, obwohl das Verlangen ungebrochen war, seit ich als kleiner Junge an der europäischen Atlantikküste meine ersten Wellen abgesurft hatte. Damals war ich Wochen und Monate vor dem Urlaub mit meinen Eltern schon so aufgeregt, surfte vor meinem geistigen Auge und antizipierte den Moment wie andere Kinder vielleicht Weihnachten. In diesem Jahr war es gerade einmal eine Woche in einem Surfcamp an der französischen Atlantikküste, wo mich deutsche Surflehrer, die eigentlich gar nichts konnten, in die Welt des Fachjargons einführten. Ich lernte, wie die Manöver heißen, die ich mir selbst beigebracht hatte, ich erfuhr die Namen der großen Legenden wie Kelly Slater und schaute zum ersten Mal in meinem Leben einen Surffilm. Im Großen und

Ganzen blieb es also beim Alltag im Viertel, und während scheinbar alle ehemaligen Klassenkameraden wussten, dass sie Ärzte, Ingenieure oder Schreiner werden wollten, wurde ich Teilzeitbarkeeper im Stella ...

Es dauerte knapp ein Jahr, bis ich mich schlussendlich doch aufrappelte und in die Weite zog. Australien, Indonesien, wieder Spanien, zwischendrin immer wieder Deutschland, wo ich schließlich auch ein Studium antrat. Nicht Design oder Film, wie ich früher gedacht hatte, sondern Lehramt.

Viele meiner Bekannten waren inzwischen Lehrer, Ingenieure oder machten erfolgreich Geschäfte, andere wiederum schafften es nicht, sich aus ihrem Trott zu befreien, blieben Partys und Drogen treu und versagten sich selbst. Lehramt sollte mein bodenständiges Brecheisen sein, um mich zu erden. Auf keinen Fall wollte ich mich in meiner Zukunft als einen dieser ins Alter gekommenen Drifter sehen. So einer mit fettigen, trotz eines ausdünnenden Haaransatzes immer noch viel zu langen Haaren. Dessen Leberflecken und Sommersprossen nach Hautkrebs schreien und der nur von sich und damals faselt – von damals, als alles besser war.

Dann, Anfang November 2014, mein Studium war vorüber und mehr oder weniger erfolgreich abgeschlossen. Ich war wieder in Spanien. Längst hatte ich vergessen, wie glücklich und frei sich das Reisen anfühlte. Die Zuversicht, dass das Universum immer die richtige Antwort für Reisende parat hat – die richtigen Menschen zur richtigen Zeit am richtigen Ort –, hatte sich tief in meinem Unterbewusstsein versteckt. Über die Jahre war das Verlangen nach Abenteuer, dem Abenteuer, stetig gestiegen. In diesem Leben wollte ich noch einmal losziehen und alles hinter mir lassen, alle Grenzen, alle Zwänge, und das tun, was mir von allen Dingen im Leben am meisten Spaß machte: Wellen suchen und surfen.

Einmal verliebt, fliegt das surfende Auge ständig über die mit Tagträumen von tropischen Wellen im Schatten der Palmen und den eisigen *Slabs* der Polarmeere geschmückte Weltkarte. Meine blieben immer wieder an der Westküste Afrikas hängen. Tausende Kilometer leerer Wellen, die teils noch unentdeckt und jungfräulich auf ihr erstes Mal warteten, vorbei an Wüste, Savanne und Tropen, vorbei an Timbuktu und dem Kongo, hinein in einen Kontinent, dessen Innenleben ein aus Mythen gewobenes Netz ist.

Es war aber mehr als nur das Verlangen nach Abenteuer und das Fernweh, das seit Kindertagen in mir steckte, es war auch Wissensdurst. Was liegt jenseits des Tellerrandes? Wie es ist dort wirklich? Wie fühlt es sich an, diesen Teil der Erde zu bereisen? Mehr als all das wollte ich aber der Routine entfliehen, etwas Einzigartiges mit meinem Leben machen, die immer schneller rasende Zeit aufhalten und mich der für mich größtmöglichen Herausforderung stellen. Ich wollte mich wieder fühlen wie damals: zwölf Jahre alt, mit Skateboard unter dem Arm im Viertel, die Tage endlos.

Doch es gab ein Problem, eigentlich mehrere: Mein Auto, ein alter Geländewagen Marke Pajero, den ich mir eigens für die Reise gekauft hatte und der auf Anhieb einen Großteil meiner Ersparnisse verschlungen hatte, war ein wertloser Totalschaden. Der Rost am Fahrgestell war so schlimm, dass sich der spanische Mechaniker weigerte, es zu reparieren, da es illegal sei. Die Fahrgestellnummer war schon lange unter den Rostpocken verschwunden. Große Teile Westafrikas waren vom schlimmsten Ebolaausbruch aller Zeiten betroffen. Ganze Landstriche standen unter Quarantäne, die Gefahr der Ausweitung der Epidemie imminent. Der Krieg in Mali und die Gewaltherrschaft islamistischer Krimineller und Rebellen über weite Teile der Sahelzone wurden immer schlimmer, und in Burkina Faso hatte die Bevölkerung nur wenige Wochen zuvor nach wochenlangen Massenkundgebungen und Ausschreitungen das Parlament gestürmt und den

Autokraten Blaise Compaoré nach 27 Jahren Herrschaft aus dem Land verjagt. Ein Blick auf die Karte dieser Tage machte alle meine Hoffnung zunichte. Das Durchdringen Westafrikas, die große Entdeckungsreise auf der Suche nach unbesurften Wellen erschien mir unter diesen Umständen unmöglich.

Am Ende beförderte mich eine Kurzschlussreaktion auf einen Platz auf der Schnellfähre von der andalusischen Hafenstadt Algeciras nach Ceuta an der nordafrikanischen Küste. Mein Freund Rasta hatte mir den ausschlaggebenden Tritt in den Hintern verpasst. Wäre er an meiner Stelle, hatte er gesagt, jung und ohne Kind, er wäre schon längst bei seinen Jungs in Marokko und sonst wo, glücklich verloren auf der Spielwiese eines Surf-Roadtrips. Kurzerhand verstaute ich daraufhin all mein Hab und Gut in zwei IKEA-Plastikkisten, die Surfboards kamen aufs Dach und die Matratze auf eine Pressspanplatte in den Kofferraum. Das Fahrgestell schweißte mir ein Moldavier, der es mit der Straßenverkehrsordnung nicht ganz so genau nahm, provisorisch zusammen. Ich war endlich auf dem Weg nach Afrika!

ÜBER DEN AUTOR

Carlo Drechsel geboren 1987 in Darmstadt, ist Surfer, Abenteurer und Fotograf. Er schreibt vor allem für Magazine. Mit seinen Vorträgen und Lesungen erreicht er ein breites Publikum. Carlo Drechsel ist immer auf der Suche nach der nächsten Welle und der nächsten Herausforderung.

https://carlodrechsel.com/

https://www.instagram.com/carlodrechsel/

Die Erstausgabe erschien unter dem Titel »Insight Africa« bei teNeues
© 2018 teNeues Media GmbH & Co. KG, Kempen

Erstmals im Taschenbuch
1. Auflage 2019
© 2019 DuMont Reiseverlag GmbH & Co. KG, Ostfildern
www. dumontreise.de

Umschlaggestaltung: ZERO, München
Satz: typopoint GbR, Ostfildern
Fotos: Holger Rogge (Porträt Buchvorderseite), alle anderen: Carlo Drechsel

Printed in Poland
ISBN 978-3-7701-6963-4